GUIA PRÁTICO DO ENEAGRAMA

**BEATRICE CHESTNUT
E URÂNIO PAES**

GUIA PRÁTICO DO ENEAGRAMA

Encontre seu caminho para o autodesenvolvimento

Tradução:
Marcello Borges

goya

GUIA PRÁTICO DO ENEAGRAMA

TÍTULO ORIGINAL:
The Enneagram Guide to
Waking Up

COPIDESQUE:
Tássia Carvalho

REVISÃO:
Isabela Talarico
Luciane H. Gomide

REVISÃO TÉCNICA:
Adriano Fromer Piazzi
Urânio Paes

CAPA:
Filipa Damião Pinto
Foresti Design

PROJETO GRÁFICO E DIAGRAMAÇÃO:
Desenho Editorial

DIREÇÃO EXECUTIVA:
Betty Fromer

DIREÇÃO EDITORIAL:
Adriano Fromer Piazzi

PUBLISHER:
Luara França

EDITORIAL:
Andréa Bergamaschi
Caíque Gomes
Débora Dutra Vieira
Juliana Brandt
Luiza Araujo
Tiago Lyra

COMUNICAÇÃO:
Giovanna de Lima Cunha
Júlia Forbes
Maria Clara Villas

COMERCIAL:
Giovani das Graças
Gustavo Mendonça
Lidiana Pessoa
Roberta Saraiva

FINANCEIRO:
Helena Telesca

COPYRIGHT © BEATRICE CHESTNUT E URÂNIO PAES, 2021.
COPYRIGHT © EDITORA ALEPH, 2023.
(EDIÇÃO EM LÍNGUA PORTUGUESA PARA O BRASIL)

TODOS OS DIREITOS RESERVADOS.
PROIBIDA A REPRODUÇÃO, NO TODO OU EM PARTE, ATRAVÉS DE QUAISQUER MEIOS.

goya
É UM SELO DA EDITORA ALEPH LTDA.

Rua Tabapuã, 81 - cj. 134
04533-010 – São Paulo – SP – Brasil
Tel.: [55 11] 3743-3202
www.editoraaleph.com.br

DADOS INTERNACIONAIS DE CATALOGAÇÃO NA PUBLICAÇÃO (CIP) DE ACORDO COM ISBD

C525g   Chestnut, Beatrice
Guia prático do eneagrama: encontre seu caminho para o autodesenvolvimento / Beatrice Chestnut, Urânio Paes; traduzido por Marcello Borges. - São Paulo : Goya, 2023.
288 p. ; 14cm x 21cm.

Tradução de: The enneagram guide to waking up.
ISBN: 978-85-7657-552-8

1. Autoconhecimento. 2. Eneagrama. 3. Desenvolvimento pessoal. I. Paes, Urânio. II. Borges, Marcello. III. Título.

2023-360

CDD 150.1943
CDU 159.9.019.4

ELABORADO POR ODILIO HILARIO MOREIRA JUNIOR - CRB-8/9949

ÍNDICES PARA CATÁLOGO SISTEMÁTICO:
1. Autoajuda 150.1943
2. Autoajuda 159.9.019.4

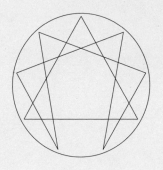

Este livro é dedicado às mulheres e aos homens fantásticos com quem trabalhamos em nossos workshops e retiros, em reconhecimento à coragem de empreenderem sua jornada, fazendo tudo que for preciso para o despertar e a manifestação do seu potencial superior.

SUMÁRIO

Prefácio 11

Introdução 13

Tipo 1
O caminho da ira à serenidade 23

Tipo 2
O caminho do orgulho à humildade 49

Tipo 3
O caminho do autoengano à veracidade 77

Tipo 4
O caminho da inveja à equanimidade 107

Tipo 5
O caminho da avareza ao não apego 137

Tipo 6
O caminho do medo à coragem 167

Tipo 7
O caminho da gula à sobriedade 195

Tipo 8
O caminho da luxúria à inocência 223

Tipo 9
O caminho da indolência à ação certa 251

Conclusão 279

Agradecimentos 281

PREFÁCIO

Nesta bela e funcional introdução ao Eneagrama, Beatrice Chestnut e Uranio Paes exploram os nove padrões básicos de personalidade e a forma como moldam e embasam nossa vida. Esses padrões são a fonte de muitos e importantes hábitos mentais, emocionais e comportamentais, os quais afetam quem julgamos, quem somos e nosso engajamento com a vida. Ao compreender plenamente a relevância deles, você conseguirá atingir um patamar superior de autoconsciência e a liberdade emocional decorrente de perceber e libertar-se das defesas inconscientes.

Cada capítulo, além de ajudá-lo a ver essas defesas em ação, vem acompanhado da apresentação de um guia para "despertar". Ao dizermos "despertar", referimo-nos à redução das limitações impostas por "hábitos" autolimitadores que motivam sentimentos, pensamentos e comportamentos. Todos nós os temos. Talvez seja muito difícil "vê-los", pois se tornaram familiares e confortáveis em nossa vida. Por quê? Porque estão profundamente incorporados ao modo como nossa mente aprendeu a compreender o mundo e nossos relacionamentos sociais. O *Guia do despertar com o eneagrama* nos apresenta ferramentas valiosas para levarmos esses padrões à nossa consciência. No processo, você desenvolverá um novo entendimento de sua história pessoal, inclusive das alegrias e dos traumas da infância, e compreenderá como isso norteia o universo adulto.

Concordamos com Chestnut e Paes em relação às diferenças entre personalidades individuais como uma mescla entre natureza e criação — nossa herança inata e o fato de nossas experiências singulares de vida nos modelarem. E nosso estudo do Eneagrama também começou com o trabalho pioneiro do dr. David Daniels, de Helen Palmer e de sua Escola de Tradição Narrativa. Em nosso trabalho, examinamos padrões no contexto da neurobiologia interpessoal. Levamos em conta como emergem por meio de sistemas mentais que nos permitem operar no mundo enquanto buscamos segurança e certeza, interações sociais e um senso de agência e poder em nossa vida. Compartilhamos a visão de que a compreensão mais profunda desses padrões promoverá nosso desenvolvimento, tornando-nos seres humanos melhores. Este, afinal, é o propósito original do Eneagrama.

Muitas pessoas buscam o Eneagrama almejando uma orientação clara acerca de "o que fazer" para se desenvolverem ainda mais depois de identificado o próprio padrão básico delas. Este livro dá respostas baseadas em todos os anos de trabalho de Bea e Uranio com o Eneagrama, quer como professores, quer como praticantes. Gostamos de esta obra recorrer à base sólida dos ensinamentos de David Daniels e Helen Palmer para tornar claro como cada tipo de pessoa pode aplicar as informações dessa notável ferramenta a fim de se desenvolver para além do nível do ego ou da personalidade, que nos aprisionam quando nos movemos pela vida no "piloto automático".

Para aproveitar ao máximo as valiosas informações deste livro, pedimos que o leia com curiosidade e dedicação! Nossa mente é fascinante. Mudá-la dá trabalho, claro, mas não negligencie a oportunidade de desfrutar a jornada de desenvolvimento e expansão por meio desta empolgante abordagem de autodescoberta. As estratégias sagazes e os conselhos sábios deste guia vão ajudá-lo a criar mais liberdade e relacionamentos mais enriquecedores, e mais paz em nosso mundo!

DR. DANIEL J. SIEGEL
AUTOR DE *A MENTE EM DESENVOLVIMENTO* E *PARENTALIDADE CONSCIENTE*. MEMBRO DO PATTERNS OF DEVELOPMENTAL PATHWAYS GROUP.

• • •

Patterns of Developmental Pathways Group é uma equipe formada por cinco cientistas sociais e médicos — Daniel J. Siegel, Laura Baker, David Daniels (1934–2017), Denise Daniels e Jack Killen — que vêm explorando há mais de dez anos os padrões de personalidade do Eneagrama sob a perspectiva da ciência contemporânea.

INTRODUÇÃO

A única pessoa que você está destinado a ser é a pessoa que você decide ser.
RALPH WALDO EMERSON

Você não é sua personalidade. Mas, então, quem é você?

Se for como a maioria das pessoas, comprou este livro na tentativa de compreender melhor por que você é do jeito que é. Por que faz determinadas coisas ou reage de uma maneira específica em algumas situações? Por que, não importa quantas vezes ache que aprendeu alguma coisa, você continua cometendo os mesmos erros? Como conseguirá melhorar seus relacionamentos e o que aconteceu naquele que não deu certo? Por que enfrenta um problema que não consegue superar?

Bem, há uma razão para todas essas coisas. E há uma razão para você achar difícil compreender por que faz o que faz.

Basicamente, você se tornou um zumbi.

Não, não literalmente um morto-vivo, mas alguém passando pela vida num estado zumbi — no piloto automático, "adormecido" para quem você de fato é e para aquilo que está acontecendo em seu interior. Aliás, como a maioria de nós.

Este livro o ajudará a despertar desse estado por meio do Eneagrama, uma poderosa ferramenta de desenvolvimento baseada numa sabedoria atemporal, capaz de levá-lo a conhecer seu verdadeiro eu. O Eneagrama o libertará de padrões autolimitadores e defensivos, ajudando-o a se desenvolver e a se tornar uma versão expandida de si mesmo. Ele lhe mostrará quem você é de fato por meio da apresentação de quem você *pensa* que é. A partir disso, saberá quem *realmente* é - e quem não é.

O que é o Eneagrama?

O Eneagrama é um símbolo complexo que se relaciona com muitos sistemas diferentes de conhecimento, inclusive a psicologia, a cosmologia e a matemática. Ele forma a base de uma tipologia bastante precisa que descreve nove tipos distintos de personalidade, atuando como estrutura de compreensão do ego humano e do mapeamento de um processo de desenvolvimento. Como um modelo psicológico e espiritual que estabelece caminhos específicos de autoconhecimento, ele nos ajuda a "despertar" para nós mesmos, revelando os padrões habituais e pontos cegos que limitam nosso desenvolvimento e nossa transformação.

O Eneagrama baseia-se em nove tipos de personalidade fundamentados na tríade dos "centros de inteligência" que determinam como assimilamos e processamos informações do mundo exterior.

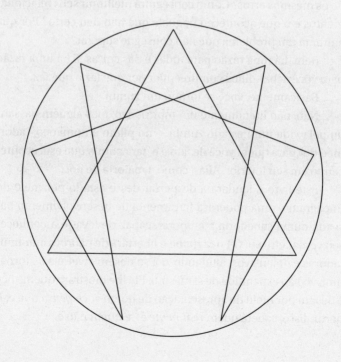

- Pensamos e analisamos usando o centro da cabeça. Os tipos 5, 6 e 7 são dominados por ele e, portanto, vivem de acordo com os pensamentos. Analíticos e imaginativos, sabem como planejar e compreender as coisas, mas podem ser excessivamente lógicos e desligados de sentimentos e emoções.
- Sentimos as emoções e interagimos com os outros usando o centro do coração. Os tipos 2, 3 e 4 são dominados por ele e, portanto, vivem de acordo com os sentimentos. Costumam ser inteligentes e empáticos em termos emocionais, valorizando a interação social e os relacionamentos, mas podem ser excessivamente focados na imagem e no medo da rejeição.
- Vivemos a vida por meio de nossos sentidos usando o centro do corpo. Os tipos 1, 8 e 9 são dominados por ele e, portanto, vivem levados pelas sensações. Quase sempre são dedicados e responsáveis, valorizando a verdade e a honra, mas podem ser críticos e inflexíveis.

Perdemos "o prumo" quando usamos um desses centros mais do que os outros dois. O Eneagrama nos ajuda a tomar consciência e a restaurar o equilíbrio.

Cada um dos nove tipos do círculo do Eneagrama é definido em termos de uma estratégia central de sobrevivência, formada por padrões e motivações habituais. Todos nós desenvolvemos estratégias inconscientes para evitar a dor e o desconforto. Quando nos percebemos como a soma total desses padrões inconscientes, perdemos de vista quem somos de fato e o que é possível para nós. Em razão de essas estratégias serem inconscientes, fica difícil (ou impossível) percebê-las e superá-las. Mas, na verdade, somos muito mais do que aquilo que pensamos ser, e o Eneagrama nos ajuda nesse entendimento.

Cada um dos nove tipos de personalidade do Eneagrama tem três "subtipos" distintos, totalizando vinte e sete tipos. Esses subtipos, versões com mais nuances dos nove tipos originais, definem-se por três impulsos instintivos: autopreservação, pertencimento social e fusão sexual (ou "um-a-um"). Cada subtipo revela como esses impulsos instintivos modelam o comportamento e expressam as motivações emocionais básicas. Em cada tipo, os três subtipos de personalidade assumem formas levemente diferentes, inclusive uma das três, chamadas de "contratipo", que em alguns aspectos vai contra a expressão geral do tipo, pois o motivador emocional e a meta instintiva caminham em sentidos opostos.

Para desbloquear as incríveis percepções do Eneagrama, primeiro identifique qual dos nove tipos se ajusta melhor à sua personalidade e, depois, qual o subtipo que o descreve com mais precisão. Será uma tarefa sem dúvida desafiadora, considerando que tipos diferentes se assemelham na superfície e você talvez se identifique com mais de um. Além disso, o fato de as descrições dos tipos se referirem em parte a hábitos *inconscientes* — pontos cegos — torna a tarefa ainda mais desafiadora.

De certo modo, esses tipos de personalidade se baseiam numa coisa muito simples: onde focamos nossa atenção ao nos movermos pelo mundo. No entanto, aquilo que vemos também define aquilo que *não* vemos — bem como o fato de não o vermos; são nossos pontos cegos. Quando desconhecemos esses aspectos importantes de nossa vivência, mantemo-nos cegos ao impacto que causam em nossos pensamentos, sentimentos e ações. E isso explica por que podemos dizer que estamos "adormecidos" — passando pela vida como zumbis.

Para "despertar" desse estado, precisamos enfrentar o ego, bem como a sombra projetada por ele. Precisamos ter consciência não só dos hábitos automáticos que estruturam nossa persona egoica e defensiva, mas também de tudo que permanece inconsciente em nós e conectado à necessidade de autoproteção de nosso ego. A persona autoprotetora nos mantém focados nas necessidades dela e nos impede de sentir dor ou alegria, condenando-nos a um tipo de sono-vigília no qual não sabemos quem somos e o que é possível para nós. Eliminamos esses elementos da sombra porque criam dor ou desafiam nossa autoimagem. Entretanto, se os tornamos mais conscientes, ficamos mais autoconscientes e íntegros.

Sem os enfrentar, nunca nos conheceremos como de fato somos. Quando não percebemos as tendências inconscientes conectadas à personalidade a que focamos (a qual também nos limita), continuamos reféns de quem pensamos que somos, de quem tememos ser ou de quem gostaríamos de ser. Quando superamos o ego e nos dedicamos ao processo de desenvolvimento mapeado pelo Eneagrama, começamos a despertar para nosso potencial pleno.

Criando e despertando um zumbi

Com o tempo, aprendemos a equiparar tudo o que somos com o ego, criando uma espécie de eu falso, uma persona. Cada um de nós vem a este mundo como um eu único e autêntico; porém, num processo similar ao que ocorre com filhos dependentes, adotamos estratégias de sobrevivência que nos ajudam na adaptação ao ambiente. Descobrimos maneiras engenhosas de navegar pela vida por meio da criação de estratégias de enfrentamento que nos protegem como seres pequenos em um mundo grande. Essas estratégias inconscientes determinam a qual dos nove tipos de personalidade pertencemos.

Mas "você" e "sua personalidade" *não são* a mesma coisa. Nossas personalidades nos ajudam a sobreviver na infância, mas limitam nossa percepção consciente de tudo que podemos ser como adultos. Lentamente, no decorrer do tempo, nossa necessidade de sobreviver no mundo nos leva a desenvolver falsos eus, que assumem o lugar do verdadeiro. E quanto mais nos afastamos da infância, mais nosso verdadeiro eu fica ofuscado pelos padrões defensivos que adotamos. Aprisionados nesses padrões invisíveis e habituais, enfrentamos dificuldades para nos desenvolver, pois cada vez mais nos engajamos neles. Tornam-se definidos e rígidos de formas que não identificamos, justamente porque facilitam nossa adaptação e sobrevivência — em alguns casos, sob condições adversas. À medida que nos sentimos mais confortáveis com essas estratégias, mergulhamos cada vez mais no estado zumbi, sem sequer percebermos.

O Eneagrama não apenas nos ajuda a compreender como as estratégias de sobrevivência que desenvolvemos na primeira infância podem nos transformar posteriormente em zumbis, mas também nos fornece técnicas para despertar, consciente e intencionalmente, rumo ao nosso verdadeiro eu. Se "adormecemos" para ele e para nosso imenso potencial, perdemos nossa capacidade inata de nos desenvolver além do ego. Aderimos a um nível baixo da consciência e nos esquecemos de que somos capazes de escolher um estado superior de consciência.

Despertar para nosso verdadeiro eu e nos mover para essa consciência mais ampla exige um imenso esforço intencional. Precisamos ter *consciência* de nosso estado zumbi e trabalhar ativamente contra ele a fim de superá-lo. Precisamos de um trabalho interior, intencional e consciente, para despertar do transe em que entramos quando pensamos que *somos* nossa personalidade. Precisamos sempre nos lembrar de estar mais presentes e sintonizados com nossa experiência para superar os hábitos arraigados do ego. Sem esse esforço consciente, talvez continuemos zumbis pelo resto da vida, como acontece com muita gente. O Eneagrama nos ajudará a compreender os padrões e as tendências que talvez estejam bloqueando nosso despertar.

Como usar este livro

Cada capítulo apresenta um caminho de transformação distinto para um dos nove tipos de personalidade, ou seja, delineia uma jornada individualizada — desde a percepção de padrões egoicos problemáticos, passando pelas etapas específicas do processo de autodescoberta, até a experiência da libertação de limitações autoimpostas. Não é necessário que leia os capítulos em sequência; pode ir direto àquele que, segundo você, descreve melhor seu tipo de personalidade.

Encontrar o tipo a que você pertence pode se revelar um valioso processo de aprendizado. Primeiro, tente descobri-lo por meio do checklist no início de cada capítulo, e então reflita sobre o tipo que se ajusta melhor ao que você conhece sobre si mesmo. Confirme sua descoberta explorando aquilo que lhe parece mais verdadeiro. Peça a opinião de pessoas em que confia para ajudá-lo a perceber seus pontos cegos. Tente não se distrair de sua jornada de desenvolvimento, mesmo que foque demais o diagnóstico e a descrição. Nenhum dado isolado vai lhe dar a resposta final; cabe a você montar o quebra-cabeça.

Identificado o seu tipo, ele talvez lhe mostre aspectos de sua personalidade que você não vai aceitar. Tenha a coragem de assumi-los. Alguns encaram o Eneagrama como uma coisa negativa, pois se sentem implicitamente julgados por ele. Mas você não está sendo julgado. E não deve se julgar. Cultive a autocompaixão. O Eneagrama envolve a compreensão da verdade – e a verdade pode ferir. É difícil o trabalho de despertar e é natural evitar sentimentos dolorosos, mas você precisa senti-los para conseguir despertar.

No começo de cada capítulo, há uma alegoria que introduz os temas principais do tipo. Depois, apresentamos um caminho em três etapas rumo à transformação, bem como os pontos cegos e de dor que você talvez encontre nessa jornada de desenvolvimento. A fim de que você progrida, recorremos a sugestões específicas para que aproveite melhor as percepções que terá sobre seu tipo e fomente seu desenvolvimento. O poder transformador do Eneagrama vem, em parte, do que chamamos de "asas" – os dois tipos de personalidades adjacentes ao seu tipo no círculo do Eneagrama – e sobretudo das "flechas" – as linhas que o conectam a outros dois tipos de personalidade no círculo. As asas sugerem etapas suaves de desenvolvimento, enquanto as flechas indicam mudanças mais radicais que você pode promover por meio da intenção consciente. Depois de aprender a ficar mais atento às tendências inconscientes de seu tipo principal, você será capaz de criar mais mudanças conscientes de desenvolvimento para além da perspectiva de seu tipo, integrando as qualidades saudáveis dos tipos adjacentes e opostos, incorporando mais de seu verdadeiro eu e avançando na jornada.

Cada capítulo descreve ainda um "paradoxo" embutido na polaridade entre a paixão, elemento que atua como o principal motivador emocional do tipo, e a virtude, que representa a consciência de nível superior. A paixão de cada tipo reflete uma espécie de apego zumbi à visão do mundo por meio das lentes desse motivador emocional. Cada virtude representa a meta para a qual o tipo ruma em sua jornada de transformação. Você avança por meio da integração de sua sombra – os aspectos mais sombrios de seu tipo e os padrões habituais e pontos cegos que o caracterizam. O significado original da palavra "paixão" é "sofrer". Logo, você despertará, em grande parte, pelo "sofrimento consciente" ao se defrontar com sua sombra.

O Eneagrama lida com os desafios enfrentados quando tentamos despertar para nosso "lado superior". Ele mapeia os modos pelos quais operamos e nos dá ferramentas para a consciência das formas com que sonambulamos pela vida. Tornamo-nos zumbis quando esquecemos quem somos de fato, ainda que cada um de nós fique aprisionado a um conjunto específico de hábitos inconscientes. Os capítulos a seguir destacam como cada um pode realizar sua jornada singular para despertar e aprender a redescobrir seu verdadeiro eu.

Embarque em sua jornada e aproveite a aventura!

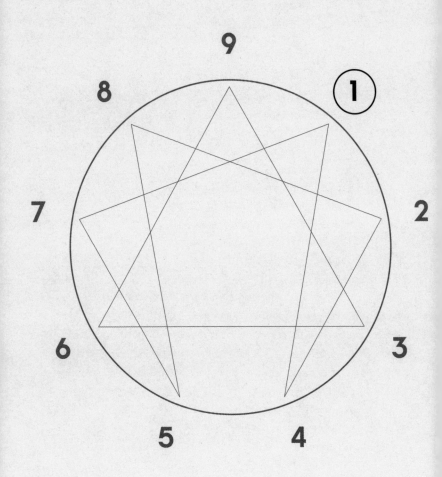

TIPO 1
O caminho da ira à serenidade

> Seu melhor professor é seu último erro.
> **RALPH NADER**

Era uma vez uma pessoa chamada Um, que veio a este mundo como uma criança espontânea, pronta para apreciar a perfeição inerente à vida. Serena e tolerante, sentia-se livre para desfrutar a alegria e a graça em tudo que fazia. Levava as coisas de modo descontraído e esbanjava flexibilidade com a vida, consigo e com todos à sua volta.

Mas, ainda na infância, Um viveu a dolorosa experiência de se sentir criticado. Diante disso, sentiu-se pressionado a seguir os padrões sociais de bom comportamento. Inconscientemente, Um tentou enfrentar a dor do julgamento e da punição monitorando-se e criticando-se proativamente antes que outros o fizessem. Internalizou os padrões aplicados a ele, tentando ser bom e fazer o que era certo o tempo todo. Sentia que precisava não só ser perfeito para que o considerassem merecedor, mas também trabalhar seu autocontrole a fim de ser "bom".

Na ânsia de ser bom, Um desenvolveu a capacidade de perceber e corrigir os próprios erros, fazer tudo perfeitamente e determinar o que precisava ser melhorado no mundo à sua volta. Ele se empenhava para manter os mais altos padrões de bom comportamento e julgava severamente as pessoas que não seguiam as regras. Tornou-se excelente em deixar as coisas excelentes — inclusive a si mesmo — e avaliava tudo em termos de ruim ou errado — sobretudo a si mesmo.

Com o tempo, Um ficou muito bom em evitar erros e ser virtuoso. Descobria a melhor maneira de fazer as coisas e se engajava o tempo todo nas regras de bom comportamento. Criticava-se sempre que algo não ficava perfeito (o que acontecia o tempo todo) e tentava fazer melhor na próxima vez. Porém, nesse processo, Um perdeu o contato com muitos aspectos de si. Ele parou de sentir ou de fazer qualquer coisa que pudesse ter a menor chance de ser considerada errada. Perdeu a maior parte da consciência sobre seus impulsos instintivos, seus sentimentos, sua criatividade e sua espontaneidade. Perdeu o contato com o próprio senso interior acerca daquilo que considerava certo, mas que poderia ser julgado como errado.

Impondo-se limites severos, Um aprendeu a evitar tudo que tivesse a mínima chance de ser errado, inclusive os próprios desejos e sonhos mais profundos. Volta e meia, irritava-se muito com pessoas que não seguiam as regras, mas, em vez de expressar a raiva, ocultava-a e tentava ser agradável. Priorizava a ética, a confiabilidade e a responsabilidade em tudo que fazia. Sentia-se compelido a controlar tudo para garantir que as coisas sairiam sempre direito. E punia-se quando não conseguia. Tal estratégia de sobrevivência não lhe permitia fazer mais nada. E irritava-se com *isso* também, mas não deixava ninguém perceber.

Entretanto, Um não percebia que todos à sua volta *sabiam* que ele estava com raiva ou ira, pois, ao impor o certo, às vezes esperneava, quase esmurrava a mesa, ou falava num tom de voz irônico. Esse comportamento se tornou parte de sua ação quando estava no modo sobrevivência. Ele não gostava dessa situação — na verdade, era muito difícil para ele —, mas não conseguia parar. Não admitia sentir raiva, pois isso não era bom. Às vezes, cansado e triste, quase se permitia sentir algo. Mas o que poderia fazer?

Com o tempo, Um ficou completamente entorpecido para qualquer senso real de si. "Adormeceu" para a própria bondade inerente, que se revelava nas boas intenções e no desejo sincero de ser bom. Só conseguia continuar a seguir as regras e a se esforçar para manter os mais altos padrões em tudo, mas perdera completamente a consciência da profunda necessidade humana de se divertir e relaxar, além do desejo humano básico de ser mau de vez em quando.

Um tornara-se um zumbi — muito educado, correto, obediente às regras, mas ainda assim um zumbi.

Checklist do Tipo 1

Se todos ou a maioria destes traços de personalidade se aplicam a você, talvez você seja do Tipo 1:

- ✓ Tem um crítico interno severo que monitora aquilo que faz e funciona na maior parte do tempo; é sensível a críticas.
- ✓ Classifica naturalmente suas percepções em "boas ou más", "certas ou erradas"; esforça-se para ser bom e fazer o certo.
- ✓ Em quase todas as situações, observa automaticamente como alguma coisa pode melhorar; percebe erros com facilidade e quer corrigi-los.
- ✓ Segue sempre ou quase sempre as regras; acha que o mundo ficaria melhor se todos agissem assim.
- ✓ Pensa e fala em termos de "deve" e "precisa"; na maior parte do tempo, ou sempre, acha que o dever tem de vir antes do prazer.
- ✓ Valoriza muito ser bom, responsável e confiável; estabelece padrões elevados para si mesmo e para os outros; defende o autoaprimoramento.
- ✓ Controla em exagero suas emoções porque acha impróprio ou contraproducente expressá-las ou agir dominado por elas.
- ✓ Controla demais seus impulsos de diversão e prazer.
- ✓ Acredita existir um modo certo de fazer tudo — o seu; tem opiniões fortes e as expressa sem hesitar.
- ✓ Valoriza as raras ocasiões em que alguma coisa que faz ou vê parece absolutamente perfeita; isso o inspira a se empenhar para fazer tudo da melhor maneira possível.

Se, após percorrer esse checklist, você descobrir que é um Tipo 1, sua jornada de desenvolvimento vai seguir três etapas.

Na primeira, você vai embarcar numa aventura de autoconhecimento, aprendendo a identificar padrões de personalidade relacionados à necessidade de ter razão, de fazer o certo e de aprimorar a si e ao mundo à sua volta.

Na segunda, deverá enfrentar sua sombra para tornar-se mais atento a tendências e padrões inconscientes que derivam da necessidade de se sentir valioso e virtuoso, em prol de saciar um senso básico de ansiedade ou comprovar sua bondade intrínseca. Isso o ajudará a identificar todas as maneiras pelas quais a crítica e a autocrítica estão, na verdade, detendo você.

Na terceira, o estágio final de sua jornada, deverá avançar até o "lado elevado" de seu tipo, abrandando a necessidade de ser bom e aceitando os impulsos humanos naturais. Ao fazê-lo, começará a perceber a bondade inerente em si e nos outros e a aceitar a imperfeição como parte do fluxo orgânico da vida.

> "As pessoas farão qualquer coisa, por mais absurda que seja, para evitar encarar a própria alma." – C. G. JUNG

Embarcando na jornada

Se você é um Tipo 1, o primeiro estágio de seu caminho para o despertar é aprender a se observar mais conscientemente, o que implica desenvolver a capacidade de notar hábitos específicos, como julgar-se e julgar os outros, sem se julgar por estar julgando. Sua jornada de desenvolvimento envolverá reconhecer o quanto presta atenção em corrigir os erros em seu ambiente, monitorando e criticando o que faz e magoando-se pelo fato de os outros estarem fazendo as coisas de forma errada. Para avançar na jornada, você precisará se esforçar para minimizar a sensação de responsabilidade, às vezes exacerbada, de fazer tudo acontecer da maneira correta, para começar a respeitar emoções e impulsos próprios e desenvolver a capacidade da autocompaixão. Ao aprender a perceber quando foca demais o autoaprimoramento — como se esforça para ser bom e evita ser mau —, você avançará na direção de um autoconhecimento mais aprofundado.

Principais padrões do Tipo 1

Para embarcar em sua jornada, foque estes cinco padrões habituais do Tipo 1 e preste mais atenção neles.

Criticar a si mesmo

Perceba se você tem um "crítico interno" — uma voz ou sentido interior com o qual monitora continuamente os outros e a si — que tece comentários críticos sobre o que está acontecendo, julgando tudo como "bom" ou "mau". Você talvez tenda a não perceber as consequências desse automonitoramento, sobretudo quando seu crítico interno é severo — e ele o será. Provavelmente, ignora a tensão física, emocional e a mental que o crítico interno provoca quando impõe aquilo que se define como bom comportamento, ao custo elevado do aumento do estresse.

Exigir a perfeição

Você se pressiona para atender a padrões muito elevados, o que pode levar à tensão ou à procrastinação quando nada parece suficientemente bom. Focado na imperfeição, você assume uma atitude negativa diante da vida, o que o leva a promover sentimentos de crítica ou julgamentos nas pessoas. Provavelmente, sente dificuldade de relaxar, aproveitar o que está acontecendo e comemorar os sucessos, pois sua mente crítica foca sempre obter resultados melhores ou mais perfeitos. Quando aceitar isso, conseguirá começar a mudar o foco desses pensamentos, passando a ter uma atitude mais positiva.

Obedecer às regras

Observe-se para ver se você segue rigidamente regras, rotinas, esquemas e processos e cria normas para os outros também.

É possível que se irrite quando as pessoas não obedecem às regras da maneira como acha que deveriam, ou quando não respeitam os padrões de comportamento correto que você incorpora, embora provavelmente esconda a sua ira. Às vezes, vivencia a ira como mágoa em relação às pessoas que fazem coisas "más" que você nunca se permitiria fazer. Por que elas estão livres para agir e você não? Note se você tende a manifestar uma rigidez semelhante com relação à ética, à moral e ao trabalho.

Sacrificar o prazer

É provável que você trabalhe demais e tenha dificuldade de relaxar. O trabalho sempre precisa vir antes da diversão? Observe-se para ver se é difícil parar de controlar tudo e apenas fluir ao ritmo da vida. É provável que você tenha esquecido ou ignorado as primeiras experiências que lhe despertaram o sentimento de reprimir seus desejos. Perceba se obedece a um conjunto de regras sem as questionar e não nota com clareza como é estressante viver de acordo com padrões tão elevados. Você hesita em buscar o prazer ou reservar um tempo de folga para desfrutar a vida.

Controlar as emoções

Quando, de algum modo, manifesta sentimentos e reações instintivas, você provavelmente o faz com muita autocrítica, culpando-se. Ao evitar perceber a raiva, veja se ela extravasa como sentimentos parcialmente reprimidos, por exemplo, irritação, frustração, aborrecimento, moralismo ou tensão corporal. Caso se flagre julgando as emoções como coisas improdutivas ou inadequadas, note se tende a racionalizar a propensão a reprimi-las, mencionando bons motivos para controlar rigidamente seus sentimentos. Perceba se julga a si mesmo e aos demais como "maus" por expressarem a raiva e outras emoções como forma de praticar o distanciamento habitual dos próprios sentimentos.

> "No cerne de toda raiva, há uma necessidade que não está sendo satisfeita." – **MARSHALL ROSENBERG**

A paixão do Tipo 1

A ira, paixão que move o Tipo 1, costuma se manifestar como a preocupação com o autojulgamento e o esforço para ser bom. Considerada a principal motivação emocional do tipo, a raiva aflora com frequência de forma contida ou parcialmente contida. Os Tipos 1 em geral não a expressam diretamente, pois se sentem motivados a reprimi-la e a direcioná-la principalmente contra si mesmos. Evitam manifestá-la porque priorizam a necessidade de ser "bons", acreditando que ela os torna "maus". Assim, essa ira é entendida como um estado de contrariedade ou insatisfação em razão de as pessoas ou coisas não serem como deveriam.

Entretanto, os Tipos 1 não vivenciam a "ira" de forma óbvia, pois incorporaram estratégias de sobrevivência focadas na bondade, na virtude e na retidão, e por isso tendem a controlar tanto a raiva subjacente que nem sequer a percebem. Em outras palavras, na ânsia de serem "bons" e expressarem o "apropriado" de acordo com as normas sociais convencionais, tentam *não* perceber a ira, chegando a um controle tão exacerbado dela que nem mesmo a identificam.

Reprimir as emoções que afloram naturalmente, porém, não faz com que desapareçam. Logo, como os Tipos 1 evitam inconscientemente sentir raiva, ela acaba se manifestando em crítica, aborrecimento, irritação, frustração, moralismo e intolerância pelo estado das coisas. Tal cenário cria uma atmosfera emocional de insatisfação e desconforto quando o Tipo 1 não consegue mudar as coisas e torná-las mais justas, perfeitas ou ideais. Às vezes, a ira extravasa fisicamente em tensões corporais ou em tons de voz diferentes.

Se você se identifica com esse tipo, conheça algumas manifestações típicas da ira; fique atento e tente progredir conscientemente em seu caminho rumo ao despertar:

- Supervisão determinada e atenta daquilo que está acontecendo.

- Autocrítica e crítica ou julgamento dos outros.
- Empenho constante para aprimorar a si mesmo e tentativa de regular, controlar ou corrigir o que está acontecendo para que tudo se ajuste a um padrão de qualidade ideal ou elevado.
- Expressão direta ou indireta de aborrecimento, irritação ou frustração.
- Comportamentos passivo-agressivos.
- Retidão pessoal; defesa ou luta pela justiça social ou reformas políticas; empenho em "fazer o certo" ou corrigir as coisas.
- Vergonha, culpa ou autorrecriminação — atividades do superego.
- Tensão corporal e rigidez física.
- Sarcasmo, escárnio ou tom de voz crítico.

> "Ser honesto não lhe trará muitos amigos, mas com certeza lhe trará os amigos certos." – **JOHN LENNON**

Usando as asas do Tipo 1 como extensões do desenvolvimento

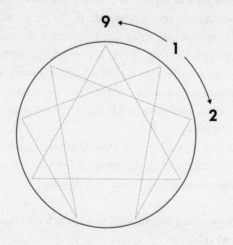

TIPO 1: O CAMINHO DA IRA À SERENIDADE

Os dois tipos adjacentes ao Tipo 1 no círculo do Eneagrama são os Tipos 9 e 2. Buscando as qualidades saudáveis do Tipo 9, os Tipos 1 podem se tornar mais adaptáveis e aprender a relaxar. Integrando as características positivas do Tipo 2, ficam mais competentes nos relacionamentos. Assim se afastarão do foco habitual na manutenção de padrões elevados e na busca do ideal de perfeição, compreendendo seu hábito de caracterizar as coisas em termos de "certo e errado" e "bom e mau".

- Primeiro, adote a capacidade de seguir o fluxo do Tipo 9, adapte-se aos programas dos outros, relaxe e simplesmente seja. Desenvolva a capacidade de criar harmonia no ambiente, percebendo pontos de concordância (em vez de divergência) com as pessoas à sua volta. Encontre bases comuns ao interagir com os outros e expanda seu ponto de vista habitual, levando-o daquilo que poderia ser melhorado para aquilo que já funciona bem. Passe mais tempo ouvindo a opinião alheia e menos expondo a sua. Trabalhe conscientemente contra sua tendência a julgar, apreciando e apoiando o que está acontecendo ao redor, sem procurar imperfeições. Priorize as "maneiras certas" dos outros de ver e fazer as coisas em vez das suas e permita-se desfrutar da interação com as pessoas à sua volta.
- Depois, incorpore a capacidade do Tipo 2 de focar menos as tarefas e os processos e mais as pessoas e os relacionamentos. Desenvolva a capacidade de criar vínculos com os outros, expressando interesse por eles, sintonizando os sentimentos ou compartilhando as emoções. Comunique-se com as pessoas de acordo com o que estão sentindo ou com o que querem, e seja mais flexível e diplomático na colaboração. Equilibre sua tendência a avaliar e julgar com a capacidade de perceber as necessidades alheias e de encontrar maneiras de lhes proporcionar recursos ou apoio. Procure deliberadamente ver o que as pessoas têm de melhor, em vez de apenas perceber erros que precisam de correção.

"O simples ato de cuidar é heroico." – **EDWARD ALBERT**

Enfrentando a sombra

O segundo estágio da jornada de desenvolvimento do Tipo 1 envolve o reconhecimento da tendência a se punir e reprimir emoções e impulsos instintivos. Isso o ajudará a perceber que focar em fazer as coisas direito e querer sempre melhorá-las pode, na verdade, ser um hábito negativo.

Um grande desafio para esse tipo está na tentativa de reprimir aspectos de si mesmo que, segundo acredita, o tornam mau ou indigno. Ele tenta ser "bom", mas quase sempre isso significa eliminar a consciência de qualquer coisa que julga "má", incluindo erros, explosões emocionais incontidas, impulsos instintivos normais e importantes sentimentos humanos. Essa falta de autopercepção pode torná-lo crítico, rígido e intolerante, embora pense que está sendo justo, ético e virtuoso. Ironicamente, o Tipo 1 não precisa aprender a melhorar, mas sim a "piorar", aceitando o risco (ou a realidade) de ser "mau" ou de estar "errado" e começando por coisas pequenas. Ele só progride em sua jornada de desenvolvimento quando se torna menos sério e menos preocupado em fazer tudo com perfeição.

Enfrentando a sombra do Tipo 1

Se você se identifica com o Tipo 1, aqui estão algumas ações para se conscientizar e solucionar padrões inconscientes, pontos cegos e de dor:

- Minimize o foco em seu crítico interno e encontre maneiras de parar de julgar a si e aos outros. A crítica gera mais problemas do que soluções; fomenta o estresse e aliena as pessoas.
- Conscientize-se da raiva subjacente à sua irritabilidade. A que se refere? Como você a reprime? Como ela

extravasa quando não se permite senti-la? Admita a ira e aprenda a vê-la como positiva.
- Aprenda a manifestar ativamente emoções e impulsos, e perceba quando algum sentimento não está sendo comunicado. Conscientize-se de quaisquer impulsos a que resiste e pergunte-se por que age assim.
- Seja menos responsável. Assuma menos deveres como prioridades urgentes e reduza sua tendência a microgerenciar e a ser excessivamente orientado para detalhes.
- Seja mais flexível e receptivo à inovação e à mudança. Planeje atividades que o forcem a ser mais espontâneo e menos tenso.
- Quebre as regras, e não apenas as que considera ruins.
- Não se julgue pelos erros e nem se preocupe demais com as consequências. Empenhe-se em perdoar-se mais.
- Dedique-se a atividades que lhe permitam momentos de relaxamento e diversão. Aja segundo seus impulsos prazerosos e foque mais a diversão do que o controle.
- Permita-se errar. Deixe um pouco de lado o autoaprimoramento e a propensão para fazer a coisa certa.

"Não há luz sem sombra e nem totalidade psíquica sem imperfeição."– C. G. JUNG

Os pontos cegos do Tipo 1

Esse tipo se apega à ilusão de que a perfeição é possível, atingível e desejável, e depois se critica por todas as inevitáveis ocasiões em que não chega lá ou deixa de fazer direito na tentativa de atingir padrões inviáveis. Seus pontos cegos tendem a ocultar todas as coisas humanas que não quer ver enquanto se esforça na busca pela perfeição. Ele nega e enterra as verdades desconcertantes sobre ser uma pessoa normal num mundo imperfeito.

Os pontos cegos do Tipo 1 podem incluir emoções tanto "boas" como "más" e o desejo profundo de fazer o que realmente quer — talvez até a vontade secreta de ser mau. Os Tipos 1 enfrentam o desafio de assumir e acolher os seus atributos demonizados como justificativa da manutenção do controle. Talvez resistam ao reconhecimento desses pontos cegos, pois têm um padrão de comportamento baseado em "fazer a coisa certa" e "ser uma boa pessoa". Temem que o caos e a desordem aflorem caso aceitem aquilo que consideram "ruim" em si mesmos.

Se você se identifica com o Tipo 1, veja alguns padrões inconscientes habituais que precisa deixar aflorar para se tornar mais consciente e seguir sua jornada.

Evitar a ira

Você evita sentir ou expressar sua ira? Ela acaba extravasando como irritação, tensão, inflexibilidade, frustração, aborrecimento e autorretidão? Experimente algumas destas ações para integrar esse ponto cego:

- Preste atenção nos sinais de ira (ou nas versões reprimidas dela) e permita-se senti-la.
- Analise quaisquer medos que possa ter em relação à ira e torne-os conscientes. Cultive uma percepção mais clara sobre essa sensação.
- Aceite os julgamentos que faz sobre a ira ou a manifestação dela. Perceba e questione quaisquer crenças pessoais sobre como é "impróprio" sentir raiva.
- Pense em como a raiva pode ser canalizada de maneiras positivas quando você a torna consciente — combate a injustiças, criação de limites, promoção de práticas que apoiem causas boas ou observação de comportamentos que magoam as pessoas.
- Identifique e aprenda a aceitar outras emoções, como tristeza, dor, entusiasmo e alegria. Quando você reprime uma emoção, quase sempre força o afloramento de outras em sua consciência.

Criticar-se e criticar os outros

Você costuma se flagrar no ato da autocrítica? Justifica a severidade com que se trata baseando-se na ideia de que a autocrítica é necessária para impor um bom comportamento? Critica os outros com frequência? O que acontece em seus relacionamentos quando as pessoas se sentem criticadas por você? Eis algumas ações possíveis para que integre esse ponto cego:

- Observe-se atentamente quando seu crítico interno começar a se manifestar. O que sente? Seu nível de estresse aumenta? Permita-se sentir a dor que talvez esteja causando a si mesmo. Observe quando você "normaliza" aquilo que é uma autopunição.
- Conscientize-se da maneira como impõe seus padrões elevados. Que crenças são subjacentes à sua tendência a impor esses padrões a si e aos outros?
- Pergunte a alguma pessoa de sua confiança se ela já teve a sensação de ser criticada por você. Pergunte-lhe como se sentiu.
- Pergunte-se qual é a motivação de seu "crítico interno". Que suposições você faz sobre sua tendência à autocrítica? O que acha que pode acontecer se não se criticar?
- Analise se o que critica nos outros não é alguma coisa que inconscientemente você deseja fazer.
- Perceba com que frequência diz às pessoas que estão fazendo algo de forma errada. Como é seu diálogo interior quando acha que fez alguma coisa errada?

Negligenciar o relaxamento

Com que frequência você se permite descansar e relaxar? Quais os seus tabus (aplicados regularmente) sobre privilegiar o prazer e não o dever? Com que frequência faz o que deveria fazer em vez daquilo que gostaria de fazer? Eis algumas ações para integrar esse ponto cego:

- Faça alguma coisa que julgue "errada". Quebre as regras; adie o trabalho e vá se divertir; aja intencionalmente da maneira "incorreta". Como se sente?
- Sintonize-se com seu corpo e perceba quão tenso você é.
- Durante um dia inteiro, injete humor e leveza em suas palavras e ações. Perceba o que acontece.
- Observe sua tendência a controlar-se em demasia. Perceba como você bloqueia impulsos e emoções. Qual o resultado disso? Quanta energia demanda?
- Vivencie a irresponsabilidade. Que coisas faz diariamente e acha que *precisa* fazer, mas na verdade não precisa?
- Passe um dia inteiro divertindo-se e relaxando (quando tiver coisas para fazer). Não faça nada do que "deveria". É muito difícil? Como se sente?

"Não perdoamos pelos outros; perdoamos por nós mesmos."

– DESMOND TUTU

Dor do Tipo 1

Para vivenciar a dor que evitou ao construir e se identificar com os hábitos defensivos que formam sua personalidade, o Tipo 1 precisa sentir conscientemente as emoções de sua criança interior que foi magoada por críticas na infância. Ele deve sentir *toda* a sua raiva e tudo que há por trás dela — dor, mágoa ou tristeza decorrentes de alguma punição ou da necessidade de se ajustar às exigências externas.

Esse tipo pode reprimir a felicidade e outras emoções, talvez pelo receio de que a vivência da alegria o leve a opções nocivas por sentir-se feliz ao fazer o certo. É possível que acredite na liberdade como causadora da desordem e do caos. Mas, quando aceitar todas as suas emoções e perceber que são importantes e válidas, não mais precisará negar a verdade do que sente só para sustentar padrões inviáveis. Aí está uma parte importante de sua libertação.

TIPO 1: O CAMINHO DA IRA À SERENIDADE

Se você se identifica com o Tipo 1, talvez seja difícil reconhecer sentimentos específicos que evita por julgá-los impróprios, errados ou nocivos. Mas permita-se aceitá-los em prol do seu desenvolvimento. Em última análise, você vai se sentir melhor se conseguir aprender a tolerar essa dor específica para atingir uma compreensão mais plena de seu verdadeiro eu. Lembre-se: só zumbis são insensíveis à dor. Eis alguns passos para aceitar a dor e lidar com ela:

- Conscientize-se da sua raiva e da causa dela. Explore todos os "derivados" da raiva, como irritação, frustração, impaciência, tensão corporal e autorretidão. Quanto mais puder vivenciá-la e estudá-la, em todas as suas formas, mais se sentirá livre depois. Considere seus bons motivos para ter raiva.
- Analise o medo que o direciona à sensação de que vão acontecer coisas ruins caso se permita admitir a raiva.
- Pense em como tem sido difícil para você, nesse tempo todo, sentir pena da criança que teve de reprimir seus impulsos e instintos naturais para minimizar críticas e punições.
- Admita a dor subjacente a todos os seus esforços de autocontrole por meio da autocrítica — a dor de ser punido por ser "mau" se provavelmente não fez nada de errado. Enfrente a ansiedade que vivenciou ao cometer erros e a culpa que acompanha sua necessidade de autocontrole.
- Explore quaisquer sentimentos de vergonha e constrangimento ao dar vazão a seus impulsos naturais.
- Identifique quaisquer sentimentos de felicidade ou alegria que deixou de lado por conta de sua necessidade de autocontrole.

"Onde existe raiva, existe sempre um sentimento oculto."
– ECKHART TOLLE

Os subtipos do Tipo 1

Identificar o subtipo do Tipo 1 o ajudará a direcionar com mais precisão seus esforços para enfrentar pontos cegos, propensões inconscientes e dor oculta. As tendências e os padrões específicos dos subtipos variam em função de qual dos três instintos de sobrevivência domina sua vivência.

Subtipo 1 Autopreservação

Esse subtipo vivencia muitas preocupações e ansiedades e é o que mais busca o perfeccionismo. Quase sempre, e desde cedo, sente que precisa ser muito responsável, e então receia a própria sobrevivência. É uma pessoa mais autocrítica do que crítica em relação aos outros. Reprime a raiva ao máximo e por isso não considera que a sente. Extravasa esse sentimento em tensão corporal, microgerenciamento ou mágoa — ou a necessidade de controlar tudo. É, porém, o subtipo mais amigável e caloroso.

Subtipo 1 Social

Esse subtipo é menos perfeccionista e mais "perfeito" — pelo menos, visto de fora. Foca a maneira melhor ou mais correta de fazer as coisas e a ensina aos demais. Tende a ser o subtipo mais intelectual e pode parecer superior, pois canaliza sua raiva se assumindo como "dono da verdade". Consegue reprimi-la apenas parcialmente, e por isso costuma parecer "tranquilo" e não tão ansioso. Concentra-se em injustiças ou trabalha em causas sociais, mas não se sente confortável em grupo. Em geral, são pessoas que assumem o papel de líderes para que sua retidão sirva de modelo para os outros.

Subtipo 1 Sexual (um-a-um)

Esse é o único subtipo do Tipo 1 que se sente mais à vontade com a ira, manifestando-a mais do que os outros subtipos, embora, às vezes, também tenda a controlá-la. É uma pessoa mais crítica dos outros, embora continue autocrítica. Reivindica a conexão com uma autoridade moral superior e tende a ser mais reformista do que perfeccionista. É zelosa quando defende o que considera certo e o que precisa ser corrigido, inclusive seu direito de obter o que deseja.

> "Geralmente, a preocupação dá às pequenas coisas uma grande sombra." – DITADO SUECO

As sombras dos subtipos do Tipo 1

Você conseguirá enfrentar de modo mais eficiente a própria sombra se conhecer as características específicas das sombras do subtipo de seu Tipo 1. A seguir, alguns dos aspectos das sombras de cada subtipo. Como o comportamento específico de cada subtipo pode ser bastante automático, talvez seja mais difícil para você enxergar e admitir essas características.

Sombra do subtipo 1 Autopreservação

Se esse é o seu subtipo, você se sente muito ansioso e preocupado com tudo o que faz. Mas, na verdade, nunca acha que as coisas ficam tão boas quanto gostaria, e por isso nunca se sente bem de fato. Inconscientemente, reprime a raiva a ponto de expressar seu oposto, demonstrando educação e amizade. A raiva reprimida e aprisionada no corpo fomenta a autocrítica. Sente necessidade de controlar cada detalhe do que faz. Preocupa-se em realizar tudo com perfeição, o tempo todo — inclusive você mesmo. Para se desenvolver, precisará encontrar maneiras de aliviar a ansiedade e de tornar-se mais consciente da própria raiva.

Sombra do subtipo 1 Social

Se esse é o seu subtipo, você se esforça muito para encontrar a maneira certa — ou perfeita — de fazer alguma coisa, e depois se engaja rigidamente nela. Reprime em parte a raiva, que alimenta a necessidade inconsciente de ser intelectual ou moralmente superior naquilo que faz. Deseja ser o modelo perfeito, ensinando aos outros o modo correto de fazer as coisas, mas não percebe como essa postura o coloca acima e afastado dos demais. Impõe a autorretidão moral como válvula de escape para a raiva reprimida e a necessidade de poder e controle. É bom que se esforce para ser mais flexível e menos perfeito.

Sombra do subtipo 1 Sexual (um-a-um)

Se este é o seu subtipo, você manifesta a necessidade de aperfeiçoar os outros e de reformar a sociedade para que tudo se ajuste à sua noção de certo, perfeito ou justo. Critica as pessoas como forma de impor sua autoridade moral. Demonstra a raiva e inconscientemente evita assumir a responsabilidade por corrigir a própria percepção equivocada ou suas ações distorcidas. Sente intensa necessidade de exercer controle e de conquistar o que deseja, pois assim confirma seu senso do que é correto e evita questionar os próprios padrões ou autoridade. Racionaliza seu direito de conseguir aquilo de que necessita ou de consertar o que precisa ser consertado quando a raiva fomenta o desejo.

> "A felicidade só existe na aceitação." – **GEORGE ORWELL**

O paradoxo do Tipo 1

O paradoxo do Tipo 1 baseia-se na polaridade entre a paixão da ira e a virtude da serenidade. Para esse tipo, admitir a compulsão por estar certo e chamar a atenção para o que não está certo — sua necessidade de ir contra os acontecimentos para tornar mais perfeitas as coisas — o ajuda na compreensão do funcionamento da paixão da ira. São pessoas que se movem na direção de um estado de serenidade por meio da consciência de como a raiva as motiva. Serenidade significa um estado de completa paz interior, aceitando plenamente as pessoas e as coisas como são. Quando procuram ser mais serenas e pacíficas, começam a abrir mão da necessidade de ter razão e do ímpeto pela perfeição. São capazes de se render ao fato de que as coisas podem parecer imperfeitas com frequência, mas podem ser perfeitas na imperfeição.

TIPO 1: O CAMINHO DA IRA À SERENIDADE

Se você se identifica com o Tipo 1, eis algumas ações para se conscientizar de sua ira e ser mais receptivo a um estado superior de serenidade:

- Perceba quando sente tensão corporal relacionada ao desejo de corrigir ou ajustar o que acontece no mundo à sua volta.
- Observe todas as maneiras pelas quais costuma resistir ao relaxamento e evitar a flexibilização tanto de seus padrões internos quanto de sua vigilância exterior. Abra mão da necessidade de alterar ou mudar tudo — dentro ou fora de você.
- Preste atenção em qualquer tensão física e observe como se sente depois — emocional e fisicamente.
- Admita quando sentir raiva e investigue as origens e as consequências dela. Preste atenção na raiva e na ideia de precisar controlá-la ou reprimi-la. O que aconteceria se a aceitasse e a acolhesse como um indício de que se importa muito com as coisas?
- Esforce-se por nutrir a autocompaixão — tanto pela imperfeição intrínseca de sua personalidade quanto pelo conflito interior despertado ao tentar demonstrar excelência em tudo que faz. Pergunte-se se prefere ter razão ou ser feliz.
- Pense que talvez tudo esteja "ok" do jeito que está, que você não precisa intervir para aprimorar nada. Pergunte-se se suas objeções à realidade são de fato importantes. Foque a aceitação.

> "A paz não é uma relação entre as nações. É uma condição mental que nasce da serenidade da alma."
> – JAWAHARLAL NEHRU

Usando as flechas do Tipo 1 para se desenvolver

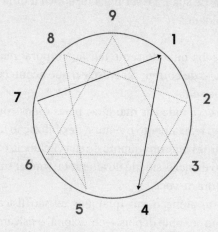

Os dois tipos conectados ao Tipo 1 pelas linhas das flechas internas no diagrama do Eneagrama são os Tipos 4 e 7. Incorporando a capacidade do Tipo 4 de acessar as emoções, o Tipo 1 equilibra bastante seu foco habitual em corrigir as coisas e evitar a culpa; desenvolvendo a tendência do Tipo 7 a explorar possibilidades e pensar mais criativamente, ele pode ficar mais relaxado e ser capaz de inovar.

- Primeiro, incorpore as qualidades saudáveis do Tipo 7, permitindo-se explorar possibilidades e pensar mais criativamente em vez de se engajar nas rotinas e regras habituais. Faça um *brainstorming* buscando maneiras inovadoras de fazer as coisas. Veja o valor de formas mais flexíveis de pensar e de agir. Em lugar de procurar erros para corrigir, procure oportunidades para a prática do hedonismo e da autoindulgência. Priorize o prazer e os elementos lúdicos, e acrescente mais leveza, humor e sociabilidade ao seu mundo. Saia mais cedo do trabalho para se distrair. Relaxe seus padrões elevados e permita-se fazer coisas de maneiras divertidas ou empolgantes, em vez de fazê-las do modo "correto".

- Depois, incorpore as qualidades saudáveis do Tipo 4 e entre conscientemente em contato mais próximo com emoções profundas. O que o alegra? O que o entristece? Explore qualquer dor, pesar ou raiva que tenha deixado de lado, sabendo que vivências repletas de emoções autênticas poderão levá-lo a um estado de bem-estar, depois de ter reprimido sentimentos por tanto tempo. Faça por vontade própria coisas para se expressar de modo criativo, em vez de se limitar a seguir processos e rotinas habituais. Enfim, faça o que quiser, não apenas o que seu senso crítico diz que "deveria" fazer. Pergunte-se o que tem significado para você e deixe que a resposta guie seus passos. Aja com base no senso de propósito, e não no de obrigação ou de responsabilidade.

> "Você não pode parar as ondas, mas pode aprender a surfar."
> – JOSEPH GOLDSTEIN

Incorporando o lado superior

Na terceira parte de sua jornada, os Tipos 1 aceitam que esforço exacerbado ou perfeição são desnecessários para que despertem o amor do outro. Aceitam a ideia de autodignidade e bondade apenas sendo eles mesmos. Tornam-se mais satisfeitos com quem são ao aceitarem – e até admirarem – a imperfeição, cientes de que tudo no mundo é perfeitamente imperfeito.

Quando esses tipos aprendem a confiar no próprio valor, também confiam que tudo faz parte de um fluxo maior que eles não conseguem controlar, direcionar, deter ou aprimorar. Quando não precisam provar seu valor fazendo tudo direitinho, percebem que têm o poder de escolher serem mais livres. E é possível que essa percepção os liberte do esforço constante de provar seu valor, fomentando uma vida com ritmo e preferências naturais próprios. Conseguem fazer o que os torna felizes, em vez daquilo que os torna corretos. Conseguem incorporar mais humor e leveza em tudo o que fazem. Quando atingem esse estado superior, transformam-se em companhias deliciosas.

Se você se identifica com esse tipo, conseguirá relaxar e adquirir um senso de calma e paz assim que manifestar mais o seu lado superior, sabendo intuitivamente que fez o trabalho interior necessário para transcender a convicção de seu ego de que tudo precisa ser aperfeiçoado. Quando essa sensação de paz aumenta, você se torna cada vez mais capaz de sobrepujar sua mentalidade crítica. Eis algumas ações que poderá realizar nessa etapa de sua jornada, coisas que não conseguia fazer antes:

- Aprender a se sentir profundamente relaxado, física e emocionalmente. Nesse estado, alguns dos impulsos instintivos que esteve reprimindo talvez retornem à sua vida, canalizados com sabedoria. Apreciar a sabedoria inerente de seu corpo e de seus instintos e beneficiar-se dela.
- Aceitar e sentir a sensação de paz consigo mesmo e com os outros. Compreender que todos nós somos inerentemente bons, "corretos" ou perfeitos.
- Fomentar a criatividade, a autoexpressão, a espontaneidade e a leveza. Incorporar humor em tudo o que faz.
- Tornar-se mais receptivo e menos dinâmico. Abrir mais espaço para a paz e a serenidade, e menos para o esforço e o autocontrole.
- Livrar-se da sensação da necessidade de aprimorar o mundo, ciente de que há forças maiores em ação para assegurar os melhores resultados.
- Compreender que problemas, erros e desafios podem ser os professores certos de que todos precisam para seu desenvolvimento.

"Não podemos mudar alguma coisa sem antes aceitá-la."
– C. G. JUNG

A virtude do Tipo 1

A serenidade é a virtude que proporciona um antídoto para a paixão da ira do Tipo 1. Na serenidade, esse tipo vivencia a calma e a ausência de tensão. Quando percebe como a ira o coloca na contramão do ritmo natural da vida e de seu conhecimento mais profundo, ele passa conscientemente da resistência da realidade à aceitação "do que é". Em outras palavras, abre mão com alegria da constante vigilância e dos julgamentos, entregando-se à paz inerente ao fluxo da vida, sem julgar, rejeitar ou desvalorizar o que quer que aconteça no momento.

Se você se identifica com esse tipo, a serenidade o ajudará a minimizar a experiência da ira, afastando-o do hábito de medir tudo em relação a um ideal de perfeição. Ao abandonar a tendência ao julgamento, você cria espaço para vivenciar a sensação profunda de tranquilidade, pois está em harmonia com a verdade — interna e externamente. Na serenidade, você age a partir de uma perspectiva que talvez não tenha considerado antes: a do coração, não a do julgamento e do condicionamento cultural.

No estado de serenidade, você experimenta:

- abertura, receptividade e aceitação;
- paz e leveza interiores decorrentes da interrupção do diálogo incessante de seu crítico interno;
- aceitação da realidade exatamente como ela é;
- sensação de relaxamento emocional e físico, com menos preocupações do que antes;
- atmosfera interior tranquila, livre de oposições reativas;
- calma interior, espontaneidade e contentamento;
- atitude interior baseada no reconhecimento de que se posicionar contra qualquer coisa o bloqueia do fluxo da força vital;
- aceitação emocional plena e incondicional de si mesmo e dos outros, em sinal de gratidão;
- ausência de qualquer tipo de agitação, tensão ou perturbação.

> "Tente controlar sua raiva, pois as pessoas não conseguem controlar a própria estupidez." – **NISHAN PANWAR**

Despertando do estado zumbi

O elemento-chave para os Tipos 1 se engajarem no verdadeiro eu consiste no aprendizado gradual de que, permanecendo no eu falso, nunca chegarão nem perto da perfeição. Mas, quando transcendem o ego, os conceitos de "bom e mau", "certo e errado" perdem o sentido. Ao atingirem o estado superior de consciência por meio da serenidade, o verdadeiro eu sobrepujará os falsos, e eles aprenderão a confiar na virtude inerente a todos os seres.

Quando percebem que o foco em corrigir tudo e em trabalhar pesado para atender a seus padrões elevados nunca promove uma sensação duradoura de satisfação, mas tão somente mais e mais estresse, os Tipos 1 superam a obsessão por um ideal fugaz e ilusório. Finalmente, eles vivenciam a sensação de alívio decorrente da necessidade de perfeição e da compulsão para julgar. E é aí que encontram a libertação que lhes permite ser leves, bem-humorados, amantes da diversão e espontâneos.

A jornada do Tipo 1 pode ser desafiadora em função da dificuldade de deixar de lado o "certo". Esse imperativo moral o leva à sensação de que só lhe resta atingir a perfeição, em especial se acha que a ausência de falhas é a condição para merecer o amor. Mas, ao romper com hábitos limitadores e aceitar a realidade de que é merecedor, não precisa mais se esforçar para o autoaperfeiçoamento.

Como um Tipo 1, quando começa a incorporar mais do seu verdadeiro eu, você é levado pelo fluxo dos impulsos, instintos e emoções naturais, libertando-se do monitoramento constante de seu crítico interno e aceitando *tudo* aquilo que você é. Começa a canalizar a energia da raiva para promover mudanças positivas no mundo. Reconhece a pureza das próprias boas intenções e aceita seu mérito inerente. Ao superar tendências zumbis inconscientes de focar melhorias e reprimir os verdadeiros sentimentos e desejos, você libera energias e percebe sua unidade essencial com a natureza. E o espaço antes ocupado pelas exigências do crítico interno fica permeado por uma sensação duradoura de paz, liberdade e alegria.

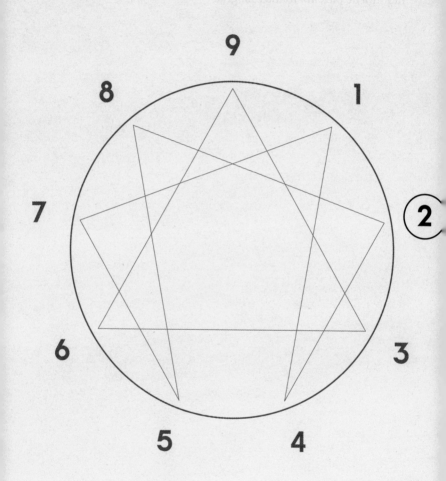

TIPO 2
O caminho do orgulho à humildade

> Nunca duvide que um pequeno grupo de pessoas conscientes e engajadas possa mudar o mundo. De fato, sempre foi assim que o mundo mudou.
> **MARGARET MEAD**

Era uma vez uma pessoa chamada Dois. Na infância, Dois era uma criança feliz, cheia de amor e profundamente satisfeita com a vida. Amava gente — e amava gente amável. Sentia um amor profundo por si e por todos os seres do mundo. Desde que nasceu, tinha fantástica sensibilidade emocional e intensa necessidade de se sentir amada e apoiada.

Mas, ao crescer, talvez por conta dessa característica, Dois começou a se sentir mal, porque algumas de suas necessidades não eram atendidas pelas pessoas à sua volta. Às vezes, quando estava com fome, ninguém aparecia para alimentá-la. Às vezes, quando se machucava, ninguém percebia que precisava de consolo. E quando sentia aquela necessidade profunda de amor, volta e meia sentia que não o recebia.

Dois tentou encontrar o amor de que precisava por meio da manifestação do amor pelas pessoas. Tentou fazer com que cuidassem dela cuidando dos outros. Se fosse gentil, prestativa e apoiasse as pessoas, pensou, elas iriam querer retribuir, apoiando-a também. Talvez assim se lembrassem de cuidar dela.

Para conseguir o amor de que tanto precisava, Dois viu-se empenhada em agradar a quem a rodeava. Receber afeto alheio dava-

-lhe segurança e ainda a ajudava a evitar a sensação de negligência. Na busca por ser amada — ou querida —, dedicou muita energia a todos os seus relacionamentos. Criou interações positivas. Ouvia as pessoas. Demonstrava interesse por elas. Dizia-lhes coisas divertidas para entretê-las. Sempre se mostrava bem apresentável para impressioná-las. Fazia-as felizes dando-lhes coisas de que gostavam ou precisavam — às vezes, antes mesmo que estivessem cientes do que precisavam. Dois mostrou que sabia agradar as pessoas e até apreciava fazê-lo na maior parte do tempo, embora às vezes se exaurisse.

Com o tempo, o desejo de conquistar o amor dos outros tornou Dois muito competente em perceber sentimentos alheios; resultado: as pessoas se sentiam bem, gostavam e cuidavam dela. Tornou-se muito generosa e dadivosa porque viu que, quando dava coisas aos outros, gostavam ainda mais dela. Mas não pedia nada para si mesma, com medo de ouvir um "não" e sentir-se rejeitada — o oposto de se se sentir amada. Com o tempo, após anos tentando evitar a dor de não ser amada, Dois apagou quase toda lembrança do amor.

Como Dois era muito competente em fazer coisas que agradavam os outros, muita gente *gostava* mesmo dela, e isso a fazia sentir-se importante. Mas, por focar as necessidades alheias, Dois esqueceu-se completamente das próprias necessidades — e, por vezes, dos próprios sentimentos. Por fim, acabou perdendo qualquer noção de suas necessidades e seus sentimentos, limitando-se a procurar a aprovação alheia. Movida pela necessidade inconsciente de ser apreciada, Dois começou até a controlar e manipular as pessoas, pois às vezes tinha de *fazê-las* perceber como era importante. E tornou-se muito boa nisso, impondo sua vontade de modo que ninguém percebesse, pois dissimulava muito bem como pessoa boa, generosa e altruísta.

As estratégias de sobrevivência de Dois dominaram sua vida. Esqueceu-se de vez da necessidade original de amor que a havia orientado a agradar os outros. Às vezes, vivenciava uma vaga satisfação quando a aprovavam, a qual se esvaía rapidamente, levando-a a querer mais. E continuava tentando atender às necessidades de todos, mesmo completamente exausta. Transformava-se numa pessoa diferente sempre que queria a aprovação do outro, e não conseguia dizer "não" para ninguém. A necessidade de ser querida e importante ficou insaciável, e, na tentativa de receber amor tentando ser o que fosse preciso para que as pessoas gostassem dela, acabou perdendo toda a lembrança de seu verdadeiro eu.

De vez em quando, se alguém lhe oferecia amor autêntico, Dois nem percebia. Aprendendo a se contentar com migalhas de atenção, de reconhecimento e de aprovação, ensurdeceu para suas necessidades mais significativas e sentimentos mais profundos — e eliminou seu eu e sua capacidade de receber aquilo que mais queria. A consequência foi a total incapacidade de receber qualquer coisa boa dos outros, inclusive o amor.

Dois tornara-se um zumbi — muito amigável, generoso e útil, mas mesmo assim um zumbi.

Checklist do Tipo 2

Se todos ou a maioria destes traços de personalidade se aplicam a você, talvez você seja um Tipo 2:

- ✓ Foca boa parte de sua atenção nos relacionamentos e no modo como as pessoas reagem a você.
- ✓ Preocupa-se se os outros aprovam ou gostam de você.
- ✓ Sintoniza-se com as pessoas ao seu redor para avaliar como se sentem e do que gostam, e então se ajusta para alinhar-se com elas e criar um vínculo positivo.
- ✓ Normalmente, antecipa-se às necessidades dos outros, sobretudo daqueles que lhe são importantes.
- ✓ Sente dificuldade de reconhecer suas necessidades e solicitar ajuda.
- ✓ Quer ser não só querido pelos outros, mas também importante para aqueles essenciais em sua vida.
- ✓ Estabelece interações positivas, mas mostra-se muito se-

letivo ao escolher as pessoas de quem quer ser próximo. Embora deseje que todos gostem de você, considera algumas pessoas mais importantes do que outras.
- ✓ Acredita que será capaz de despertar nos outros sentimentos de estima por você por meio de charme, generosidade ou apoio.
- ✓ É especialista em mostrar-se amigável, animado e positivo, e se orgulha de ser alguém com quem as pessoas podem contar.

Se, após analisar essa lista, você descobrir que é um Tipo 2, sua jornada de desenvolvimento vai seguir três etapas.

Na primeira, embarcará numa aventura de autoconhecimento, aprendendo a identificar padrões de personalidade relacionados ao hábito de se metamorfosear para que as pessoas gostem de você.

Na segunda, enfrentará sua sombra para tornar-se mais consciente de que perde o contato consigo mesmo quando se adapta a tantas pessoas diferentes. Isso o estimulará a reconhecer e assumir padrões do ego que não são assim tão positivos e "legais".

Na terceira, o estágio final de sua jornada, conseguirá livrar-se de seu falso eu e assumir mais o verdadeiro, aprendendo assim a receber o amor, mola propulsora de sua vida, com mais autenticidade.

> "Ninguém se torna iluminado por imaginar figuras de luz, mas sim por tornar consciente a escuridão." – C. G. JUNG

Embarcando na jornada

Para os Tipos 2, o primeiro estágio do despertar envolve a observação ativa e consciente do modo como sintonizam mais os sentimentos alheios do que os próprios. Ao observarem intencionalmente seus padrões habituais em ação — por exemplo, a forma como agradam os outros para conseguir algo em troca, tentando ao mesmo tempo parecer desapegados e altruístas –, iniciarão seu despertar.

Como um Tipo 2, sua jornada inicia-se com o desenvolvimento da competência de perceber o nível de atenção que dá aos outros e a si próprio – sem se julgar. Esse processo o ajudará a reconhecer todas as maneiras por meio das quais procura a aprovação dos outros para formar a noção de quem você é e o fato de não priorizar suas necessidades.

Principais padrões do Tipo 2

Quando não percebe sua profunda necessidade de amor e de aprovação, esse tipo pensa que apoia os outros porque quer ser útil. Mas, embora às vezes isso até aconteça, o fato é que sua necessidade de se sentir importante costuma levá-lo a querer controlar os outros para obter o que deseja, sem pedir diretamente. Talvez seja difícil que ele admita essa situação e possivelmente até lute contra ela, mas quase sempre a estratégia de sobrevivência do Tipo 2 o leva a tentar controlar ou manipular os demais, mesmo sem perceber. Ser o "salvador" é uma posição segura para manter relacionamentos, pois representa uma maneira de ele se sentir importante, evitando, ao mesmo tempo, sentimentos de vulnerabilidade. Para progredir em sua jornada, os Tipos 2 precisam reconhecer isso.

Se você se identifica com o Tipo 2, fique atento aos cinco padrões habituais e conscientize-se deles, a fim de avançar em sua jornada de desenvolvimento.

Necessitar de estima

Na maior parte do tempo, você costuma se motivar pela aprovação e teme a rejeição ou a exclusão. Para você, é muito importante ser querido pelos outros – e tem a sensação de que conquistará isso. Perceba se fica preocupado com o impacto que causa nas pessoas porque é muito importante que desperte nelas uma impressão positiva. Observe-se para ficar mais atento à tendência de se "metamorfosear" para alinhar-se com os outros, apresentando-se da maneira que acha que vão gostar e ocultando atributos que julga que não vão gostar — opiniões, preferências e sentimentos.

Minimizar as necessidades enquanto tenta agradar os outros

É bem possível que receie o fato de as pessoas o verem como muito "carente" caso expresse abertamente suas necessidades. Perceba se se sente vulnerável quando alguém se nega a atendê-las, o que faz se lembrar da dor da privação. Observe se quase sempre nem sequer tem ideia daquilo de que precisa, e, mesmo que tenha, sente dificuldade ou mesmo impossibilidade de pedir. Provavelmente, acha difícil ou impossível pedir ajuda. Você costuma se contentar com menos do que realmente precisa e quer, priorizando a satisfação dos outros em vez das próprias necessidades. Sem perceber bem isso, talvez pense que o reconhecimento daquilo que faz para as pessoas seja a única maneira de se satisfazer na vida, enquanto fica alheio às próprias e reais necessidades e desejos.

Focar os relacionamentos

Perceba o modo como foca os relacionamentos. Observe-se para ver se tenta satisfazer indiretamente suas necessidades por meio das interações sociais. Note se evita pedir de modo direto aquilo de que precisa, quase sempre orientado pelo medo de ser um fardo para os outros e afastá-los. Sem querer, você pode tender a encarar as interações como uma troca mútua: "Se eu lhe der algo, você deve me dar algo em troca". Essa "mentalidade de permuta" cria um padrão de doação exacerbado, na esperança de receber em troca sem ter de pedir, o que pode levá-lo à exaustão e à mágoa.

Desejar se sentir importante

Observe se tende a querer impressionar ou a agradar as pessoas mais importantes de sua vida. Note se dispende muita energia para receber o afeto daquelas que valoriza, e se a necessidade de ser importante faz, com frequência, com que "não se sinta tão importante". Em sua tentativa de agradar os outros e de criar interações positivas, observe-se para ver se foca sua atenção em como não consegue ser aprovado ou receber a importância que deseja. Veja como depende da aprovação alheia para confirmar seu senso de autoestima, o que talvez o impeça de se sentir bem consigo caso as pessoas o desaprovem. Isso pode levá-lo a se empenhar ainda mais para se sentir importante.

Orgulhar-se por precisarem de você

Perceba se sente a necessidade de assumir um papel central na vida das outras pessoas, talvez sem perceber tudo que faz para afirmar sua importância para aqueles mais próximos. Você sente uma emoção especial quando alguém lhe diz: "Não teríamos conseguido fazer isso sem você"? Provavelmente, tende a ignorar ou negar todas as estratégias a que recorre em prol de ajudar e apoiar os outros a fim de que se lembrem de que precisam de você. E, embora talvez seja difícil admitir, você tem a tendência de controlar ou manipular as pessoas quando não reconhecem sua ajuda ou seu valor, ou quando não o priorizam depois que satisfaz as necessidades delas.

> "Às vezes, pedir ajuda é o exemplo mais significativo de autorresiliência." – **CORY BOOKER**

A paixão do Tipo 2

O orgulho é a paixão que move o Tipo 2. Nesse contexto, o orgulho é uma espécie de inflação do ego – a necessidade de ser importante ou valorizado. Para este tipo, o orgulho assume o caráter de uma espécie de falsa arrogância – a espécie de orgulho que causou a mítica "queda" de Satã na arquetípica história cristã. Portanto, pessoas do Tipo 2 "brincam de Deus", controlando os acontecimentos porque acham que sabem o que é melhor ou o que deveria acontecer. Isso mantém a ilusão de que são capazes de direcionar eventos e sentimentos alheios, e que não estão sujeitas a forças além de seu controle.

Na vida cotidiana, o orgulho leva pessoas desse tipo à crença de que precisam ser sobre-humanas para que os outros as aceitem. São movidas pela satisfação das necessidades alheias o tempo todo e pelo sentimento de indispensabilidade. Desse modo, não percebem o que precisam dos outros, convencendo-os de que podem ser todas as coisas para todas as pessoas, sem precisar de apoio. Atentas às necessidades alheias, mas não às suas, exaltam-se inconscientemente numa posição superior.

Esse orgulho – que quase sempre age fora da percepção consciente – alimenta uma espécie de grandiosidade subjacente à necessidade de importância pessoal desse tipo, levando-o a empregar o apoio como forma de influência ou de controle. Por outro lado, em geral sente que nunca é bom ou importante o bastante. Para se desenvolver e prosseguir em seu caminho, precisa se conscientizar de ambas as manifestações de orgulho – o impulso para maximizar a própria importância e a dor por não ser importante o bastante.

Se você se identifica com o Tipo 2, precisa aprender a reconhecer as manifestações típicas de orgulho e tomar consciência delas para assim se mover para o despertar:

- Negar suas necessidades e recear que os outros o percebam como muito carente.
- Não pedir ajuda.
- Acreditar que consegue atender às necessidades de todos, sem admitir as próprias. Atender às necessidades dos outros o tempo todo e sentir-se magoado quando eles não agem de modo recíproco, ou seja, não atendem às suas.
- Presumir que é capaz de fazer todos gostarem de você.
- Tentar ser indispensável trabalhando muito e sendo competente, generoso e capaz de autossacrifícios.
- "Dar para receber" – doar estrategicamente a fim de receber aprovação ou apoio dos outros; negar que deseja

TIPO 2: O CAMINHO DO ORGULHO À HUMILDADE

obter alguma coisa em troca.
- Promover-se mentalmente; pensar que sabe de tudo ou que precisa ser valorizado como alguém importante; ofender-se quando não lhe dão prioridade ou destaque.
- Sentir-se muito vazio, desapontado ou insultado diante de críticas, impopularidade ou não reconhecimento.
- Posicionar-se como cuidador, salvador, apoiador todo-poderoso ou o "poder por trás do trono".

> "O orgulho ergue um pequeno reino próprio e age nele como soberano." – **WILLIAM HAZLITT**

Usando as asas do Tipo 2 como extensões do desenvolvimento

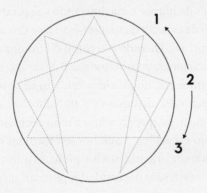

Os dois tipos de personalidade adjacentes ao Tipo 2 no círculo do Eneagrama são os Tipos 1 e 3. O Tipo 2 pode moderar o foco excessivo na obtenção do amor e da atenção alheia "inclinando-se" para o equilíbrio e a autodisciplina do Tipo 1, e depois integrando a competência de estabelecer metas e trabalhar para implementá-las do Tipo 3. Isso o ajuda a superar o excesso de atenção nos relacionamentos, permitindo-lhe reconhecer as próprias necessidades e prioridades.

- Primeiro, incorpore a competência do Tipo 1 para prestar mais atenção nos processos, nas tarefas e nos resultados relacionados ao aprimoramento de alguns aspectos de sua vida ou de seus autocuidados. Equilibre seu foco em pessoas e relacionamentos com mais atenção a autodisciplina, organização e rotinas de apoio. Quando ficar excessivamente emocional, pratique o desenvolvimento do discernimento — avalie logicamente o que é "certo" ou "apropriado" à situação. Ao "perder-se" por focar os outros, tente uma abordagem passo a passo para conectar-se com sua agenda pessoal, cumprindo-a. Dedique-se ao aterramento, instituindo uma rotina regular de atividades físicas ou respirando com a barriga da próxima vez que as emoções o inundarem.
- Depois, integre as qualidades saudáveis do Tipo 3, focando mais fazer do que sentir, afastando-se das oscilações de humor e maximizando sua produtividade por meio da criação de metas pessoais e de caminhos para cumpri-las. Quando seu ritmo diminuir por problemas de relacionamento, foque sua lista de afazeres ou comece a trabalhar no próximo item. Ao se sentir deprimido ou exaurido, dedique-se a trabalhos ou atividades de que gosta ou que atendam a uma necessidade ou a um desejo específico. Equilibre seu foco nos outros dando mais atenção a projetos e aspirações que o beneficiem e satisfaçam suas necessidades pessoais ou profissionais.

"Precisamos nos dispor a abrir mão da vida que planejamos a fim de encontrar a vida que espera por nós."
– JOSEPH CAMPBELL

Enfrentando a sombra

A segunda parte da jornada de desenvolvimento dos Tipos 2

envolve o reconhecimento, a aceitação e o engajamento no "eus autênticos", sobretudo no que se refere às verdadeiras necessidades e emoções, sem serem dominados pela imagem daquilo que os outros precisam ou querem que sejam. Desse modo, conseguem ver aspectos reprimidos ou negados de si mesmos, tornando-se mais conscientes de que, às vezes, agradar os outros e cuidar deles pode ser negativo.

Quando esse tipo carece de autopercepção, em geral se mostra invasivo, carente e manipulador, mesmo ao pensar conscientemente que está sendo altruísta, independente e prestativo. O não enfrentamento de sua estratégia inata de dar para receber pode levá-lo à dependência, hipersensibilidade e ligação exacerbada a relacionamentos específicos ou ao reembolso de supostas dívidas. Quando as pessoas não satisfazem as expectativas não verbalizadas desse tipo, ele pode se mostrar silenciosamente magoado ou raivoso. Conscientizar-se desse nível mais profundo de motivações e de reatividade emocional por trás de uma fachada agradável pode ser doloroso e até humilhante para ele.

Enfrentando a sombra do Tipo 2

Se você se identifica com o Tipo 2, eis algumas ações para trazer à tona os principais padrões inconscientes, pontos cegos e pontos de dor, conscientizando-se deles e começando a trabalhá-los:

- Identifique e verbalize suas necessidades mais profundas e peça ajuda aos outros. No começo, talvez soe desafiador e você nem sequer tenha ideia do que precisa de fato, muito menos de como pedir. Talvez também pareça humilhante. Se for o caso, veja isso como uma coisa boa e não permita que a sensação de vulnerabilidade o detenha.
- Conecte-se com suas emoções, processe-as, aceite-as

e depois as controle. Como um Tipo 2, você pode ficar bem emotivo, mas também tender a reprimir as emoções quando receia que elas o impeçam de se conectar com os outros.

- Foque menos os relacionamentos e a necessidade de ser querido. Admita que nem todos vão gostar de você. Embora pareça difícil, no começo imagine como se sentirá livre quando não precisar mais se apresentar de um modo que agrade às pessoas.
- Saia de relacionamentos que não servem para você. Talvez tolere algumas pessoas por mais tempo do que deveria, pois adquiriu o hábito de oferecer apoio aos outros e orgulhar-se de ser confiável, mesmo sem receber muito em troca.
- Estabeleça limites entre você e os outros; expresse seus desejos e aprenda a dizer "não". Vai se beneficiar imensamente quando aprender a respeitar seus limites e ajudar as pessoas a fazê-lo também. Diga aos outros quando você não dispõe de tempo ou quando estão pedindo demais.
- Aprenda o significado de "seja você mesmo". Foque sua autenticidade e não mudanças que agradem os outros. Passe mais tempo sozinho. Pergunte-se do que precisa, o que deseja e do que gosta – e dê isso para si mesmo.
- Sinta a liberdade de ser menos importante e de fazer menos pelas pessoas. Quando perceber como a necessidade de ser importante o motiva, comece a abandoná-la. Seja importante para você, só porque você é você. Aprecie ativamente a sensação de liberdade.
- Conscientize-se de suas fraquezas e limitações humanas. Perceba como suporta uma carga maior do que deveria nos relacionamentos e pare com isso. Reconheça e abandone a necessidade de se esforçar tanto para merecer amor.
- Perceba a dor reprimida e acumulada do passado e per-

mita-se vivenciar os sentimentos de tristeza, mágoa, dor, raiva e quaisquer outras emoções reprimidas. Chore, e muito. Você precisa disso e é bom. E não se esqueça de pedir ajuda.

Seu eu zumbi não quer ter nada a ver com esses desafios, sobretudo pelo fato de você ter investido na criação e na crença de sua imagem de indispensabilidade.

"Não há despertar de consciência sem dor." – C. G. JUNG

Os pontos cegos do Tipo 2

Talvez esse tipo não queira admitir os próprios pontos cegos, pois são pessoas propensas à felicidade e, portanto, não querem se sentir tristes. Podem ser inseguras sob as aparências, mas adotam estratégias de sobrevivência que as ajuda a evitar as emoções mais profundas subjacentes à postura positiva e à atitude de "vamos lá". Resistem a uma análise interior, procurando no exterior a afirmação "positiva" que buscam. Orgulhosas de sua generosidade e apoio, ignoram o que se encontra sob o desejo da benevolência — e isso bloqueia seu desenvolvimento.

Mas aqui está a boa notícia: se você se identifica com o Tipo 2 e está disposto a examinar seus pontos cegos, vivenciando qualquer dor que aflorar, acabará encontrando a liberdade. Se conseguir tolerar um pouco de humilhação quando suas táticas inconscientes de relacionamento forem expostas, vai se sentir aliviado por não ter de fazer e ser tanta coisa pelos outros o tempo todo. Eis algumas tendências inconscientes habituais que precisará confrontar em sua jornada.

Negar suas necessidades

Fica sem resposta quando alguém lhe pergunta se precisa de algo? Mesmo que saiba as coisas de que precisa, tem dificuldade de pedi-las? Experimente estas ações para integrar esse ponto cego:

- Várias vezes por dia, repita a pergunta: "Do que estou precisando neste momento?".
- Com um psicoterapeuta ou um amigo próximo e confiável, fale sobre como suas necessidades não foram atendidas no decorrer da vida. O que o está impedindo de vivenciá-las? O que acha que pode acontecer caso as sinta ou as manifeste? Por que é tão ruim parecer carente para os outros? Como se sente em relação a pessoas emocionalmente carentes?
- Entre em contato com o orgulho que sente ao se colocar acima de outras pessoas com necessidades que você não tem. Passe para a humildade, admitindo as próprias necessidades e nomeando-as.
- Conscientize-se mais do medo da rejeição que está por trás do fato de negar suas necessidades e de não pedir ajuda.
- Peça aos outros, de forma clara e direta, aquilo de que precisa. Observe e tolere os sentimentos que afloram quando atendem às suas necessidades e quando não o fazem.

Dar para receber

Você tem ciência das estratégias ocultas que emprega quando ajuda os outros? Nega exatamente o que quer receber quando oferece apoio? Oferecer "ajuda estratégica" às pessoas funciona como uma tentativa de satisfazer a necessidade não atendida de amor? Eis algumas ações para integrar esse ponto cego:

- Identifique seus motivos subjacentes sempre que oferecer ajuda ou apoio a alguém. O que quer em troca?
- Conscientize-se da mágoa quando não consegue aquilo que queria depois de fazer um favor a alguém — mesmo não tendo percebido que queria.
- Fique alerta para qualquer desejo de manipular pessoas ou situações. O que se vê fazendo que pode ser chamado

de "manipulação"? Como procura obter indiretamente o que deseja? O que o impede de comunicar de maneira mais direta o que quer?

- Admita que você pode não ser tão prestativo quanto parece e que, às vezes, usa sua solicitude como veículo para obter alguma coisa para si.
- Preste atenção no medo despertado diante da hipótese de alguém se recusar a ajudá-lo se você pedir. Que sentimentos está evitando ao não pedir o que quer?
- Perceba que elogiar, agradar, bajular ou apoiar os outros são métodos pelos quais tenta fazer com que o amem ou gostem de você. Torne mais consciente a necessidade insatisfeita de amor e atenção.

Temer e evitar a intimidade

Sente medo quando alguém se aproxima de você disposto a de fato o amar? Parece difícil aceitar feedbacks positivos? Sente dificuldade para incorporar e usar as coisas boas que chegam até você? Esforça-se para permitir que as pessoas se aproximem? Ironicamente, o Tipo 2 tem dificuldade para aceitar o amor que procura. Eis algumas ações para integrar esse ponto cego:

- Admita que é difícil receber o amor que tanto deseja. Perceba que, mesmo quando consegue encantar os outros, você tem dificuldade para aceitar o afeto.
- Reconheça sua dificuldade para receber elogios. Procure compreender os elementos impeditivos para que receba o reconhecimento positivo que busca. Trabalhe para aceitar ativamente feedbacks positivos.
- Observe sua tendência a precisar de mais reconhecimento, por mais que o receba.
- Explore por que foca receber amor de gente inacessível. Perceba que se estimula diante de relacionamentos desafiadores e que busca pessoas que não vão satisfazer suas necessidades como forma de evitar a intimidade.
- Entenda que tem medo de contatos reais, investigando o

que acontece quando alguém capaz de amá-lo se aproxima. Procure compreender as origens e a forma desse receio. Fale de seu medo ou desconforto com uma pessoa de quem deseja se aproximar, como caminho para que aceite mais intimidade.
- "Trabalhe com o espelho": pratique dizer afirmações positivas para si mesmo na frente de um espelho, permitindo-se incorporá-las.

> "Estar vivo é ser vulnerável." – **MADELEINE L'ENGLE**

Dor do Tipo 2

Esse tipo tende a ser feliz e entusiástico. Foca as emoções positivas como parte de sua compulsão para despertar bem-estar nos outros. Os Tipos 2 também tendem a reprimir ou evitar inconscientemente sentimentos dolorosos como raiva, tristeza ou mágoa. Preocupam-se — quase sempre sem perceber — com a possibilidade de os outros não gostarem deles caso expressem emoções "negativas". Percebem que os outros gostam de pessoas felizes e reclamam das mal-humoradas ou emotivas demais. Assim, adotam um estado de humor emocional achando que desse modo vão atrair os outros; além disso, evitam entrar em contato com as próprias e verdadeiras emoções, na tentativa de manter a harmonia nos relacionamentos.

Para despertar, os Tipos 2 precisam conscientizar-se mais de suas emoções reais, sentindo-as plenamente, aceitando-as e não se constrangendo delas. Como são pessoas naturalmente emotivas, seus sentimentos lhes revelam informações relevantes, mas eles acabam por afastá-los, ou por não se sentirem confortáveis para demonstrá-los, ou por temerem que os outros se sintam incomodados em tais situações. Para se desenvolver, esse tipo precisa acolher todos os seus sentimentos, inclusive os relativos à dor. Como qualquer um de nós, ele só despertará do estado zumbi se vivenciar a dor.

TIPO 2: O CAMINHO DO ORGULHO À HUMILDADE

Se você se identifica com o Tipo 2, é bem possível que ache difícil enfrentar o fato de que nem todos gostam tanto de você quanto deseja, ou que talvez nem todos gostem de sua "ajuda". Aqui estão algumas ações que o ajudarão a aprender a tolerar sentimentos dolorosos específicos, permitindo-lhe uma compreensão mais clara de seu verdadeiro eu:

- Entre em contato com qualquer medo que sinta caso suas tendências de personalidade e táticas sejam expostas. Enfrente a ilusão de que consegue administrar as impressões que causa e deixe seus relacionamentos acontecerem. Pode ser humilhante admitir que suas estratégias se resumem a tentativas desesperadas de que as pessoas o amem. Aprenda a ser sincero quanto a seus erros, sua falta de autenticidade, seu orgulho e outras imperfeições. Perceba que sua necessidade de afirmação às vezes o leva a ser manipulador, controlador, agressivo, invasivo ou intrusivo.
- Reconheça a exaustão quando finalmente se permite admitir quanto faz pelos outros.
- Aprenda a aceitar a raiva quando se sente não "visto", reconhecido, compreendido ou querido. Observe o sentimento de mágoa quando não recebe o que julga merecer – ou quando percebe que se abandonou a fim de focar os outros. Tenha coragem para discernir se a raiva e a mágoa são de fato autênticas ou se vêm do orgulho.
- Sinta e aceite a dor quando as pessoas não o amam nem o apreciam tanto quanto queria ou precisaria. Aprenda a lidar com a dor resultante de ser incompreendido, rejeitado, ignorado ou excluído.
- Descubra maneiras de lidar com o desconcerto causado pelo fato de não ter uma noção clara sobre si mesmo – não saber quem é –, após ter passado tanto tempo tentando ser o que os outros queriam. Talvez se sinta perdido ao perceber que se "metamorfoseou" para agradar os outros.

- Mantenha-se receptivo à tristeza que o invade por não ser amado pelo seu eu verdadeiro — e o pesar por ter "se perdido" em seu esforço para despertar afeição. Aceite a tristeza, não só a resultante do abandono na procura pelo amor, como também a decorrente de sua necessidade de aprovação, quando na verdade tudo que deseja é amor.

"O amor busca apenas uma coisa: o bem do amado. Ele deixa todos os outros efeitos secundários cuidando de si mesmos. O amor, portanto, é sua própria recompensa." – **THOMAS MERTON**

Os subtipos do Tipo 2

Identificar o subtipo do Tipo 2 pode ajudá-lo a focar esforços para enfrentar seus pontos cegos, tendências inconscientes e dor oculta. As tendências e padrões específicos dos subtipos variam em função de qual dos três impulsos instintivos domina sua vivência.

Subtipo 2 Autopreservação

Esse subtipo é mais infantil, medroso e tímido do que os outros subtipos do Tipo 2. É charmoso, jovial e brincalhão, mas também mais sensível à mágoa. Mais ambivalente na interação social, foca a criação de vínculos, mas às vezes se afasta quando magoado ou reluta em se comprometer. Deseja muito a liberdade. Demonstra uma mistura de expressiva competência com acessos periódicos de desamparo. Pode ser motivado e trabalhar muito, mas ocasionalmente se mostra preguiçoso, sobrecarregado, autoindulgente, ansioso ou carente.

Subtipo 2 Social

Esse subtipo revela mais características de liderança do que os outros dois. É o mais controlador dos três subtipos e exibe mais a tendência a manipular para conseguir o que deseja. Foca mais o poder e a influência, e assim precisa "seduzir" grupos. Projeta competência e confiança e é excelente com a multidão. Tende a gostar de falar em público. É o mais apto a dar estrategicamente para receber em troca. Tem mais traquejo político, mas se sente mal quando em situações de vulnerabilidade. Tende mais a negar as próprias necessidades e hesita em pedir ajuda de modo direto.

Subtipo 2 Sexual (um-a-um)

Esse subtipo foca a maior parte de sua atenção em relacionamentos do tipo um-a-um. Apresenta-se como parceiro perfeito e esforça-se para que as interações românticas sejam intensas. Orgulha-se de ser um parceiro atraente, cativante e empolgante. Sabe flertar e comunicar-se abertamente. Expressa generosidade e devoção como meio de seduzir os outros num relacionamento. Reage agressivamente quando rejeitado. É capaz de usar a sexualidade como arma e vivencia uma angústia profunda quando um relacionamento importante chega ao fim.

As sombras dos subtipos do Tipo 2

Você enfrenta com mais eficiência sua própria sombra caso conheça as características específicas das sombras do subtipo de seu Tipo 2. A seguir, alguns dos aspectos das sombras de cada subtipo. Como o comportamento de cada subtipo quase sempre é bastante automático, talvez haja mais dificuldade em admitir essas características.

Sombra do subtipo 2 Autopreservação

Se esse é o seu subtipo, às vezes você adota uma atitude infantil, fazendo birra em vez de se desenvolver e lidar com a vida de maneira madura. Esconder-se e se afastar são seus principais mecanismos de defesa. Você "se contém" como uma reação de medo à tendência autoelevatória do orgulho. Refugia-se no desamparo ou no desespero como defesa contra aflorar na vida, abrir-se para as pessoas ou fazer algum trabalho impactante. Pode considerar-se independente, mas mantém dependências inconscientes e ainda tende a ficar aprisionado no ressentimento, no medo ou na ansiedade para evitar assumir responsabilidades e exercer poder.

Sombra do subtipo 2 Social

Se esse é o seu subtipo, você tende a manter-se cego ao orgulho e ao modo como ele fomenta a necessidade de importância e de poder. Será importante notar se você mostra capacidade de ajudar e generosidade como estratégia para o exercício do controle ou a conquista da influência. Assim, é possível que apoie os outros como meio de manipulá-los. Com frequência se irrita quando as pessoas rejeitam seus conselhos ou sua ajuda. Mesmo aparentando acolhimento e generosidade, consegue ser implacável ao buscar o poder ou ao exercer o controle. Evita sentimentos vulneráveis, mas pode se valer de uma (falsa) persona vulnerável como parte do empenho em seduzir. Reprime a exaustão e a tristeza a fim de atender à necessidade de seu ego: poder e influência.

Sombra do subtipo 2 Sexual (um-a-um)

Se esse é o seu subtipo, você pode demonstrar uma falsa generosidade a fim de seduzir. Perceba que flerta para atrair os outros, mas nem sempre dá continuidade às suas promessas. Orgulha-se de ser a "pessoa especial" — parceiro ou amante perfeito — e pode usar o sexo como arma de conquista. Chega até a exibir tendências vampirescas, engendrando os relacionamentos por meio de uma presença atraente, exigindo depois que o parceiro lhe dê tudo o que quer e de que precisa. Tende a reagir agressivamente quando a sedução não dá certo ou suas necessidades não são satisfeitas. É comum que sinta ansiedade quando está sem um parceiro que lhe proporcione segurança externa. Os rompimentos amorosos podem parecer a morte, pois seu senso de si mesmo fica perdido na fusão com o outro.

O paradoxo do Tipo 2

O paradoxo do Tipo 2 pode ser vivenciado na polaridade entre a paixão do orgulho e a virtude da humildade. A humildade é o estado de plena paz em relação a permanecermos como somos — nem mais, nem menos —, importando quem somos inerentemente. Esse tipo precisa aceitar sua necessidade de ser visto de modo positivo e de ser importante para os outros. Tornando-se mais consciente da forma como seu orgulho opera, você consegue se conhecer e se aceitar tal como é, e interrompe o ciclo de tentar se ajustar à imagem inflada daquilo que gostaria que os outros vissem.

Se você se identifica com esse tipo, eis alguns primeiros passos que pode dar para que tenha mais consciência de seu orgulho:

- Fique atento quando sentir a necessidade de ser sobre-humano. Permita-se relaxar e apenas ser quem você é. Abandone o desejo de reconhecimento e faça as coisas anonimamente, sem se preocupar em receber o crédito.
- Perceba quando age movido pelo orgulho e sem se julgar. Pergunte-se o que é mais real e vulnerável em você nesse momento. Expresse essa vulnerabilidade e veja nos erros oportunidades para ser humilde.
- Tenha compaixão pelo seu lado que precisa se sentir importante para os outros a fim de afirmar autoestima e encanto. Permita-se sentir a dor de não receber sempre o amor que deseja e de não ser a pessoa que acha que deveria ser para receber amor.
- Pense se, como reação ao impulso para ser importante, você se faz *menos importante* do que é na verdade. Perceba como se sente quando quer ser importante e alguma coisa ou alguém sugere que não é. Aprenda a assumir seu nível real de importância.
- Respeite o cansaço quando cede ou é solidário demais e registre a sensação de alívio ao dizer "não" ou deixar de apoiar os outros para focar apenas em você.

- Entre em contato com suas necessidades específicas e permita-se senti-las e aceitá-las como humanas, normais e corriqueiras. Perceba o orgulho por não manifestar suas necessidades. Peça ajuda várias vezes por dia.

> "O orgulho é o câncer espiritual; ele corrói a possibilidade do amor, do contentamento e até do bom senso." – C. S. LEWIS

Usando as flechas do Tipo 2 para se desenvolver

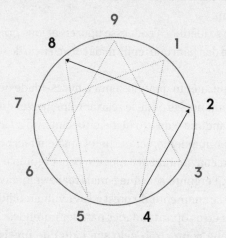

Os dois tipos de personalidade conectados ao Tipo 2 pelas linhas das flechas internas no diagrama do Eneagrama são os Tipos 4 e 8. O Tipo 2 pode vivenciar uma mudança radical de desenvolvimento e superar seu foco habitual nas pessoas e nos relacionamentos, tornando-se capaz de acessar necessidades e emoções do Tipo 4, e depois integrando a competência para conflitos construtivos do Tipo 8. Isso vai ajudá-lo a ver para além da metamorfose, em prol da interação social e da aceitação de suas necessidades e seus sentimentos.

- Primeiro, incorpore a competência de expressar necessidades e aceitar emoções autênticas do Tipo 4. Fique mais atento ao que acontece em seu interior. Equilibre o foco externo sobre o que é bom para os outros com atenção a suas emoções, seus desejos e suas preferências. Aprenda a vivenciar e aceitar todas as emoções, e a ficar à vontade com elas. Desenvolva mais descontração e confiança para comunicar seus sentimentos aos outros. Procure conhecer quem você é de fato e transmita essa verdade por meio de alguma forma autêntica de autoexpressão. Aprenda a ser mais autêntico e a verbalizar a verdade com menos medo.

- Em seguida, incorpore a competência de enfrentar desafios do Tipo 8. Depois de ficar mais seguro no reconhecimento de seu território interior e de sua sensibilidade natural, trabalhando com os aspectos saudáveis do Tipo 4, desenvolva a competência de dizer o que pensa, de pedir o que quer e de assumir seu poder e sua autoridade. Seja mais direto, assertivo e honesto. Preocupe-se menos com a aprovação alheia e desenvolva mais autoconfiança e menos sensibilidade diante do discurso dos outros. Acolha seu poder e sua força e assuma sua verdadeira autoridade. Manifeste sua opinião sincera e não se desculpe tanto. Aprenda a comunicar a raiva de maneira saudável e a lidar com os conflitos construtivos que fortalecem os relacionamentos.

"A humildade é de fato a verdade; o orgulho nada mais é do que a mentira." – SÃO VICENTE DE PAULO

Incorporando o lado superior

Na terceira parte de sua jornada, os Tipos 2 começam a ver com mais clareza quem eles *não são* e param de se metamorfosear para atender ao que as pessoas querem que sejam. Quando trabalham para maximizar a autoconsciência, compreendendo seus pontos cegos e enfrentando a dor, vivenciam a liberdade de não depender dos outros para afirmar sua autoestima.

Para as pessoas desse tipo, o desafio centra-se em despertar e aprender a se valorizar, conhecendo a si mesmas. Desse modo, eliminam a necessidade de merecer o amor ou de fazer coisas para os outros como forma de se afirmar no mundo exterior. Conscientes de seu orgulho e das necessidades que os motivam, aprendem que a vida é melhor sem o desejo de controlar. Aprendem a relaxar na felicidade e na paz que resultam do conhecimento de seu valor. Cultivando a humildade decorrente do conhecimento, da apreciação e da aceitação de si exatamente como são, descobrem que não precisam mais se exaurir para tentar agradar os outros.

Esse estado superior de consciência só será conquistado por meio de um trabalho árduo nesse sentido, que lhes permitirá desenvolver a competência de vivenciar o amor, a unificação e a conexão com os outros e com o universo. Os Tipos 2 vivenciam essa mudança como um estado em que a superioridade ou a importância exacerbada do ego não fazem sentido. Em outras palavras, eles param de se comparar com os outros, abrem mão da necessidade de serem indispensáveis e deixam de procurar atenção.

Se você se identifica com o Tipo 2, eis algumas ações que será capaz de realizar nesse estado superior, coisas que não conseguia fazer antes:

- Ajudar os outros sem esperar reciprocidade. Vivenciar regularmente a sensação de alegria que provém da doação de puro amor — e só se solicitarem.
- Ser quem você é, sem desculpas ou preocupação com a aprovação alheia — mesmo das pessoas mais importantes.
- Expressar necessidades, sentimentos e desejos próprios de modo livre e franco. Acreditar que o universo vai cuidar de você.
- Parar de se desculpar ou de se arrepender por qualquer impacto visto como negativo que tenha causado nos outros. Confiar que as pessoas vão cuidar mais de si mesmas e analisar se precisam de fato de sua ajuda.
- Desenvolver a autoconfiança e parar de duvidar de seu valor ou de desconfiar de si.

- Manter contato com a dor e o sofrimento do passado e, mais humildemente, com seu coração.
- Assumir quaisquer erros e preocupar-se menos com a maneira como as pessoas o veem.
- Acolher a experiência de ser apenas tão importante quanto você é – e não menos. Reconhecer que as coisas seguirão em ritmo próprio sem o seu envolvimento.
- Amar-se por quem você é e encontrar sua afirmação interior. Assumir sua bondade inerente, sabendo que não precisa provar ou receber nada.

"O orgulho nos torna artificiais; a humildade nos torna reais."
– THOMAS MERTON

A virtude do Tipo 2

A humildade, virtude do Tipo 2, opõe-se à paixão do orgulho. A humildade dá às pessoas desse tipo uma meta clara para o trabalho depois do reconhecimento de seus padrões habituais, derivados do orgulho e da procura pelo amor. Trabalhando contra as tendências fomentadas pelo orgulho e tentando incorporar as qualidades da humildade, elas despertam e se aproximam de seu autêntico eu.

Se você se identifica com o Tipo 2, humildade significa afastar a ideia de ser sobre-humano para ter valor. Significa não se fazer mais nem menos importante do que você realmente é. Significa ter uma noção realista e exata de quem é e de quem não é – sentindo alegria, paz e satisfação com seu verdadeiro eu. Significa amar-se justamente porque você é você, permitindo que os outros façam o mesmo. Eis outros traços positivos que irá incorporar enquanto se movimenta para seu lado superior, graças ao contato mais próximo com a virtude da humildade:

- Não precisar se sentir importante.
- Conhecer a si mesmo, gostar de si mesmo e sentir-se em paz exatamente com quem é e com a sua real importância.

- Doar-se de forma generosa e anônima, sem esperar recompensas. Não precisar de reconhecimento ou de agradecimento pelas coisas boas que faz.
- Compreender e sentir-se bem com o fato de que nem todos vão gostar de você.
- Ser completamente sincero consigo e com os outros a respeito de suas necessidades, seus sentimentos e suas limitações.
- Pedir ajuda e estar aberto para recebê-la. Tornar-se receptivo para o amor, ciente de que não pode controlar o que as pessoas sentem sobre você ou como o veem (e ficar feliz com isso).
- Estabelecer limites, dizendo "não" e praticando o autocuidado.
- Sentir-se bem por seu valor pessoal, quer os outros o aprovem ou confirmem, quer não.

"Só uma pessoa que passou pelo portão da humildade pode ascender às alturas do espírito." – RUDOLF STEINER

Despertando do estado zumbi

O elemento-chave para os Tipos 2 aceitarem seu verdadeiro eu está na aprendizagem gradual de se amar. No começo da jornada, talvez isso soe difícil ou até mesmo impossível, pois o ego diz a essas pessoas que "não são suficientes", que "precisam fazer mais", que não são atraentes, competentes ou perfeitas o bastante para que as amem. Porém, quando enfrentam seus padrões de personalidade e suas dores, superam as definições limitadoras do passado e conquistam um grau superior de autoconhecimento e de autorrespeito, bem como uma visão mais ampla de quem são.

Ao perceberem que confiar nos outros como instrumento para determinar o próprio valor não funciona e nunca proporciona uma experiência autêntica de amor, poderão começar a focar toda a sua intenção e atenção no amor-próprio. E só então conseguirão amar os outros ou sentir plenamente o amor deles. No modo zumbi, negociam um amor falso. Quando despertam, são capazes de vivenciar o verdadeiro amor — por si e pelos outros —, tornando-se livres para se assumir e amar como são. O resultado é generosidade, humildade, acolhimento, liberdade de pensamento e sinceridade.

A jornada do Tipo 2 pode ser desafiadora por causa da natureza traiçoeira do orgulho e da resistência humana natural a sentir dor, mágoa, pesar e humilhação. Em alguns contextos, embora seja uma coisa boa, o orgulho pode manter os Tipos 2 fixados na necessidade profunda de controlar os sentimentos das pessoas em relação a eles. É provável que desse modo mantenham uma visão "positiva" de si mesmos no mundo e na própria mente, o que, ao mesmo tempo, escamoteia muitos dos efeitos problemáticos dessa necessidade. A liberdade virá do enfrentamento compassivo e corajoso da sombra e das emoções difíceis que precisam sentir para se libertar das restrições impostas pela personalidade aparentemente amigável.

Mesmo antes de iniciar esta jornada, volta e meia esse tipo vivencia uma vontade profunda de liberdade, o que faz sentido, pois sua principal estratégia de sobrevivência depende de agradar aos outros e de apoiá-los, ou seja, a troca da liberdade pela aprovação exterior. Contudo, quando começam a se liberar disso, iniciam a jornada de conhecimento da própria bondade e amabilidade inerente, despertando para um senso mais autêntico daquilo que realmente são.

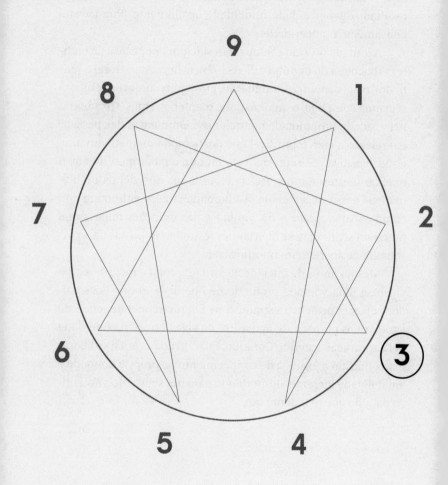

TIPO 3
O caminho do autoengano à veracidade

Alguns mentirosos são tão experientes que enganam a si mesmos. Aqueles que acham que não há mal em contar "mentirinhas inocentes" se tornam, em pouco tempo, cegos para a desonestidade.

AUSTIN O'MALLEY

Era uma vez uma pessoa chamada Três, que veio ao mundo como uma criança naturalmente emotiva e vivia sempre fiel à sua natureza meiga e sentimental. Todos viam que tinha um coração muito puro e autêntico.

Mas, desde cedo, Três percebeu que o elogiavam por suas ações, não por quem era. Todos à sua volta se empolgavam quando fazia corretamente os deveres escolares, destacava-se na ginástica ou vencia uma partida. No entanto, quando expressava suas verdadeiras emoções, quando se sentia triste, desapontado ou magoado, ninguém prestava atenção nele. Sentia-se solitário e assustado quando ninguém reconhecia ou ligava para aquilo que expressava de coração. As pessoas pareciam gostar das coisas que Três fazia, mas agiam como se ele não existisse quando estava apenas sendo ele mesmo.

Três descobriu um meio para eliminar a solidão e o medo: a capacidade de sentir o que as pessoas valorizavam e, então, transformar-se magicamente naquilo. Era um metamorfo. Em diferentes grupos conseguia transformar-se num exemplo perfeito do que consideravam admirável ou exitoso. Como um camaleão, mudava de aparência externa dependendo da companhia e da situação. Desse modo, conquistava a atenção alheia, o que o deixava feliz. E também evitava o menosprezo, o que o deixava mal.

Enquanto crescia, Três percebeu que os outros admiravam pessoas bem-sucedidas, que concretizavam quaisquer metas estabelecidas para si mesmas. Quando ganhava muito dinheiro, vencia nos esportes ou parecia mais atraente do que os outros, prestavam atenção nele. Assim, Três descobriu que a capacidade de se metamorfosear poderia ser bem recompensadora. Como pessoa de sucesso, conseguia atrair atenção positiva, sobretudo porque se dispunha a fazer o que fosse preciso para criar uma imagem convincente daquilo que os outros valorizavam.

Com efeito, Três tornou-se tão competente nesse sentido que trabalhava sem parar, mudando de aparência para promover sua notabilidade, pois temia que, se não agisse assim, não receberia a atenção e os elogios de que precisava. Com o passar do tempo, perdeu completamente de vista quem era de fato por trás de todas as imagens diferentes de sucesso que inventava, até que não conseguiu mais sentir suas verdadeiras emoções ou reconhecer seu eu autêntico. Precisava apenas seguir em frente e trabalhar muito para manter a imagem de sucesso que o fazia sentir-se valorizado. E isso dava *muito* trabalho. Felizmente, porém, Três sabia trabalhar muito.

As estratégias de sobrevivência de Três funcionavam tão bem que ele nem sequer dispunha de tempo para se perguntar quem era de fato. De vez em quando, sentia uma efêmera vontade de ser mais autêntico – de manter um contato real com as pessoas à sua volta –, mas era inviável: precisava continuar trabalhando para garantir que todos o admirassem. Não queria nem imaginar o que aconteceria se parasse. Infelizmente para Três, tais estratégias de sobrevivência lhe renderam recompensas – dinheiro, títulos, aplauso e atenção – das quais não conseguiria abrir mão.

Certa manhã, Três não se levantou da cama. Sentia-se tão sobrecarregado pelo estresse e pela depressão que ali ficou durante duas semanas. E então percebeu, para sua surpresa, que o esgotamento vinha do esforço exacerbado para manter sua imagem. Enfim reconheceu que no fundo estava muito triste e solitário. No entanto, assim que se recuperou, Três esqueceu-se da tristeza e da solidão e voltou a pensar em todas as coisas que tinha para fazer e em todas as pessoas que precisava impressionar. Assim, aliviado por estar de volta ao jogo — mas com poucos sentimentos a mais —, retomou sua agenda movimentada.

Três tornara-se um zumbi — muito bem-sucedido, atraente e extraordinário, mas mesmo assim um zumbi.

Checklist do Tipo 3

Se todos ou a maioria destes traços de personalidade se aplicam a você, talvez você seja um Tipo 3:

- ✓ Sabe como ninguém "ler o ambiente", sintonizando-se automaticamente com as pessoas ao redor para entender o que valorizam, a fim de se apresentar de maneira a impressioná-las.
- ✓ Gosta de estabelecer metas e depois faz o que for preciso para cumpri-las. Quando define o resultado, traça com facilidade o caminho para alcançá-lo.
- ✓ Quer que as pessoas o vejam como competente e bem-sucedido. Confia em sua persona pública porque se empenha no trabalho árduo e entrega resultados.
- ✓ Mesmo sem tentar, sabe o que é necessário para se destacar e ser bem-sucedido nos diferentes contextos de sua vida.
- ✓ Tem facilidade para realizar tarefas, divertir-se sendo produtivo e levar tudo a cabo. Pode ser difícil reduzir seu ritmo ou parar de fazer coisas.
- ✓ Talvez não conscientemente, consegue alterar com sucesso a maneira como se apresenta a fim de manter a imagem correta para cada situação.
- ✓ Evita o fracasso a todo custo. Se acha que pode fracassar numa coisa, nem sequer tenta fazê-la.

✓ Valoriza seus relacionamentos, mas às vezes eles são deixados de lado em prol do trabalho, pois você foca naturalmente o que precisa ser feito.

✓ Evita inconscientemente expressar suas emoções, mesmo sendo muito emocional por dentro.

Se, após analisar essa lista, você se identificar como um Tipo 3, sua jornada de desenvolvimento vai seguir três etapas.

Na primeira, vai embarcar numa aventura de autoconhecimento, aprendendo a identificar as maneiras pelas quais muda sua identidade sempre que precisa ser visto como competente, admirável ou bem-sucedido.

Na segunda, deverá enfrentar sua sombra para perceber que perdeu de vista seu verdadeiro eu, incorporando imagens e papéis diferentes para parecer bem-sucedido. Só então poderá passar a explorar os padrões do ego que o mantêm focado em ser e parecer alguém de sucesso.

Na terceira, o estágio final de sua jornada, reconhecerá seus sentimentos e entenderá quem de fato é, para conseguir viver mais em sua identidade real e conseguir conectar-se verdadeiramente com os outros.

"O pior dos enganos é o autoengano." – PLATÃO

Embarcando na jornada

Como um Tipo 3, a primeira parte do despertar envolve a observação da maneira como se sintoniza com os outros e os "lê" para saber como se apresentar. Ao reconhecer que consegue mudar rapidamente de aparência para despertar admiração, começa a perceber quanta atenção dedica à conclusão de tarefas e à boa aparência e quão pouca atenção dá às próprias emoções e aos desejos mais profundos. Conscientizando-se de tudo que faz para conquistar a aprovação alheia (sem se julgar), você ativa sua capacidade de autorreflexão, abrindo-se para um processo de reanimação.

Principais padrões do Tipo 3

Muitos dos Tipos 3 não questionam por que trabalham tanto para atingir metas e parecer bem-sucedidos. São workaholics. Sentem dificuldade de reduzir o ritmo ou parar, pois é duro abrir mão das recompensas granjeadas por seu esforço, inclusive riqueza, status e boa reputação. E podem ter muita dificuldade para sair do "modo zumbi" específico, pois a cultura que valoriza o sucesso acaba reforçando os padrões habituais desse tipo. Assim, precisam de um esforço sincero para perceber como ficaram presos nos próprios êxitos.

Se você se identifica com esse tipo, foque estes cinco padrões habituais do Tipo 3 para dar início à sua jornada.

Metamorfosear-se para impressionar os outros

Observe como se metamorfoseia natural e continuamente para se adaptar a pessoas e situações diferentes. Perceba que, sem pensar, você analisa sua audiência para compreender o que valorizam e então "se identifica" com a imagem ideal do que consideram valioso, ou assume tais atributos. Perceba se tem o costume de se manter alheio à maneira sutil como altera sua persona para se adequar àquilo que os outros acham admirável e se confunde a persona com seu verdadeiro eu. À luz dessa tendência, comece a se perguntar quem é na realidade.

Necessitar parecer bem-sucedido

Observe se você "categoriza" o sucesso nas coisas que faz. Veja se determina o que fazer e como fazer avaliando de que modo isso se ajusta ao que as pessoas à sua volta definem como "sucesso". Estude como construir uma identidade assentada na sua capacidade de ter sucesso, redefinindo-se à luz dessa realidade. Sua concepção de ser bem-sucedido tende a se basear em seu ambiente social ou profissional, e você estrutura suas metas para que se adaptem aos padrões dos outros. Provavelmente, trabalha muito para realizar tarefas e cumprir metas — seja em termos de bens materiais, seja em busca de status, formação acadêmica ou posição profissional. É bem possível que se imponha um ritmo acelerado para produzir resultados rápidos e eficientes.

Priorizar o fazer e não o sentir

Perceba como foca principalmente o fazer. Para você, pode ser difícil desacelerar e parar de *fazer*, e provavelmente nunca deixa tempo ou espaço apenas para *ser*. Quando se observa, deve perceber que tem dificuldade até mesmo de pensar em reduzir o ritmo em prol do apenas ser — ou sentir. Talvez lhe soe assustador e desafiador interromper toda sua atividade por um breve período. Reconhecer suas emoções pode ser difícil para você, daí a tendência a negá-las ou a evitá-las. Também tende a equiparar quem é com aquilo que faz, e por isso se sente ameaçado diante da perspectiva de fazer menos.

Fechar-se para a consciência das emoções

Embora as emoções estejam quase sempre por perto, inconscientemente você receia que elas minimizem sua produtividade. Talvez seja difícil acreditar que será amado por quem você é (e por como sente), pois considera que as pessoas o amam por tudo que faz. Assim, é motivado pela negação ou repressão inconsciente das emoções, mesmo sendo intrinsecamente emotivo. Tende, sobretudo, a evitar emoções quando seu ambiente, por algum motivo, não estimula a expressão emocional. Ao se desconectar dos sentimentos ou evitá-los, você se desconecta da verdade de quem é.

Evitar o fracasso

É provável que não consiga descrever o fracasso porque nunca admitiria que passou por ele. Se já o vivenciou, provavelmente o considerou uma importante oportunidade de aprendizado em sua jornada rumo ao sucesso. Você é capaz de se empenhar ao máximo para evitar o fracasso, pois receia ser definido por ele. Sua necessidade de fazer e concretizar metas tende a motivar o medo do fracasso, e a aversão a ele pode dificultar ainda mais que pare de trabalhar e vivencie a paz — e sinta mais de si mesmo. Isso talvez o mantenha afastado de relacionamentos mais afetivos.

> "Despertar não é mudar quem você é, mas descartar quem você não é." – DEEPAK CHOPRA

A paixão do Tipo 3

Autoengano é a paixão que move o Tipo 3. Como principal motivação emocional desse tipo, o autoengano é a tendência inconsciente de se metamorfosear para ser aprovado e admirado, criando e mantendo uma persona ideal e depois se identificando com ela (ou se enxergando como ela). Às vezes, o autoengano é entendido como mentira. Mas a maioria dos Tipos 3 não quer enganar as pessoas intencionalmente; eles só se apresentam de um jeito que não são, sem perceber seu autêntico eu. Assim, despontam automaticamente da maneira que julgam ideal para serem aceitos ou amados, o que pode significar a ocultação da verdade de si mesmos. Mesmo quando crianças, sentem o que as famílias querem que sejam e tentam inconscientemente satisfazer essas expectativas como uma estratégia de sobrevivência.

Ao longo da vida, o autoengano alimenta a necessidade dos Tipos 3 de se transformar no que for preciso para que sejam valorizados ou admirados. Com o tempo, acabam acreditando que *são* de fato o que imaginam necessário, num processo automático e inconsciente. A capacidade de se metamorfosear significa que eles alteram sua aparência para se ajustar a uma situação sem sequer pensar nela. Tipos 3 mentem para si, acreditando que são aquilo que fazem – ou que são iguais à imagem que assumem para impressionar os outros. Em síntese, o autoengano acontece quando aceitam a ilusão, sem perceberem que são mais do que as imagens projetadas. Finalmente, perdem de vista seu eu verdadeiro em razão de tantas mudanças.

Se você se identifica com o Tipo 3, precisa conscientizar-se mais dessas manifestações típicas de autoengano para progredir em sua jornada rumo ao despertar. É importante que tenha consciência de que seu autoengano alimenta estas tendências:

- Ser bem-sucedido, mesmo que fazendo coisas de que não gosta ou nem mesmo quer fazer.
- Ocultar de si sentimentos, ideias e opiniões que não se ajustam à imagem que tenta criar.
- Mudar de aparência para se adequar ao ideal do que as pessoas valorizam em diferentes ambientes sociais.
- Modelar sua persona conforme o que vê como perfeito segundo o consenso social. Essa tendência às vezes o leva a confundir seu tipo no eneagrama.
- Focar toda sua energia em fazer e concretizar, em vez de apenas *ser* você mesmo.
- Expressar um elevado grau de autoconfiança, sugerindo que é capaz de cumprir qualquer meta e realizar qualquer tarefa.
- Promover habilmente qualquer imagem ou produto porque sabe como apresentá-lo.
- Pensar que consegue fazer qualquer coisa ou adotar qualquer imagem para receber a admiração alheia, por mais difícil ou exaustivo que seja.
- Fechar-se para a percepção das próprias emoções, temendo que interfiram no que é preciso fazer para servir a uma imagem ou realização específica.

"Nada é mais fácil do que se iludir, pois todo homem acredita que aquilo que deseja seja verdadeiro também."
– DEMÓSTENES

Usando as asas do Tipo 3 como extensões do desenvolvimento

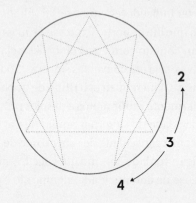

Os dois tipos adjacentes ao Tipo 3 no círculo do Eneagrama são os Tipos 2 e 4. Os Tipos 3 podem iniciar a mudança de seu foco habitual em tarefas e metas por meio de uma conexão mais profunda com os outros, acessando as características do Tipo 2, e depois entrando mais em contato intencional com suas emoções por intermédio das qualidades saudáveis do Tipo 4.

- Primeiro, adote do Tipo 2 a competência de criar vínculos com os outros. Equilibre o hábito de priorizar as tarefas com a atenção dedicada às pessoas importantes de sua vida, desfrutando a companhia delas. No trabalho, foque menos a produtividade e a eficiência e mais a colaboração, ouvindo os outros. Incentive o trabalho em equipe em casa e no trabalho, a serviço de metas e projetos em comum. Procure entrar mais em contato com as próprias emoções, esforçando-se para ter mais empatia com os sentimentos das pessoas. Coloque as metas dos outros acima das suas e não seja impaciente quando compartilharem o que sentem. Enfatize mais a valorização das emoções e dos relacionamentos.
- Depois, integre as características do Tipo 4, conectando-se intencional e profundamente com suas emoções.

Dê-se espaço e tempo para manter contato com o que sente. Aprenda o valor de vivenciar *todos* os sentimentos, inclusive a dor. Lembre-se de que as emoções podem ser indicadores confiáveis e válidos de quem você é e do que lhe importa. Expresse-se mais enquanto estiver em contato com essas emoções, seja em atividades criativas, seja em conversas sinceras. Todos os dias, empenhe-se para reduzir seu ritmo de trabalho, acessando regularmente sentimentos e desejos próprios. Equilibre a capacidade de se tornar aquilo que as pessoas admiram com a capacidade de saber o que de fato lhe importa. Diga a verdade, mesmo que difícil, e viva mais a partir do senso de autenticidade, significado e propósito.

> "O engano pode nos dar o que queremos agora, mas sempre vai tomá-lo de volta no final." – RACHEL HAWTHORNE

Enfrentando a sombra

A segunda parte da jornada de desenvolvimento dos Tipos 3 consiste no reconhecimento e na compreensão de como e por que eles passam a vida focados na criação de uma persona, sem espaço para emoções e outros aspectos autênticos de seu verdadeiro eu. Isso os leva a descobrir mais acerca de quem realmente são, abrindo a porta para uma vida mais autêntica, a partir dos verdadeiros sentimentos e senso de propósito.

A busca incansável por estima e aprovação pode desencadear a ausência de autoconsciência, levando esse tipo a tornar-se superficial, inautêntico e confuso acerca de seu verdadeiro caráter, embora almeje a eficiência, o merecimento de elogios e a prosperidade. Equiparando autoestima com realizações, cai na armadilha de negar sua profundidade pessoal. Perde o contato com o que sente e com quem é, e age ou reage apenas movido por sua máscara superficial. Quando mente para si e promove uma falsa imagem sem perceber, corre o risco de se tornar uma casca vazia, incapaz de expressar sentimentos reais e de manter interações e conexões humanas autênticas.

Enfrentando a sombra do Tipo 3

Se você se identifica com o Tipo 3, aqui estão algumas ações para que aflore o trabalho nos principais padrões inconscientes, pontos cegos e pontos de dor desse tipo:

- Reduza o nível e o ritmo do "fazer". Perceba seus sentimentos quando reduz seu ritmo ou simplesmente para.
- Dedique-se a atividades relaxantes que não incluam metas ou tarefas. Permita-se ter tempo para não fazer nada e observe se isso aflora algum medo ou ansiedade.
- Acolha suas emoções. Admita que de fato é emotivo e reposicione seus sentimentos como experiências positivas.
- Exponha todas as maneiras com que mente para si mesmo e investigue as razões subjacentes às ilusões que parecem necessárias.
- Danifique sua imagem. Escolha conscientemente fazer ou dizer coisas de que gosta, mas que não acrescentam nada à sua imagem ou podem até mesmo a comprometer. Observe quem gosta de você incondicionalmente.
- Dedique-se a atividades que incluam a chance do fracasso. Perceba o que acontece em seu íntimo e reposicione o fracasso como uma experiência positiva de aprendizado.
- Aproxime-se de pessoas que apreciam seu "verdadeiro eu". Afaste-se daquelas que apoiam seu falso eu ou reforçam sua necessidade de manter uma imagem que perpetua mentiras.
- Compartilhe com as pessoas mais próximas pensamentos e sentimentos.
- Encontre bons espelhos que reflitam seu autêntico eu. Peça a três pessoas que o conhecem bem que lhe digam

o que mais apreciam em você. As palavras delas se referem a você mesmo ou à imagem que projeta?

> "Lançamos uma sombra sobre algo independentemente de onde estivermos." – E. M. FORSTER

Os pontos cegos do Tipo 3

Talvez esse tipo não queira avaliar seus pontos cegos em razão de pensar que tudo está indo bem para ele, sobretudo na sociedade ocidental, que estimula a recompensa movida pela produção de bons resultados e pela ótima aparência. No entanto, talvez ele não se conheça tão bem num nível mais profundo, o que o impede de se sentir plenamente satisfeito. Olhar para o próprio interior pode parecer ameaçador e tenebroso para as pessoas desse tipo, cujas estratégias de sobrevivência as forçam a um trabalho constante, focadas em como parecem competentes. É possível que se sintam seguras em sua capacidade de fazer e acreditem que não terão nada a ganhar se avaliarem o que escondem de si enquanto fazem tanta coisa. Quando se recusam a olhar para o próprio interior, porém, bloqueiam seu desenvolvimento.

Mas eis a boa notícia: se você se identifica com esse tipo e tem coragem para investigar quem *realmente* é, vai vivenciar uma forma de sucesso mais profunda e muito mais gratificante. Se conseguir tolerar algumas experiências desorientadoras enquanto faz buscas atrás de sua máscara, pouco a pouco sentirá mais satisfação, liberdade e alívio, aprendendo a viver mais a partir de seu verdadeiro eu.

Eis alguns pontos cegos que costumam bloquear os Tipos 3 em sua jornada de desenvolvimento – e ações para que fiquem mais conscientes.

Fazer demais

Você foca totalmente o fazer, sem notar os aspectos negativos de se manter num nível tão elevado de atividade? Encontra justificativas que embasam esse trabalho contínuo? Eis algumas ações para integrar esse ponto cego:

- Avalie objetivamente sua saúde física e psicológica. Esteve doente ou viveu situações de mágoa nos últimos anos? Pratica o autocuidado? Ofereça-se a oportunidade de perceber os verdadeiros riscos associados a um ritmo tão intenso de trabalho.
- Acesse o equilíbrio atual entre trabalho e vida e então receba um feedback nesse sentido. Seja honesto sobre o significado de um eventual desequilíbrio e suas consequências.
- Perceba que o vício no trabalho pode ser tão destrutivo quanto o vício em drogas. A tendência ao workaholic pode indicar algum trauma não resolvido. Descubra maneiras de reduzir sua carga de trabalho.
- Trabalhe com um terapeuta ou amigo próximo para explorar seu território interior e mantenha conversas "secretas e sagradas" com suas facetas nem tão positivas assim.
- Pense naquilo que pode estar faltando em sua vida em função do excesso de trabalho. Você tem problemas com as pessoas por causa disso? Dispõe de pouco tempo para o convívio familiar e social?
- Experimente reduzir seu ritmo, fazer pausas ou sentar-se sem fazer nada. Medite. Respire.

Evitar emoções

Sua incapacidade de desacelerar o ajuda a não sentir as emoções que poderiam aflorar caso deixasse mais espaço aberto na vida? Você se impede de aceitar as emoções, recusando-se a abrir espaço para elas? Reprime ou tenta neutralizá-las em vez de tentar compreendê-las e respeitá-las? Eis algumas ações para integrar esse ponto cego:

- Conscientize-se de quaisquer crenças limitadoras sobre "você é o que você faz".

- Admita sentimentos de desconcerto ou receio quando começa a lidar com suas emoções. Tenha autocompaixão enquanto procura compreendê-las. Peça apoio.
- Analise ativamente quaisquer crenças que o levem a desvalorizar as próprias emoções – por exemplo, que elas são improdutivas e podem travá-lo em sua jornada.
- Faça da consciência das emoções uma prática. Mantenha um diário para registrar como se sente a cada dia; ouça músicas ou assista a filmes que evoquem emoção.
- Quando outras pessoas compartilharem sentimentos com você, pare e ouça. Perceba se fica impaciente ou pouco à vontade.
- Procure manter-se presente e receptivo quando os outros falam de emoções ou quando você vivencia os próprios sentimentos. Repense explorar todos os seus sentimentos como um passo muito positivo para o desenvolvimento.

Negar o valor do fracasso

Valoriza demais suas conquistas, considerando-as uma medida de valor, tenham ou não qualquer importância intrínseca para você? Quase sempre evita perceber como podem ser superficiais ou vazias? Esforça-se constantemente para ser bem-sucedido e para evitar o fracasso? Mantém-se cego para possibilidades e oportunidades porque não se engaja em experiências potencialmente positivas, achando que não terá sucesso? Experimente as ações a seguir para integrar esse ponto cego:

- Explore profundamente sua definição de sucesso. Ela se baseia no que os outros pensam ou no que tem algum significado para você?
- Perceba se, quando é bem-sucedido em alguma coisa, faz uma pausa, mesmo que breve, para comemorar antes de passar para o plano seguinte.
- Da próxima vez que tiver uma "vitória", reduza o ritmo e assimile-a. Se quiser sair correndo na mesma hora e

partir para a realização da meta seguinte, pergunte-se por que isso acontece e perceba como se sente com todo esse empenho.
- Pergunte-se qual o significado real de seus sucessos recentes. Eram coisas que queria mesmo fazer?
- Observe e relacione tudo que faz para evitar a sensação de fracasso. Por que se esforça tanto para evitá-lo?
- Pense de que modo o fracasso pode, na verdade, ser positivo. Relacione todos os possíveis aspectos convenientes do fracasso.

"O rosto humano é, afinal, nada mais nada menos que uma máscara." – **AGATHA CHRISTIE**

Dor do Tipo 3

Os Tipos 3 tendem a ser pessoas positivas e confiantes, embora quase sempre resistam à sensação de dor, ou a quaisquer emoções. Às vezes, são rotulados como "insensíveis", o que não é verdade, pois aflora emotividade sob a superfície. Mas, quando recorrem à estratégia de sobrevivência de fazer em vez de sentir, desenvolvem defesas habituais contra reconhecer ou não explorar as emoções.

Para continuar sua jornada de desenvolvimento, tais pessoas precisam desacelerar e lidar com as próprias emoções e com a dor — passada e presente. Quando deixam espaço para vivenciá-las, percebem que conseguem acessá-las com mais facilidade. Quando admitem que as evitaram inconscientemente, são capazes de interromper esse impulso e lidar com elas. Quando começam a sentir as próprias dores, descobrem que a consciência das emoções, embora difícil no começo, as leva diretamente ao reconhecimento pleno de seu verdadeiro eu.

Se você se identifica com esse tipo, no começo talvez tenha dificuldade de manter contato com todas as suas emoções, inclusive a dor. Você pode achar que a emotividade vai comprometer seu trabalho, o cumprimento de metas ou a manutenção da boa imagem social. Mas sentir a plenitude das emoções é um passo importante da jornada particular para a liberdade. Você precisa aprender a tolerar os sentimentos especificamente dolorosos para emergir do modo zumbi e trabalhar na compreensão mais plena de seu verdadeiro eu. A seguir, algumas tendências desse tipo:

- Confusão, proveniente da tendência a se metamorfosear e de se ver como a persona que criou para o mundo exterior pode impedi-lo de reconhecer seu verdadeiro eu. Quando entrar em contato com seus sentimentos, talvez fique perdido, como se não soubesse quem você é, ou confuso a ponto de se sentir tentado a continuar a evitá-los.
- Medo do desconhecido e de sentimentos pouco habituais, o que talvez o leve ao medo de abrir mão da identidade e da noção de controle que seu falso eu lhe proporciona. E talvez ainda ache que a expressão das emoções vai comprometer sua imagem aos olhos dos outros.
- Vergonha de mostrar suas emoções para os outros, que talvez decorra da falta da segurança que encontra na persona cuidadosamente elaborada que apresentou ao mundo.
- Exaustão, porque os sentimentos recém-admitidos o levam à consciência de que se esforça tanto e faz muito.
- Impaciência com os outros, quando o levam a sentir mais do que está pronto para sentir é uma reação que possivelmente venha de seu falso eu, não do verdadeiro.
- Tristeza, decorrente do medo de que as pessoas gostem mais de sua imagem do que de você. Você pode sofrer por ter passado tanto tempo sem saber que o eu falso não era real e por sentir que as pessoas não conhecem seu verdadeiro eu – e que nem você o conhece.

"Numa época de mentiras universais, dizer a verdade é um ato revolucionário." – **GEORGE ORWELL**

Os subtipos do Tipo 3

Identificar o subtipo do Tipo 3 pode ajudá-lo a focar com mais precisão seu esforço no enfrentamento dos pontos cegos, das tendências inconscientes e das dores ocultas. As tendências e os padrões específicos dos subtipos variam em função de qual dos três instintos de sobrevivência domina sua experiência.

Subtipo 3 Autopreservação

Esse subtipo quer *ser* bom, não apenas *parecer* bom. Seu foco é proporcionar bons modelos para qualquer papel que represente, conforme determinado pelo consenso social. Pode ser o workaholic mais radical de todas as 27 personalidades, o que é fomentado pelas estratégias de sobrevivência e pelo instinto de autopreservação relacionados à ansiedade por segurança material. Quer apresentar uma boa imagem, mas, como precisa ser bom, não quer ser visto como quem alardeia suas realizações ou se autopromove em excesso. É mais modesto, menos fútil e não tão competitivo quanto o subtipo 3 Social.

Subtipo 3 Social

Esse subtipo gosta mais dos holofotes do que os outros dois e é o que mais se regozija com reconhecimento e aplauso. É competente na construção de imagens impecáveis, sabe como apresentar e vender qualquer coisa (inclusive a si mesmo). Encontra conforto em posições de liderança e exibe competência para galgar os escalões corporativos ou sociais. É o subtipo mais agressivo e competitivo. Quer vencer e sabe como influenciar os outros com apresentações ou desempenhos eficazes.

Subtipo 3 Sexual (um-a-um)

Esse subtipo é o que mais foca em relacionamentos um-a-um — e na manutenção de uma aparência atraente, conforme definido pelos padrões convencionais. Pode se ver atraindo parceiros de modo bastante romantizado, como nos contos de fadas. Sabe ser carismático e encantador, mas foca a apresentação exterior, que pode estar desconectada da vivência interior, ou seja, de quem realmente é. Mais emocional do que outros subtipos, costuma sentir uma tristeza profunda. Dá muita atenção ao apoio dedicado aos outros, inclusive os ajudando a ser bem-sucedidos. É mais tímido do que os outros subtipos e não tão competitivo, porque seu sucesso se relaciona ao sucesso daqueles a quem apoia.

As sombras dos subtipos do Tipo 3

Você pode enfrentar de modo mais eficiente sua própria sombra caso conheça as características específicas das sombras do seu subtipo 3. A seguir, alguns dos aspectos de cada subtipo. Como o comportamento de cada um pode ser bastante automático, talvez você tenha mais dificuldade de reconhecer e admitir essas características.

Sombra do subtipo 3 Autopreservação

Se esse é o seu subtipo, talvez você ache difícil (ou impossível) desacelerar. A ansiedade por sobreviver e ser bom significa que seu ego lhe diz que não pode parar de trabalhar. Talvez esteja sendo excessivamente autônomo e autossuficiente, com dificuldade para depender dos outros ou se conectar com eles. Tenta não só parecer bom o tempo todo, mas também fazer as coisas direito. Entretanto, ao contrário dos Tipos 1, você determina o que é "certo" olhando para fora de si. É bem possível que ache difícil sentir emoções mais profundas e expressar vulnerabilidade. Quase sempre exagera na modéstia e fica aprisionado num círculo vicioso de querer *parecer* bom, querer *ser* bom e querer *fazer* o bem. Mas talvez não consiga relaxar e se sentir bem-sucedido em nenhuma dessas coisas.

Sombra do subtipo 3 Social

Se esse é o seu subtipo, provavelmente você consegue criar uma excelente imagem social, mas tende a se apegar à ideia de que ela é impecável. Pode se sentir vulnerável se as pessoas virem o que subjaz à imagem que apresenta ao mundo, e talvez nem sequer se permita ter plena ciência do verdadeiro eu por trás de sua persona. A intensa necessidade de competir e vencer pode torná-lo implacável, e você fará de tudo para chegar ao topo: mentir, trapacear ou roubar para vencer, sempre ocultando esses comportamentos atrás de uma imagem positiva. Provavelmente, tenha grande dificuldade de lidar com o fracasso e pode fazer o que for preciso para evitá-lo, sobretudo diante da sensação de insegurança. Precisa do aplauso da multidão para se sentir valorizado e pode evitar desenvolver uma segurança interior efetiva, a ponto de se esconder por trás de uma imagem superficialmente bem-sucedida.

Sombra do subtipo 3 Sexual (um-a-um)

Se esse é o seu subtipo, seu foco está nos outros. Necessita ser atraente, e como consequência costuma perder o contato com seu autêntico eu interior. Quase sempre sente uma tristeza profunda por não conseguir manter contato consigo mesmo e tende a uma baixa autoestima. Talvez tenha dificuldade para acessar essa tristeza, embora isso possa ajudá-lo a se conectar com seu verdadeiro eu. Apoia as pessoas e chega ao sucesso trabalhando para ajudá-las a realizar tarefas, como estratégia para evitar ser visto.

> "O que traz ordem ao mundo é o amor e deixar que o amor faça o que quer." – **KRISHNAMURTI**

O paradoxo do Tipo 3

O paradoxo do Tipo 3 se estrutura na polaridade entre a paixão do autoengano e a virtude da veracidade. Reconhecendo a necessidade de ter uma imagem positiva a todo custo e de ser admirado pelos outros, ele começa a perceber o autoengano em ação. Se você se identifica com esse tipo, precisa avaliar as maneiras pelas quais se engana. Ao aprender a identificar a diferença entre seu falso eu (imagem ideal) e seu verdadeiro eu, você passa da convicção de que é o que faz para a compreensão *interna* de quem você é de fato. Enquanto se conscientiza do autoengano, vai conhecendo e afirmando o que de fato deseja e como de fato se sente — primeiro para si mesmo e depois para os outros.

Nesse contexto, veracidade significa o acesso não apenas a uma verdade mais profunda e inerente a seu íntimo, mas também a relutância em ser o que você não é. Conscientizar-se desse paradoxo e aprender a ver como se engana, pensando que é sua imagem, constitui uma das principais metas da jornada de desenvolvimento do Tipo 3.

Se você se identifica com esse tipo, eis algumas ações que lhe permitirão ficar mais consciente do autoengano e mais capaz de acessar a vivência plena que a autenticidade nos possibilita:

- Perceba a diferença entre sua imagem e aquilo que realmente pensa e sente.
- Identifique todas as personas que incorpora em diferentes áreas da vida. Você é diferente no trabalho e em casa? É diferente durante a semana e nos fins de semana? Apresenta uma imagem para um grupo específico de amigos e outra para outro grupo? Se sim, por quê?
- Examine sua tendência de manter um ritmo acelerado de atividades. Pergunte-se se um motivo para isso seria afastar-se de suas emoções.
- Perceba o espaço bem limitado que você deixa para os sentimentos. Pense que, em seu caso e no momento, seus sentimentos representam alguns dos mais claros indicadores de seu verdadeiro eu. Permita-se sentir suas emoções, pouco a pouco, como forma de conhecer melhor quem você é de verdade.
- Conscientize-se do que o impede de desacelerar. Perceba qualquer ansiedade ou medo relacionados à admissão de seus sentimentos e ao questionamento de sua identidade.
- Observe todas as pequenas mentiras que conta para si e para os outros a respeito de quem você é. Questione e explore as maneiras pelas quais se engana.

> "Evitar o autoengano é uma questão de integridade, não de conforto." – ORRIN WOODWARD

Usando as flechas do Tipo 3 para se desenvolver

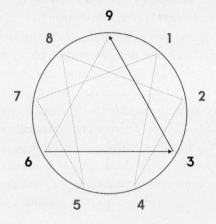

Os dois tipos conectados ao Tipo 3 pelas linhas das flechas internas no diagrama do Eneagrama são os Tipos 6 e 9. O Tipo 3 pode mudar bastante seu foco habitual em tarefas, realização de metas e obtenção de reconhecimento ao incorporar as tendências do Tipo 6 de desacelerar, acessar inquietudes e avaliar ameaças. Também pode aprender a se mostrar mais disponível para conexões com as pessoas por meio da incorporação das percepções do Tipo 9, as quais também o ajudam a desenvolver a capacidade de relaxar e se conectar mais profundamente com os outros.

- Primeiro, desenvolva a competência do Tipo 6 de explorar problemas que talvez aflorem quando avalia uma tarefa ou uma meta. Faça uma pausa para imaginar o que poderia sair errado e pense em possíveis ameaças e riscos antes de iniciar planos e projetos. Questione o que está acontecendo antes de passar para a próxima tarefa. Entre em contato com quaisquer ansiedades e medos relacionados ao que está fazendo e dê-se tempo para explorar suas inquietudes como forma de aprofundar seu pensamento acerca do trabalho e dos relacionamentos. Dedique-se a um saudável autoquestionamento para entrar em contato com seus verdadeiros sentimentos e seu eu autêntico.

- Depois, incorpore os pontos fortes do Tipo 9, desacelerando mais ainda e focando ser mais receptivo e humilde. Amplie seu foco a partir do caminho mais curto até sua meta e resultados pontuais para aquilo que é bom para os outros. Escute as pessoas com mais atenção e leve em consideração as opiniões que emitem relativas a metas. Desenvolva a competência de seguir os planos alheios em vez de sempre liderar e entregar resultados por conta própria. Equilibre seu foco no trabalho dando mais atenção para a criação de vínculos e de harmonia em seus relacionamentos e consigo mesmo. Viva uma vida mais equilibrada e dedique-se a mais atividades relaxantes.

> "Talvez o maior dos autoenganos seja dizermos para nós mesmos que podemos ser autossuficientes."
> – JOSEPH STOWELL

Incorporando o lado superior

Na terceira parte da jornada, esse tipo incorpora mais quem realmente é *por trás* das imagens que criou e dos papéis que representou. Minimiza a energia gasta na construção de uma imagem específica e se aprofunda num vínculo genuíno com as próprias emoções e seu verdadeiro eu. Quando trabalha conscientemente para se tornar mais autoperceptivo, integrar seus pontos cegos e lidar com dores, aprende a se conhecer e a se apreciar num nível muito mais profundo, de maneiras que nunca imaginou possíveis.

Quando fazem esse trabalho, os Tipos 3 conhecem a verdade interior subjacente à sua necessidade egoica de feedback positivo e de admiração. Ao compreenderem que não precisam

TIPO 3: O CAMINHO DO AUTOENGANO À VERACIDADE

usar máscaras para merecer amor e respeito, começam a viver a partir das lembranças de seu eu autêntico e abandonam o pensamento de que são responsáveis pela máquina que faz o mundo girar. Descobrem que basta serem eles mesmos para ter valor e conquistar resultados positivos.

O estado superior de consciência desse tipo é caracterizado pelo amor, pela unificação e interação com os outros e com o universo. Nesse estado, não mais faz sentido tanto empenho para ser aceito ou para estar no centro dos acontecimentos. Em outras palavras, desaparece a crença de que precisa de um título, uma proeza ou uma imagem específica para ser importante e valioso.

Se você se identifica com esse tipo, eis algumas ações para que continue progredindo nessa terceira etapa de sua jornada de desenvolvimento:

- Reconhecer que você não é sua personalidade para então entrar em contato com seu verdadeiro eu, sua autêntica identidade. Deixar seu "observador interno" discernir que, quando vive por meio de sua persona, isso não significa "quem você é". Desse modo, será capaz de ver a diferença entre seu eu falso e seu eu verdadeiro.
- Manter contato com seu coração; ser lindamente emotivo, sem apologias ou vergonha. Perceber como isso causa impacto positivo nas pessoas e como lhe faz bem quando permite que seu estado emocional produza resultados sem fazer nada.
- Desfrutar a experiência de apenas ser. Observar como faz bem se sentir num estado vital de autenticidade.
- Valorizar mais seu senso interior de valor e menos a necessidade de receber elogios ou reconhecimento exteriores.
- Identificar o que realmente quer e as coisas de que gosta. Ver como é bom fazer escolhas baseadas em seus desejos naturais em vez de naquilo que os outros valorizam.
- Colaborar com as pessoas de sua vida e de seu trabalho. Ouvir profundamente os pensamentos e os sentimentos delas sobre as coisas que você faz.

- Viver relacionamentos sólidos sendo mais autêntico e mais bem conhecido pelos outros. Permitir-se depender das pessoas para que elas façam coisas para você.
- Descobrir o que precisa fazer de fato e seu papel para que as coisas aconteçam. Permitir-se reduzir toda a sua atividade. Fazer apenas o que for necessário.
- Conquistar as pessoas com a expressão autêntica do que você sente e quer.

> "O amor arranca as máscaras sem as quais tememos não poder viver e atrás das quais sabemos que somos incapazes de o fazer." – **JAMES BALDWIN**

A virtude do Tipo 3

Veracidade é a virtude que proporciona um antídoto para a paixão do autoengano do Tipo 3. Para esse tipo, ela significa consciência plena do engano implícito em sua estrutura de personalidade. Significa o reconhecimento dos falsos eus e o aprendizado de não buscar sua identidade no que os outros querem que seja ou em como gostaria de ser visto por eles.

Veracidade exige transparência radical e a noção clara de estar alicerçado no próprio ser interior. Significa ouvir o coração para descobrir a diferença entre a verdade e a mentira. Significa uma sensação boa sobre o verdadeiro eu e o reconhecimento da plenitude e da satisfação de viver a partir da verdade de quem você é. Significa conhecer e expressar a verdade a todos de seu convívio diário, sentindo-se mais confortável e relaxado ao vivenciar o fluxo natural do seu ser autêntico.

Se você se identifica com esse tipo, a sinceridade vai lhe permitir ver o valor supremo de viver a verdade e apenas *ser*. Em outras palavras, ela não se resume a uma intenção emocional para ser apenas quem você é, pois também se delineia na falta de intenção para ser quem *não é*. Analisando conscientemente todas as formas a que recorre para mentir para si mesmo como parte de sua estratégia de sobrevivência, você aprende a diferença entre verdadeiro e falso e interrompe o ciclo de se adaptar e de se metamorfosear. Descobre seu eu autêntico e torna-se intolerante a qualquer coisa falsa em si e nos outros. Como um Tipo 3 no estado de veracidade, você começa a:

- viver a vida alicerçado no conhecimento de quem de fato é, conforme sua natureza mais profunda;
- aceitar as pessoas que não gostam de você ou não o valorizam, pois não precisa impressioná-las nem obter a aprovação delas;
- reconhecer sua capacidade emocional de sensibilizar e influenciar as pessoas;
- viver de modo que suas expressões, interações e atividades demonstrem a verdade mais profunda sobre seus sentimentos, valorizações e desejos;
- conseguir questionar e explorar todos os meios pelos quais se engana e desenvolver a capacidade de se perdoar quando, sem querer, se enreda nas ilusões da realidade convencional;
- sentir-se presente na verdade do que está acontecendo em seu interior no aqui e agora, sem se valer do que acontece no exterior;
- criar um vínculo mais permanente com seu íntimo do que com a realidade superficial e as necessidades do ego, o que lhe permitirá interagir de maneira mais profunda e autêntica com as pessoas.

"Você não pode conhecer sua mente verdadeira uma vez que se engane." – **BODIDHARMA**

Despertando do estado zumbi

O elemento-chave para o Tipo 3 acolher seu eu verdadeiro consiste num aprendizado gradual sobre conhecer seu eu autêntico e gostar mais dele do que do eu egoico. Isso acontece quando fortalece sua noção acerca de quem é de fato, sem a necessidade de incorporar uma persona ou um papel específico. Quando se dá conta da tendência ao autoengano e aprende a se flagrar no ato da metamorfose, ele percebe que seu eu verdadeiro pode estar disponível para o amor e para a formação de vínculos, coisas inviáveis para o eu falso.

Ao alcançar esse terceiro estágio da jornada, o Tipo 3 abandona um foco majoritariamente externo e passa a prestar mais atenção ao próprio interior. Cultiva a nova competência de acessar a verdade de quem é e do que deseja. Conscientiza-se das maneiras como altera sua persona em prol de encantar os outros e assim conquistar amor e reconhecimento; aprende que só será amado de fato quando abandonar as tentativas de provar sua competência e produtividade. Abre mão da necessidade de ser grande empreendedor e relaxa na confiança de quem é por dentro.

Esse caminho talvez seja bastante desafiador em razão de as estratégias de sobrevivência do Tipo 3 serem recompensadas em muitas culturas. Portanto, pode ser difícil reconhecer a necessidade de mudar se o estilo de personalidade funciona tão bem para conseguir as coisas que a sociedade reconhece como indicativas de uma pessoa boa ou bem-sucedida. Além disso, é bem provável que esse tipo tenha dificuldade em separar sua verdadeira identidade dos seus padrões de personalidade e em distinguir o falso do verdadeiro, em função dos próprios mecanismos específicos de defesa. Mas isso precisa acontecer para que desperte do estado zumbi em que vive, governado pelo ego. Ele precisa entender que é muito mais do que sua personalidade, pois isso limita sua competência de viver mais consciente e de desenvolver seu potencial pleno.

Quando empreendem a jornada do autodesenvolvimento e despertam para o fato de que não são apenas o que fazem ou o que aparentam ser, os Tipos 3 levam a riqueza de sua autenticidade para o mundo de maneiras que sequer podem imaginar. Dão-se conta de que o verdadeiro sucesso está na capacidade de se autoconhecer e começam a viver assentados no sólido senso de contato com seu íntimo. E, quando o fazem, não só abrem a porta para se amar de fato, como também se disponibilizam para o amor pleno dos outros por aquilo que de fato são.

Terminamos este capítulo com uma citação da clássica história infantil *O coelho de veludo*, de Margery Williams, que resume perfeitamente o que significa, para o Tipo 3, amar-se e permitir que os outros o amem, graças ao conhecimento de sua essencial autenticidade.

> – O que é real? – perguntou um dia o Coelho, quando estavam deitados lado a lado perto da grade da lareira do berçário, antes que Nans limpasse a sala. – Significa ter coisas que zumbem dentro de você e uma manivelinha saliente?
>
> – Real não é como você é fabricado – explicou o Cavalo de Pele. – É algo que acontece com você. Quando uma criança o ama por muito, muito tempo, não apenas para brincar, mas realmente o ama, então você se torna Real.
>
> – E dói? – perguntou o Coelho.
>
> – Às vezes – respondeu o Cavalo de Pele, pois era sempre sincero. – Quando você é Real, não se importa com a dor.
>
> – Acontece de uma só vez, como dar corda – perguntou –, ou aos poucos?
>
> – Não acontece de uma vez só – disse o Cavalo de Pele. – Você se torna. Leva muito tempo. É por isso que não acontece com frequência com gente que se quebra com facilidade, ou tem pontas afiadas, ou precisa de muitos cuidados. Geralmente, quando você se torna Real, muitos de seus pelos já foram arrancados, os olhos caíram, as articulações se soltaram e você está todo esfarrapado. Mas essas coisas não importam nem um pouco, pois, quando você é Real, não pode ser feio, exceto para aqueles que não entendem.
>
> As semanas se passaram e o Coelhinho ficou velho e esfarrapado, mas o amor do Menino continuou o mesmo.

Ele o amava tanto que adorava todos os bigodes arrancados, o forro antes cor-de-rosa das orelhas agora acinzentado e as manchas marrons desbotadas. O bichinho começou até a perder a forma e nem se parecia mais com um coelho, exceto para o Menino. Para o Menino, ele sempre foi lindo, e isso era tudo o que importava para o Coelhinho. Não ligava para sua aparência diante das outras pessoas, porque a magia da infância o tornara Real e, quando você é Real, estar maltrapilho não importa.

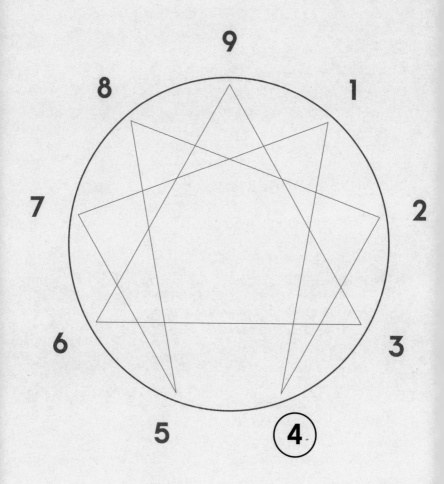

TIPO 4
O caminho da inveja à equanimidade

> Inveja é a arte de contar as bênçãos dos outros em vez das suas próprias.
> **HAROLD COFFIN**

> Gratidão, não entendimento, é o segredo para a alegria e a equanimidade.
> **ANNE LAMOTT**

Era uma vez uma pessoa chamada Quatro. Quando jovem, Quatro achava que estava em conexão total com o mundo — a natureza e as pessoas ao seu redor. Sentia-se querida pelos pais, como toda criança deveria se sentir. Mas uma coisa mudou tudo: nasceu um bebê, e foi como se o mundo perfeito de Quatro acabasse. Ela não era mais o centro da atenção dos pais. Deixou de ser a criança mais especial do mundo. Quando queria alguém para brincar ou para abraçar, todos estavam atarefados com o bebê. Sentiu-se sem importância, solitária e comum.

Diante dessa nova e terrível situação, Quatro achou que talvez tivesse feito alguma coisa errada para perder a conexão com os pais. Afinal, parecia que não ligavam mais para ela como antes. Devia ser a culpada. Podiam ter descoberto que havia algo errado com ela. De algum modo, o bebê era melhor. Que outra explicação poderia haver?

O novo modo de pensar de Quatro causou-lhe certa dor e sofrimento, mas pouco a pouco ela se acostumou a se sentir mal — e triste. E raciocinou que, se era a culpada pela perda de conexão, talvez pudesse repará-la. Talvez pudesse, de algum modo, restabelecer uma conexão com os outros e com o mundo mostrando a todos como era especial — ou fazendo com que vissem seu sofrimento ao admitir que não era tão especial quanto imaginava. Enquanto isso, a tristeza virou um amigo familiar, que lhe fazia companhia quando estava sozinha.

Com o tempo, Quatro buscou de várias formas reconstruir a conexão perdida. Tentou convencer as pessoas a vê-la como alguém especial novamente. Mostrou a elas como era única e extraordinária fazendo belos desenhos, dizendo coisas autênticas e expressando sua profundidade emocional ao cantar músicas tristes. Mas ninguém parecia notar. Diziam que estava sendo "sensível demais" ou "dramática demais". Tentou contar às pessoas todos os detalhes complexos da perda e da dor, esperando que aliviassem seu sofrimento. Tentou demonstrar como era forte, suportando o sofrimento sem reclamar. Tentou sentir raiva e competir com os outros para revelar sua superioridade. Mas ninguém a compreendia ou mesmo lhe oferecia a conexão profunda que tanto desejava.

Quatro não teve êxito em se sentir compreendida ou especial, mas com o tempo seus sentimentos, sua ação e seus pensamentos se transformaram em hábitos. Ela continuou a desejar amor, compreensão e vínculos profundos, mas também seguiu acreditando que era absolutamente indigna dessas coisas. Movida pela necessidade de estabelecer conexão, focou em vivenciar as emoções sobre o amor perdido. Insistia em ver todas as suas imperfeições. Via nos outros todas as coisas boas que faltavam em sua vida — e seguia desejando alguém ou algo que a ajudasse a se sentir digna.

Sem perceber, as estratégias de Quatro para enfrentar o sentimento de perda passaram a ser o ponto central de sua vida. Muita gente estranhava que ela tentasse conseguir amor e compreensão centrada no fato de que não os merecia. Mas, de vez em quando, sua estratégia lhe granjeava alguma atenção, mesmo que negativa. E isso só reforçava seus hábitos.

De tempos em tempos, alguém *via* que Quatro era especial e tentava lhe dar o amor que tão ardentemente desejava. Mas já estava convencida de que não o merecia, pois não tinha sido boa o suficiente para mantê-lo na infância e, assim, não conseguia receber o amor ofertado. Não parava de criar situações que confirmavam sua crença na própria imperfeição. Não parava de afastar as pessoas para se certificar de que não a abandonariam. Acreditava que sempre se desapontaria. Tentar acreditar em uma situação diferente só aumentava a dor. Era melhor ser triste o tempo todo para se proteger da esperança de que alguma coisa boa ocorreria – algo que ela não podia permitir que acontecesse.

Quatro tornara-se um zumbi – autêntico, emotivo, mas ainda assim um zumbi.

Checklist do Tipo 4

Se todos ou a maioria destes traços de personalidade se aplicam a você, talvez você seja um Tipo 4:

- ✓ Foca boa parte de sua atenção no funcionamento interno de suas emoções. Vivencia uma ampla gama de emoções e se sente à vontade com sentimentos intensos.
- ✓ Percebe com facilidade o que falta em qualquer situação – e em você mesmo.
- ✓ Volta e meia compara-se com os outros – favorável ou desfavoravelmente.
- ✓ Sente que não se enquadra – de maneiras positivas e negativas.
- ✓ Tem familiaridade com a vivência da tristeza.
- ✓ Sente facilmente o que acontece num nível mais profundo quando as pessoas interagem – o que está acontecendo sob a superfície e não é expresso.
- ✓ Valoriza muito a autenticidade, em si mesmo e nos outros. Quando sente necessidade de dizer a verdade, às vezes as pessoas gostam, às vezes não.
- ✓ Sintoniza-se facilmente com a conexão ou desconexão com outra pessoa; é sensível ao espaço que há entre você e os outros.

✓ Sente um desejo intenso de ser compreendido, embora costume se sentir incompreendido.

Se, após analisar essa lista, você achar que é um Tipo 4, sua jornada de desenvolvimento vai seguir três etapas.

Na primeira, embarcará numa aventura de autoconhecimento mais profunda, identificando padrões de personalidade que o levam a se limitar, focando não apenas o que está faltando e não é ideal, mas também todas as coisas que considera inadequadas ou diferentes.

Na segunda, deverá enfrentar sua sombra para aprender que, na verdade, você cria mais desentendimentos e desconexões quando se apega à experiência interior da falta — e como o fato de se ver alguém inadequado significa que repudia seus pontos fortes e seus talentos. Examinando corajosamente esses padrões do ego, começará a compreender como estão bloqueando seu desenvolvimento.

Na terceira, o estágio final de sua jornada, abrirá mão de seu eu falso e assumirá mais seu eu verdadeiro — ou superior — para se tornar mais pleno. Desse modo, estará mais receptivo a uma conexão real consigo mesmo e com os outros, superando seus altos e baixos emocionais e reconhecendo o que é positivo em você e já está presente em sua vida.

"As pessoas são, em geral, tão felizes quanto decidem ser."
– ABRAHAM LINCOLN

Embarcando na jornada

O primeiro estágio da jornada de desenvolvimento dos Tipos 4 envolve a observação consciente do padrão mental de comparação com os outros. Quando começam a ver todas as maneiras pelas quais confirmam sua crença na própria imperfeição e reconhecem esses hábitos como um mecanismo de defesa contra a descoberta de que são tão bons quanto qualquer um, iniciam sua jornada para o autoconhecimento e a autoaceitação.

Se você se identifica com o Tipo 4, sua jornada começa pelo reconhecimento (sem julgar) de que dedica muita atenção às suas fantasias internas e pouca à realidade acerca de quem é e de como está sendo recebido de fato pelos outros. Quando perceber que cria cenários negativos por meio do engajamento em crenças negativas e falsas a seu respeito, dará o primeiro passo em seu caminho.

Principais padrões do Tipo 4

A maioria dos Tipos 4 acha que admitir suas deficiências os torna honestos ou autênticos. Na verdade, porém, isso só consolida um padrão defensivo no qual interpretam tudo que vivenciam como afirmação de seu sentido de falha. Como não conseguem enxergar e interromper a crença falsa na própria imperfeição — e perceber que ela atua como uma defesa, impedindo-os de se abrirem para coisas boas —, ficam adormecidos e não se desenvolvem. No entanto, para progredir em sua jornada, precisam compreender que procurar evidências de sua inferioridade ou superioridade (que também reflete um senso mais profundo de inferioridade) os mantém aprisionados numa ilusão acerca de quem são, o que bloqueia a manifestação de tudo que são capazes de ser. Para esse tipo, despertar significa questionar a crença de que não são suficientes. Significa ainda o reconhecimento de que se identificam a partir da noção de indignidade.

Se você se identifica com esse tipo, sua jornada começa ao focar estes cinco padrões habituais do Tipo 4 e se tornar mais consciente deles.

Desvalorizar o presente

Perceba se você tende a idealizar o que é distante e só enxerga o que está errado ou faltando no presente. Observe-se para verificar se glorifica ou deplora o passado e fantasia sobre o futuro. Analise para ver se a sua mente se afasta da aceitação e da satisfação com aquilo que está acontecendo *agora*, contemplando continuamente oportunidades perdidas ou uma imagem rósea daquilo que poderia acontecer num futuro mais gratificante. É possível que tenha o hábito de pensar em termos da "grama mais verde" em outro lugar, o que o afasta do momento único de agir de fato – o presente. Isso pode criar uma dinâmica puxa-empurra em seus relacionamentos, levando-o a achar que os outros são mais atraentes quando não estão disponíveis.

Comparar-se a outras pessoas

Quando se observa, talvez perceba em você uma "mente comparativa", isto é, o hábito de se comparar automaticamente ao que nota nos outros. Isso significa que compara aspectos próprios com aquilo que os outros têm ou fazem, quase sempre se colocando em posição inferior. Quer se sinta inferior, quer se sinta superior, sua mente imagina que você nunca equivale aos outros – alguém é sempre melhor ou pior. É possível que tenda a focar a avaliação das pessoas, sentindo-se mal por ser "menos do que" elas. Provavelmente, sente que os outros têm qualidades positivas que lhe faltam – ou, às vezes, tornando-se competitivo, veja-se como melhor.

Viver sobretudo em seu mundo interior

Perceba se tende a focar o que acontece dentro de você – sentimentos, pensamentos e fantasias. Isso pode levá-lo a desenvolver uma percepção tendenciosa de quem você é, mesmo que pense estar sendo objetivo com relação a suas limitações. Na maior parte do tempo, talvez resista a um feedback positivo dos outros, achando que está correto em suas autoavaliações. Vivendo tão imerso em seu interior, impede-se de acolher a realidade exterior e de estar no aqui e agora. Observe-se para saber se está vivendo a vida segundo falsas impressões a seu respeito, de modo que isso comprometa seu progresso. Será importante saber se, quando tão focado em seus sentimentos interiores e histórias a seu respeito, você bloqueia reconhecer a possibilidade de se satisfazer mais no contato com as coisas (boas).

Presumir que suas emoções o definem

É possível que confie demais em suas emoções como elementos determinantes de sua vivência, o que distorce sua percepção dos fatos e contribui bastante para os outros o verem como alguém excessivamente sensível ou voltado para si mesmo. O filósofo francês René Descartes ficou famoso pela frase "Penso, logo existo". E você pode viver de acordo com uma concepção semelhante sem a questionar: "Sinto, logo existo". Perceba se equipara todas as suas experiências de vida com aquilo que sente emocionalmente e veja se isso funciona como um hábito autolimitador. Claro, suas emoções são importantes, mas elas vão e vêm — não significam a plenitude de quem você é. Trazem informação e sabedoria com relação ao que lhe é importante, mas se destinam a ser sentidas, processadas e, depois, deixadas para lá.

Acreditar na própria indignidade

Volta e meia você se julga inferior ou superior, mas acredite: no fundo, tem alguma imperfeição importante. E pode continuar a estabelecer comparações para confirmar a sensação de sua incompletude. Observe não apenas a tendência de se convencer de que é desprovido de algumas qualidades que o tornariam pleno, digno ou amável, mas também a de presumir que não é suficientemente bom. Perceba se permite que seus pensamentos e sentimentos reforcem essa (falsa) crença e pergunte-se se isso compromete que assuma quem realmente é.

> "Quando uma porta da felicidade se fecha, outra se abre; mas costumamos ficar olhando tanto tempo para a porta que se fechou que não vemos a que se abriu." – **HELEN KELLER**

A paixão do Tipo 4

Inveja é a paixão que move a personalidade do Tipo 4. Nesse contexto, inveja é o desejo de ter para si aspectos positivos de outra pessoa. A raiz latina da palavra é *invidere*, que significa "não ver". No Purgatório da *Divina comédia* de Dante, o autor retrata as almas que "purgam" a paixão da inveja com os olhos costurados com arame, impossibilitados de verem o que os outros têm e o que desejam. A inveja inclui a dolorosa sensação de faltar alguma coisa essencial, bem como o desejo daquilo que falta. Esse tipo, achando que não está à altura do que considera ideal, vive atento ao que os outros têm, mas falta a ele.

A inveja leva tais pessoas a focar o que não têm, maximizando a sensação interior de que não são plenas nem aceitáveis do jeito que são. Isso pode ter efeitos destrutivos, estimulando a indignação diante daqueles que consideram mais completos ou dignos do que elas, sem a consciência de que talvez estejam apenas projetando as próprias qualidades positivas rejeitadas. Em outras palavras, atribuem qualidades positivas aos outros e não percebem que estão posicionando a própria qualidade fora delas mesmas. Ao mesmo tempo, a inveja as faz fechar o coração para si e para as pessoas que invejam, impedindo-as de aceitar ou de acolher a bondade que tanto desejam.

Se você se identifica com esse tipo, eis algumas manifestações típicas da inveja das quais deve se conscientizar caso deseje progredir em seu caminho rumo ao despertar:

- Foco mais no que falta do que naquilo que está presente.
- Foco nos atributos positivos de que carece e intensa autocrítica. Compara o que os outros têm com o que você tem e sempre acha que está pior ou melhor, nunca igual a eles.
- Enaltecimento, admiração exarcebada ou elogios entusiásticos aos outros.
- Desprezo pelos outros ou críticas severas a eles.
- Perpetuação de um complexo de superioridade ou inferioridade. Olhar para as pessoas por cima ou por baixo.
- Empolgação ou tristeza exagerada com as situações.
- Competitividade declarada ou velada e ação motivada por isso.

TIPO 4: O CAMINHO DA INVEJA À EQUANIMIDADE

- Autorreferenciação e foco na própria experiência e na maneira como as coisas se relacionam com você.
- Necessidade de sentir-se especial; promoção de padrões elevados e ausência de satisfação ou de alegria.

"Aquele que inveja os outros não tem paz." – **BUDA**

Usando as asas do Tipo 4 como extensões do desenvolvimento

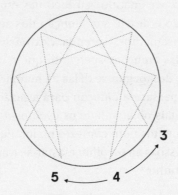

Os dois tipos de personalidade adjacentes ao Tipo 4 no círculo do Eneagrama são os Tipos 3 e 5. As qualidades do Tipo 3 ajudam os Tipos 4 na promoção de ações mais pragmáticas e menos emotivas, enquanto as qualidades do Tipo 5 os ajudam na promoção da objetividade e do equilíbrio. Isso maximiza seu foco habitual em interações, emoções e relacionamentos, permitindo-lhes desenvolver a praticidade de maneiras diferentes.

- Primeiro, incorpore a competência do Tipo 3 de priorizar as tarefas e não os sentimentos, esforçando-se para ser mais eficiente e pragmático. Concentre-se no trabalho, nas metas e nas tarefas práticas para desviar o foco das emoções às quais se apega mais do que o necessário.

Abra mão de quaisquer sentimentos que ameacem distraí-lo do que precisa ser feito. Interesse-se por emoções positivas decorrentes da conclusão bem-sucedida de um trabalho. Quando se vir fomentando emoções intensas, tente minimizar o volume emocional e maximizar o foco na sua lista de coisas "a fazer".

- Depois, integre as características do Tipo 5, percebendo quando se sente invadido por uma emoção forte e esforçando-se conscientemente para ficar mais calmo e equilibrado. Analise seus sentimentos para "dar sentido" ao que está acontecendo. Aprenda a perceber quando seu foco nas emoções está exacerbado e desvie sua atenção dos sentimentos para os pensamentos. Aprenda a extrair informações das próprias emoções acerca do que é importante para você e desapegue-se delas de maneira saudável. Pratique passar da emoção para a razão para entender com mais objetividade os eventos e posicionar seus sentimentos num contexto maior. Equilibre seu foco nas pessoas ao escolher afastar-se e aproveitar o tempo sozinho.

> "Inveja é a taxa que toda distinção deve pagar."
> – RALPH WALDO EMERSON

Enfrentando a sombra

A segunda parte da jornada de desenvolvimento dos indivíduos desse tipo envolve reconhecer que tentam ser compreendidos e apreciados focando demais o próprio sofrimento para, assim, conquistar o amor, bem como o reconhecimento, a aceitação e a integração de todos os aspectos positivos de sua experiência de vida. Esse é o caminho para que eles aprendam a se identificar menos com o que consideram um eu imperfeito e foquem mais a simplicidade, a gratidão e o contentamento.

Nessa parte da jornada, esse tipo começa a perceber que o foco na verdade emocional interior (que consideravam positivo) pode ser negativo. A falta de autopercepção pode torná-lo melodramático ou masoquista, autoabsorto e exigente, mesmo pensando conscientemente que é bastante sensível, empático e honesto. Quando excessivamente focado em seu território interior e muito voltado para a melancolia, talvez fique autocentrado, sobrecarregado emocionalmente, mergulhado na negatividade exagerada e muito dedicado a fazer com que os outros o vejam como extraordinário. Quando as pessoas não espelham de volta o desejo de ser visto como único, pode ficar retraído, temperamental ou abertamente irritado, focado em seus pontos "negativos", sem a percepção dos positivos. Assim, talvez viva uma jornada constrangedora e difícil de admitir, resvalando para sentimentos ainda piores sobre si mesmo. O fundamental aqui é afastar o autojulgamento, ciente de que acolher a sombra significa vislumbrar a verdade de seu valor e aprender a se sentir melhor consigo.

Enfrentando a sombra do Tipo 4

Se você se identifica com o Tipo 4, eis algumas ações para começar a trabalhar nos principais padrões inconscientes, pontos cegos e pontos de dor:

- Equilibre o respeito por seus sentimentos com a capacidade de abrir mão das emoções depois de senti-las, processá-las e compartilhá-las.
- Fixe-se mais solidamente em seu corpo para ser mais prático e focado no que precisa fazer aqui e agora.
- Avance por emoções específicas, passando conscientemente dos sentimentos para a análise mental.
- Desenvolva a capacidade de estar no aqui e agora. Se for levado pela nostalgia do passado ou por um anseio idealista pelo futuro, foque conscientemente "o que é" agora mesmo.

- Equilibre seu foco no que está acontecendo dentro de você com a atenção aos sentimentos, às necessidades e aos desejos das outras pessoas.
- Perceba, explore e lute contra sua tendência a "introjetar" (ou absorver) os estados emocionais dos outros como maneira inconsciente de controlar o que está acontecendo em seus principais relacionamentos.
- Quando perceber que inconscientemente pegou de outra pessoa uma coisa que não lhe pertence, devolva-a.
- Conscientize-se das maneiras como se desvaloriza e evita assumir o bem que há em você. Fortaleça-se assimilando ativamente coisas positivas.
- Procure direcionar sua atenção e energia para fora de si mesmo a fim de equilibrar seu foco interno e autorreferente.

"A coisa mais linda do mundo, pensei, deve ser a sombra."
– SYLVIA PLATH

Os pontos cegos do Tipo 4

Talvez esse tipo não queira examinar seus pontos cegos, pois tende a se apegar a estados emocionais específicos. Diferentemente de outros, que evitam os pontos cegos para se manter felizes, as pessoas desse tipo podem evitá-los para vivenciar certa satisfação em se sentir mal – ou tristes. É possível que se sintam verdadeiramente inseguras, mas suas estratégias de sobrevivência no modo zumbi amplificam os sentimentos de insatisfação como defesa contra uma dor ainda mais profunda.

Pessoas desse tipo resistem a olhar para as coisas boas dentro delas, as quais não veem e nem sequer percebem, pois se sentem à vontade com a decepção ou com o descontentamento. Não querem correr o risco de vivenciar um sentimento positivo, em virtude do receio de um novo abandono ou do fracasso. Mas o fato de se aprisionarem em um clima negativo que as impede de se sentirem piores só lhes bloqueia o desenvolvimento. Nessa situação, tais pessoas não se permitem ver que a autoimagem negativa é distorcida. Na verdade, elas têm muitos motivos para se sentir bem consigo mesmas, mas são esses motivos que ficam escondidos em seus pontos cegos.

Se você se identifica com esse tipo, saiba que, se estiver disposto a analisar seus pontos cegos, abrindo-se para os bons sentimentos a seu próprio respeito, conseguirá viver a partir de um senso autêntico do seu melhor eu, de um modo que não considerava possível. Se suportar o choque e o espanto ao descobrir que na verdade você é feliz (!) e compreender que essa é uma boa notícia, aprenderá a se sentir bem consigo.

Eis alguns dos principais pontos cegos que você, como Tipo 4, precisa trazer à consciência para prosseguir em sua jornada.

Não perceber o que é bom

Você só vê o que está errado em si e em sua vida, e não o que tem de bom? Tende a focar o que lhe falta ou a sua situação atual, em vez de focar tudo que é positivo e está funcionando bem? Eis algumas ações para integrar esse ponto cego:

- Faça uma lista das suas qualidades. Questione sua noção do que é negativo em você e vá acrescentando itens à lista.
- Peça a amigos mais chegados e a familiares que lhe digam todas as coisas de que gostam em você. Anote-as e leia a lista todos os dias. Respire sua benevolência. Assimile-a por completo.
- Pratique manter-se no aqui e agora sem pensar no passado ou no futuro. Perceba o que é bom agora mesmo.
- Observe quaisquer coisas positivas nas pessoas à sua volta. Reconheça se são projeções daquilo que você tem de bom — características que atribui aos outros que na verdade são suas.
- Perceba a realidade de muitos ensinamentos espirituais: todos temos o mesmo valor. Lembre-se reiteradas vezes de que ninguém é melhor ou pior do que o outro.

Todas as comparações em contrário constituem erros de percepção.
- Trabalhe para incorporar os bons aspectos que tem e nega. Recorra à "prática do espelho": faça afirmações positivas diante de um espelho e deixe-as chegar a seu íntimo.

Identificar-se exacerbadamente com emoções

Você acredita que é o que sente? Foca ideais e percepções cujo significado está em seu estado interior e não no resto da realidade? Experimente algumas destas técnicas para ajudá-lo a integrar esse ponto cego:

- Conscientize-se mais das crenças de que sua identidade plena se concentra em suas emoções ou em sua capacidade de ter profundidade emocional.
- Quando acreditar em alguma coisa apenas baseado em uma emoção, faça uma "análise da realidade", consultando mentalmente as evidências do que está acontecendo de fato fora de você. Repita várias vezes por dia.
- Pratique desviar sua atenção do que sente para o que está acontecendo de verdade no mundo ao seu redor.
- Conscientize-se de que passa longos períodos imerso em seu interior, em sua rica e ilusória vida emocional.
- Mude o foco regularmente, levando-o de seu estado interno para o externo, ou seja, o que está acontecendo com as pessoas à sua volta; tente descobrir os pensamentos, as vivências e os sentimentos delas.
- Pergunte às pessoas com quem interage mais como estão e fale menos a seu respeito. Escute-as atentamente sem internalizar o que estão compartilhando – ou seja, sem se pôr no lugar delas.

Procurar compreender para evitar

Presume que todos sentem as emoções da mesma maneira que você? Desvaloriza as pessoas que menosprezam (ou evitam sentir) emoções? Evita assumir a responsabilidade por mal-entendidos persistentes em seus relacionamentos? Eis algumas ações para integrar este ponto cego:

- Perceba e assuma a importância de ser entendido pelos outros; explore o significado disso para você.
- Observe as maneiras pelas quais tenta se fazer entender pelas pessoas em sua vida e procure saber de outros se são efetivas.
- Torne-se mais consciente do modo como transmite suas emoções às pessoas que não lidam com elas do mesmo jeito que você. Note que talvez tenha de explicar aos outros sua natureza emocional e a necessidade de se sentir compreendido.
- Explore a tendência a maximizar suas emoções (ou sua intensidade emocional) como reação a se sentir incompreendido.
- Evite usar uma linguagem sofisticada, abstrata ou metafórica demais, pois talvez isso impeça que as pessoas o compreendam. Aprenda a se comunicar de maneira mais objetiva e simples.
- Pratique equilibrar emoções e atividade mental ao se comunicar, em especial com pessoas que não se sentem muito à vontade diante de emoções.

"A inveja é um sintoma da falta de apreciação de nossa própria singularidade e amor-próprio." – **ELIZABETH O'CONNOR**

Dor do Tipo 4

Os Tipos 4 têm dificuldade para identificar, integrar plenamente e sair de suas dores. Talvez pareça que não precisam "sentir a dor" porque estão quase sempre sofrendo bastante. Além disso, tendem a ser fortes e resilientes diante dela, pois se sentem mais à vontade com emoções difíceis do que os outros tipos. Mas precisam vivenciar naturezas específicas de dor de modo mais consciente, confrontando-se com outras emoções que evitam inconscientemente como parte de sua estratégia de sobrevivência. Essa situação talvez seja complicada para eles, pois tendem a focar demais algumas formas de sofrimento, chegando às vezes até a serem rotulados como sofredores. Embora possa ser verdade que exacerbam a tendência a sofrer, esse não é o panorama todo.

A jornada de despertar implica o sofrimento consciente da dor específica de que seu tipo no eneagrama precisa para enfrentar o desenvolvimento. Se você se identifica com o Tipo 4, o sofrimento expressado ao agir a partir de seu eu falso constitui uma espécie de repetição inconsciente e mecânica dos mesmos temas dolorosos que podem se parecer com aqueles que precisa sentir para integrar sua sombra, mas não são. Possivelmente você se apoia demais na melancolia, na tristeza, no desespero e em várias formas de dor como parte de sua estratégia de sobrevivência. No entanto, para se tornar mais pleno durante o processo de desenvolvimento, precisa aprender a ver a diferença entre chafurdar na dor como mecanismo de defesa e enfrentá-la.

Os Tipos 4 devem se conscientizar mais do modo exagerado como se valem da tristeza e de outras emoções como defesa contra a vivência consciente de sentimentos felizes, do medo de abandono e da dor relacionada à privação e ao desamparo. Precisam evitar a dor profunda que os remete à perda de conexão na infância. Mais do que qualquer outra coisa, temem voltar a vivenciá-la. Por essa razão, sentir-se bem consigo mesmos pode ser difícil para eles, na medida em que a felicidade gera o receio de um novo abandono. Quando se tornam receptivos ao merecimento do amor, o espectro do abandono, do pesar e do desapontamento mostra suas garras. Ironicamente, a sensação de bem-estar próprio pode desencadear a impressão de que estão prestes a desabar. E impedir esses sentimentos por meio do afastamento proativo das pessoas pode ser um jeito poderoso de evitar a dor de um novo abandono.

Para esse tipo, pode ser um desafio defrontar-se com determinados sentimentos relacionados à realidade de que é alguém

TIPO 4: O CAMINHO DA INVEJA À EQUANIMIDADE

digno e pleno; pode ser difícil abrir-se para a possibilidade de ser amado pelo que é. Portanto, é mais fácil para ele se esconder na tristeza como defesa contra sentimentos positivos — por exemplo, o amor —, que remetem à possibilidade da perda (novamente).

Se você se identifica com o Tipo 4, precisa aprender a tolerar sentimentos dolorosos específicos para prosseguir na jornada do desenvolvimento:

- Medo do abandono. Medo de tentar e não conseguir formar vínculos autênticos e agradáveis, acabando por se decepcionar. Medo de esperar ser compreendido e reconhecido para depois descobrir que isso é inviável, pois alguma coisa está de fato errada com você. Medo de ver que seus piores medos sobre sua falta de méritos são reais.
- Vergonha relacionada ao fato de ser visto, de se expor e de poder ser abandonado. Vergonha relacionada com a (falsa) crença em sua incompletude. Vergonha que opera como parte do falso eu quando se fecha para a dor mais profunda que precisa ser acessada — e para a possibilidade de aliviá-la.
- Pesar relacionado com a experiência anterior da perda de conexão. Pesar que o arrasta e o leva a se refugiar em versões superficiais dessa emoção importante. Pesar por não ser amado como deveria ou como queria, ou por tudo que perdeu ao se sentir abandonado. Você precisa acessar a camada mais profunda do pesar na desconexão do objeto original do amor ou da própria "origem" ou "fonte". E então a deixar ir.
- Dor relacionada à incompreensão, rejeição ou abandono pelas pessoas importantes em sua vida. Precisa acessar os níveis mais profundos dessa dor, pois é capaz de se defender dela sentindo uma versão mais branda de desespero ou melancolia.
- Raiva que você reprime ou pela qual se sente culpado — ou manifesta de maneira pouco saudável. A raiva o ajuda a se defender e a assumir qualidades positivas.

Dependendo do seu subtipo, pode usá-la bastante para se defender da dor; é preciso sentir a dor sob a raiva.
- Felicidade e alegria que você evita sentir ao focar demais a tristeza, o pesar, o medo ou a vergonha. Precisa sentir, assumir e acolher a experiência de estar genuinamente feliz, sem ficar à procura do que está faltando.

> "A pior parte do sucesso é tentar encontrar alguém que fique feliz por você." – BETTE MIDLER

Os subtipos do Tipo 4

Identificar o subtipo do Tipo 4 pode ajudá-lo a focar com mais precisão seu empenho no enfrentamento dos pontos cegos, tendências inconscientes e dor oculta. As tendências e padrões específicos dos subtipos variam em função de qual dos três instintos de sobrevivência domina sua vivência.

Subtipo 4 Autopreservação

Esse subtipo incorpora o sofrimento e sente as emoções apenas em seu interior, sem as compartilhar com os demais. É estoico e forte diante de sentimentos difíceis e, às vezes, como reação à crença de que será "amado" se for durão, feliz ou suportar a dor sozinho. Trabalha muito e é orientado para a ação. Nem sempre sente inveja conscientemente e esforça-se para se mostrar digno. Tende a ser mais masoquista do que melodramático e pode parecer feliz ou bem por fora, enquanto luta para suportar as dificuldades por dentro, sem deixar transparecer. É autossuficiente e autônomo, e tenta curar a dor do mundo, mesmo que isso demande muito esforço.

Subtipo 4 Social

Esse subtipo se liga mais ao sofrimento e manifesta mais as emoções dolorosas. Às vezes, tende a ser excessivamente sensível e quase sempre parece triste. Expressa sensibilidade, melancolia e infelicidade com mais facilidade do que os demais subtipos 4.

Com frequência, compara-se com os outros e depois foca muito o próprio sofrimento emocional ao se ver como inferior ou menos digno do que outras pessoas. Está convencido de que há algo errado com ele, mesmo diante de evidências em contrário.

Subtipo 4 Sexual (um-a-um)

Esse subtipo externaliza o sofrimento. Costuma ser chamado de "4 maluco", porque expressa a raiva com facilidade, sobretudo quando se sente incompreendido ou prejudicado. Foca a manifestação da raiva como mecanismo de defesa da dor, da vergonha ou de alguma sensação de incompletude. Este é o subtipo mais competitivo do Tipo 4. A inveja se expressa como competição, levando-o a se afirmar ativamente como especial e superior. Quer ser visto como atraente, especial ou extraordinário em comparação com os outros. Pode tender à arrogância.

As sombras dos subtipos do Tipo 4

Você pode enfrentar de modo mais eficiente sua sombra caso conheça as características específicas das sombras do subtipo de seu Tipo 4. A seguir, algumas das características das sombras de cada subtipo. Como o comportamento do subtipo pode ser bastante automático, talvez seja mais difícil enxergar e admitir essas características.

Sombra do subtipo 4 Autopreservação

Se esse é o seu subtipo, você tende ao masoquismo, sem perceber como é duro demais consigo mesmo, sem nunca se permitir a leveza ou a fragilidade. Detesta ser identificado como vítima e provavelmente na infância percebeu sinais de que as pessoas não queriam ouvir falar na dor, razão pela qual sente que precisa provar seu valor sofrendo em silêncio e suportando dificuldades e angústias sem as expor e sem falar sobre elas. Sua fisionomia pode sugerir felicidade, mesmo quando se sente profundamente triste ou estressado. Tende a carregar muita dor psicológica e física sem perceber. Precisa aprender a compartilhá-la e aceitar apoio.

Sombra do subtipo 4 Social

Se esse é o seu subtipo, você se apega demais ao sentimento e à expressão do sofrer como forma de receber amor. Refugia-se na mentalidade de vítima e precisa aprender a lutar contra isso. Tende a focar demais as emoções dolorosas, o que compromete sua ação e praticidade. Costuma ser excessivamente sensível e apegado à tristeza ou ao desapontamento. Talvez se sinta culpado por estar com raiva, e será benéfico aprender a manifestá-la. Precisa estar receptivo para a felicidade. O sentimento de inferioridade pode, na verdade, ocultar um complexo de superioridade — ou a resistência a se sentir satisfeito com o que a vida tem de bom. Procure assumir seus pontos fortes e atributos positivos.

Sombra do subtipo 4 Sexual (um-a-um)

Se esse é o seu subtipo, você manifesta o sofrimento para evitar emoções dolorosas e permitir-se ficar mais consciente da experiência interna de tristeza, mágoa ou privação. Tende a focar o fato de que as pessoas não atendem às suas necessidades para evitar sentir vergonha e incompletude. Talvez nem sequer perceba que expressa tendências competitivas como maneira de "interpretar" sua inveja inconsciente. Será importante notar se nutre sentimentos negativos com relação a concorrentes ou a outras pessoas que considera superiores. Pode se mostrar arrogante e exigente quando não se sente compreendido e suas necessidades não são atendidas. Para se desenvolver, precisa aprender a controlar a raiva e entrar em contato com a dor subjacente a ela.

> "A filosofia nos ensina a suportar com equanimidade os infortúnios alheios." – **OSCAR WILDE**

O paradoxo do Tipo 4

O paradoxo do Tipo 4 provém da polaridade entre a paixão da inveja e a virtude da equanimidade. Equanimidade pode ser compreendida como um estado de equilíbrio emocional que lhe permite superar os altos e baixos da experiência emocional, ciente de que todas as pessoas e situações têm o mesmo valor. Reconhecendo a necessidade de serem especiais e únicas enquanto se sentem inferiores, as pessoas desse tipo conseguem compreender como sua inveja opera e aprendem a superar a dor da falta. Avançando em seu caminho rumo à equanimidade, começam a vivenciar a calma interior, a ter mais capacidade de modular os altos e baixos das próprias emoções e a aceitar a verdade de que todos, em essência, são igualmente dignos.

Se você se identifica com o Tipo 4, eis algumas ações para se conscientizar mais de sua inveja e começar a acessar a emoção superior da equanimidade:

- Perceba como se avalia continuamente em relação aos outros. Procure desviar sua atenção dessas comparações e sinta-se grato por tudo que há de bom em você e em sua vida no momento.
- Perceba quando se sente muito mal consigo mesmo ou exageradamente bem com relação a outra pessoa. Permita-se aceitar que todos são iguais e sinta-se mais confortável com as coisas como são, em vez de maximizar seus sentimentos a cada momento.
- Compadeça-se daquela sua parte que o considera "menos do que" os outros. Sinta-se aliviado por saber que isso se baseia numa crença falsa que lhe causa dor desnecessária.
- Observe que, às vezes, você procura competir com os outros ou afirmar sua superioridade sobre eles. Explore as emoções que estimulam essa tendência e aceite a sensação de paz interior que aflora quando percebe que não precisa ser superior para sentir que tem valor.

Procure apreciar as pessoas e ter sentimentos positivos e sinceros de sucesso por elas, sem achar que isso, de algum modo, o tornará inferior.
- Evite maximizar a intensidade de seus sentimentos, pois isso o afasta da vivência potencialmente pacífica e gratificante da equanimidade. Observe como se orgulha de sua intensidade e pergunte-se a que propósito defensivo isso pode servir.
- Perceba que, sem receptividade e reconhecimento do que é bom, você se aprisiona em um círculo vicioso faminto de boas qualidades sem conseguir assimilá-las. Identifique e lute contra as defesas que ergue em relação a obter o que deseja.

"Para cultivar a equanimidade, treinemo-nos para interceptar a nossa mente quando sentimos atração ou aversão, antes que ela endureça no apego ou na negatividade."
– PEMA CHÖDRÖN

Usando as flechas do Tipo 4 para se desenvolver

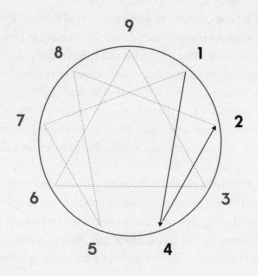

TIPO 4: O CAMINHO DA INVEJA À EQUANIMIDADE

Os dois tipos conectados ao Tipo 4 pelas linhas dentro do diagrama do Eneagrama são os Tipos 1 e 2. O Tipo 4 pode superar seu foco excessivo no território interior integrando a competência do Tipo 1 de manter-se centrado no corpo e ser prático, e depois desenvolvendo a competência do Tipo 2 de foco e profunda empatia.

- Primeiro, incorpore a força do Tipo 1, focando etapas de ação prática, além de sentimentos e propósitos. Preste atenção no que precisa ser feito para melhorar as coisas e criar resultados de alta qualidade. Trabalhe para implementar suas ideias criativas, com foco na organização, no processo e na disciplina. Encontre formas de equilibrar sua natureza emocional atento à organização e às tarefas. Exercite-se e entre mais em contato com seu corpo, percebendo como estar mais presente nele o ajuda a se sentir fisicamente apoiado para administrar emoções instáveis.
- Depois, integre a capacidade do Tipo 2 para equilibrar a atenção sobre si mesmo com um foco mais deliberado sobre os outros. Dedique mais atenção às necessidades alheias e a como você pode servir às pessoas importantes da sua vida. Isso proporciona um contrabalanço à sua tendência autorreferente e ao seu hábito de priorizar a vivência interior. Mantenha o foco fora de você; ouça as pessoas e tenha mais empatia. Fortaleça seus relacionamentos por meio do entendimento mútuo.

> "As duas virtudes da equanimidade e da compaixão tornam-se mais disponíveis para a pessoa cuja casca do ego foi quebrada – por grande sofrimento, por grande amor ou por ambos." – **RICHARD ROHR**

Incorporando o lado superior

No terceiro estágio de sua jornada, os Tipos 4 compreendem melhor seu verdadeiro eu e renunciam à identidade falsa construída pela necessidade egoica de se destacarem como especiais. As pessoas desse tipo despertam quando aprendem a autovalorização assentada em sua bondade intrínseca. Desse modo, percebem que nada lhes falta, veem que tudo de que precisam está no interior delas, param de imaginar que as coisas boas estão sempre fora de alcance ou que a "grama é mais verde" em outros lugares. Enfim, quando se conscientizam de sua inveja e da necessidade de evitar o abandono, aprendem que serão felizes sem sacrificar a própria autenticidade, a sensibilidade emocional ou a conexão com seu lado profundo. Gratas por todas as experiências da vida — boas e más, leves e sombrias —, cultivam um estado de equanimidade resultante da superação da agitação emocional interior antes priorizada e compreendem que o sentido mais gratificante da vida consiste na presença no aqui e agora.

Para isso, precisam entender melhor quem são atrás da tendência egoica de focar o que não têm e da suposição de que não estão à altura de um (falso) ideal. Tornam-se capazes de modificar o hábito de se centrar em sua incompletude. Veem o lado negativo da minimização proativa das expectativas relacionadas a quem podem ser e ao que a vida pode lhes trazer. Percebem que não há nada de errado com elas e começam a compreender que nem sempre precisam ser compreendidas, reconhecidas e amadas pelos outros para terem valor. Aprendem que a autoestima é mais importante do que ser validado (ou frustrado) por outras pessoas.

Se você se identifica com o Tipo 4, o estado superior da consciência nesse ponto de sua jornada se caracteriza pela unificação, pela igualdade e por uma atmosfera emocional muito mais calma e estável. Ao superar a necessidade de confirmar sua incompletude ou sua natureza especial, você passa a uma vivência de paz e generosidade. Abandona o desejo de compreensão ou confirmação dos outros e aceita-se do jeito que é.

Eis algumas ações que será capaz de realizar nessa etapa de sua jornada, coisas que não conseguia fazer antes:

- Parar de focar o senso de privação, compreendendo que a falta não é inerente a você.
- Ver-se como suficiente, sem que lhe falte nada.
- Reconectar-se com uma profunda sensação de bondade.
- Acolher momentos de calma e paz profundos ao manter contato com tudo que é e com tudo que o rodeia.
- Permitir que sua intensidade natural ceda lugar ao equilíbrio e à estabilidade.
- Desfrutar todas as coisas presentes em sua vida, sem as questionar.
- Apreciar a ausência da necessidade de se comparar com os outros. Considerar todos igualmente importantes.
- Ser menos sensível emocionalmente, sem perder a inteligência emocional nem a empatia.
- Estar totalmente disponível para estabelecer vínculos profundos com os outros, com base na humilde aceitação de quem você é: uma pessoa feliz e comum.

> "A equanimidade aflora quando aceitamos a realidade da forma." – JACK KORNFIELD

A virtude do Tipo 4

Equanimidade é a virtude que proporciona um antídoto à paixão da inveja do Tipo 4. A equanimidade, entendida como o equilíbrio emocional que permite a superação dos altos e baixos da vivência emocional, vislumbrando o mesmo valor em todas as pessoas, sentimentos e situações, ajuda esse tipo a superar a necessidade de se sentir extraordinário para ter valor. Ele interrompe o investimento excessivo em qualquer experiência emocional específica, sabendo que todas têm o mesmo valor como reflexos de sua verdade interior. Rompe o foco exacerbado em seus estados emocionais instáveis e desfruta uma notável sensação de paz e de calma interior, não importa o que aconteça ou com quem esteja. Sente-se grato por si mesmo e pelos outros, ciente de que todos são igualmente dignos e capazes de manifestar seu potencial superior. Entende que cada pessoa é única e que ninguém é melhor que ninguém. Perde a predisposição a se comparar com os outros e enfrenta a realidade como ela é, sem julgar tudo de acordo com suas percepções interiores.

Como um 4 no estado de equanimidade, você começa a experimentar:

- A admiração por seu eu como um todo, com mente e coração abertos. O compromisso para alinhar-se com sua natureza mais profunda, mantendo-se em paz e em gratidão por tudo que já tem e tudo que já é.
- A capacidade de perceber que todas as experiências têm significado potencial – tanto ordinário quanto extraordinário – e que estão igualmente presentes para a plenitude de sua vida.
- A receptividade emocional, conectando-o à bondade inerente a você e aos outros.
- Um equilíbrio emocional interior que o impede de ser afetado muito negativamente por estímulos externos, permitindo-lhe reagir a tudo com a energia necessária.
- Um estado de equilíbrio emocional, mesmo sob estresse, que inclui a visão equilibrada de si mesmo e dos outros e a harmonia em seu ambiente.
- O hábito de aceitar a forma da realidade da vida, sem se comparar com os outros.
- Uma perspectiva da vida em sentido mais amplo. A capacidade de superar fluxo e refluxo das emoções e experiências para conquistar a perspectiva superior da harmonia e do equilíbrio.
- Uma vasta quietude mental, caracterizada por uma calma interior que lhe permite estar plenamente no aqui e agora das mudanças das circunstâncias da vida.

- Um estado em que você não tenta se afastar da própria experiência ou de si mesmo, nem incorpora aquilo que lhe parece melhor.

> "A equanimidade é um equilíbrio da mente perfeito e inabalável." – **NYANAPONIKA THERA**

Despertando do estado zumbi

O elemento-chave para as pessoas do Tipo 4 acolherem seu verdadeiro eu reside numa mudança gradual do foco naquilo que veem como negativo ou ausente, permitindo-se enxergar o positivo e presente. Para muitas, isso é difícil, pois o ego nos afirma que não somos suficientes, ou que precisamos ser mais, ou que não somos perfeitos o bastante, ou que não correspondemos a algum padrão arbitrário. Mas elas conseguem superar o hábito autoderrotista de tentar fugir para um passado ou futuro idealizados simplesmente pela consciência de seus padrões de personalidade e das maneiras pelas quais se aprisionam a eles. Na verdade, o único momento que qualquer um de nós consegue vivenciar é o presente. Mantendo-se mais nele, os Tipos 4 desenvolvem a capacidade de acessar seu eu autêntico e de aprender que tudo está bem do jeito que está.

Quando começa a compreender que se mantém afastado do que deseja por acreditar que não conseguirá conquistá-lo, esse tipo maximiza sua visão acerca de quem é e consegue receber tudo num estado de gratidão. O hábito egoico de continuar acreditando na própria incompletude o mantém no modo zumbi. Mas, quando se dedica a superar essa premissa falsa, ele atinge um estado de existência em que exala paz interior e aceitação exterior. Irradia alegria. Aprecia todas as experiências emocionais, mas não perde o equilíbrio com nenhuma delas. Quando abandona sua crença na própria falta de valor, alcança a satisfação de saber que nada lhe falta. Abre-se para a paz, a alegria e a calma, elementos de sua verdadeira natureza.

A jornada de desenvolvimento do Tipo 4 pode ser desafiadora porque a crença na incompletude cristaliza uma autoimagem negativa no centro do falso eu, algo difícil de questionar. Mas, à medida que começa a perceber essa mentira, compreende que só precisa de seu verdadeiro eu — ele é mais do que adequado. Enquanto não sair do modo de "mente comparativa", ficará aprisionado a uma perspectiva limitada, na qual julga tudo em termos de melhor ou pior. Entretanto, quando extrapolar esse foco estreito, vai se abrir para uma visão muito mais expansiva — e precisa — de si e dos outros.

Quando os Tipos 4 desistem corajosamente de uma postura defensiva, na qual se rejeitam com proatividade a fim de se proteger do abandono, eles começam a integrar sua "sombra positiva", assumem a verdadeira bondade e se aceitam como são. Desse modo, passam de uma noção distorcida do eu para a consciência de que a incompletude é uma ilusão, ainda que estranhamente segura; uma fantasia criada no medo da mágoa. Progredindo em seu caminho, aceitam a vital completude, sendo singularmente capazes de apoiar os outros na mesma jornada da inveja à equanimidade.

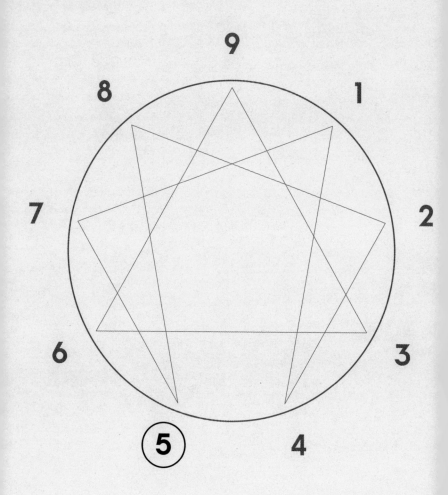

TIPO 5
O caminho da avareza ao não apego

> Uma pessoa é uma pessoa porque reconhece os outros como pessoas. Você não pode viver isoladamente, não pode ser humano se é só; você é humano somente nos relacionamentos.
> **DESMOND TUTU**

Era uma vez uma pessoa chamada Cinco. Cinco veio a este mundo com a missão de interagir profundamente com todos e com tudo. Mas, ao mesmo tempo, tinha tendência a se isolar dos outros e dos próprios sentimentos.

Quando jovem, Cinco tentou criar vínculos verdadeiros e sinceros. Entretanto, as pessoas costumavam invadir o espaço dele quando queria ficar sozinho. E depois não estavam por perto quando as queria realmente ali. Intrusão e falta de disponibilidade foram causa de preocupação constante para Cinco, dificultando-lhe saber como agir para se relacionar bem com os outros, em especial nos momentos em que se sentia alvo de intrusão ou de negligência. No íntimo, sentia-se inadequado e diferente dos demais, e tentar encontrar formas de interação acabava deixando-o frustrado. Repetia-se o ciclo: ou as pessoas o abandonavam quando sentia que precisava delas, ou elas não lhe permitiam ficar sozinho pelo tempo que queria. Então, Cinco desistiu e afastou-se cada vez mais dos outros e dos próprios sentimentos.

Cinco descobriu que se sentia calmo e à vontade quando passava o tempo sozinho. E essa sensação acabou se intensificando até Cinco perder a capacidade de interagir quando desejava. E, por causa desse tempo todo sozinho, esqueceu como dizer às pessoas que as queria por perto ou que sentia falta delas. Para evitar a frustração de antes, decidiu esperar que percebessem os sentimentos de solidão que vivenciava, o que infelizmente quase nunca acontecia. Quando se tornou adulto, sem perceber, Cinco se esqueceu da necessidade fundamental de interação. Acostumou-se com a solidão. Gostava do conforto e da segurança de estar só. Era muito mais fácil do que estar com as pessoas.

Cinco gostava de aprender porque assim se sentia inteligente (e mais adequado), e era algo que fazia por conta própria. Estava feliz em sua identidade autossuficiente e autocontida, que sabia muito sobre muitas coisas. Experimentava um prazer secreto no conhecimento e até começou a se sentir um pouco mais confiante em função disso. No entanto, ainda evitava as pessoas que tentavam interagir com ele, e ainda queria evitar a dor de se sentir invadido quando desejava a solidão — ou viver a solidão quando queria a companhia de alguém. Em síntese, não queria perder a sensação de segurança proporcionada por viver em sua mente e não queria correr o risco de compartilhar mais de si. E também não queria compartilhar livros ou qualquer outro tesouro querido.

Quando adulto, a dedicação de Cinco ao acúmulo de conhecimento aliada à inerente agudez mental ajudaram-no a conquistar uma posição confortável numa área de especialização que lhe permitia sentir autonomia e autossuficiência, administrando as luzes dos holofotes. Todos os dias, depois de fazer o que precisava, dedicava tempo ao que mais gostava: aprender mais e mais, escondido em seu espaço particular.

Então, um dia, Cinco percebeu que mergulhara no previsível. Não tinha muita energia, não se sentia vivo; ao contrário, sentia-se cansado, especialmente quando próximo das pessoas. A sensação de esgotamento aflorava quando os outros lhe perguntavam coisas ou queriam que ele lhes falasse de seus sentimentos. Após uma reflexão angustiante, Cinco adormeceu. E, ao adormecer, sonhou. Em seu sonho, sentia-se sozinho de um modo que o perturbou, desmotivado para os estudos ou a aprendizagem; misteriosamente, quase contra a sua vontade, sentiu um amor imenso pelas pessoas ao seu redor. Não queria mais a solidão; queria aproximar-se dos outros. Cinco sentiu que seu mundo tinha virado de cabeça para baixo, e não sabia o que fazer. E então despertou.

Cinco não conseguiu decidir se o sonho fora uma experiência positiva ou um pesadelo. Passou algum tempo pensando nisso, mas depois se esqueceu do assunto e voltou a fazer as mesmas coisas de todos os dias – sozinho.

Cinco tornara-se um zumbi – muito reservado, contido, discreto, mas ainda assim um zumbi.

Checklist do Tipo 5

Se todos ou a maioria destes traços de personalidade se aplicam a você, talvez você seja um Tipo 5:

- ✓ Foca em aprender coisas novas como fim e não como meio de realizar outra coisa.
- ✓ Preocupa-se com muita frequência em manter seu espaço e seu tempo particulares, e evita que o mundo exterior lhe faça demandas.
- ✓ Afasta-se para observar coisas e pessoas a distância a fim de compreender o que está acontecendo.
- ✓ Consome habitualmente mais informação ou conhecimento do que uma pessoa comum.
- ✓ Tem dificuldade para se conectar ou se manter conectado com as próprias emoções e com outras pessoas.
- ✓ É importante para você que as coisas sejam lógicas e façam sentido.
- ✓ Busca ativamente manter o controle sobre o tempo. É sensível a ter de participar de interações que se prolonguem para além do tempo que quer dedicar a elas.
- ✓ Acredita que vai ficar esgotado caso as pessoas lhe peçam coisas ou compartilhem sentimentos próprios com você.
- ✓ Especializa-se em se especializar. Gosta de ser um expert e aprofunda-se nas áreas de seu interesse específico.

Se, após essa lista, você achar que tem uma personalidade de um Tipo 5, sua jornada de desenvolvimento vai seguir três etapas.

Na primeira, embarcará numa aventura de autoconhecimento, aprendendo a identificar as maneiras pelas quais se desconecta das pessoas e das emoções para preservar o próprio espaço e energia.

Na segunda, precisará enfrentar sua sombra para tornar-se mais consciente de comportamentos derivados do fato de que o próprio conhecimento e a própria companhia não bastam para satisfazer suas necessidades emocionais. Você começa a superar seus hábitos de personalidade limitadores ao aceitar que esse padrão cria um profundo sentimento de carência interior.

Na terceira, conseguirá chegar ao lado superior de seu tipo aprendendo a não acumular conhecimento e a não evitar as pessoas com medo de se esgotar. Quando estiver mais consciente das maneiras pelas quais se mantém isolado do que mais precisa, começará a ver que a interação social não exigirá esforço depois que se conectar mais profundamente com seus sentimentos.

"Este é o meu segredo: não me importo com o que acontece."
– JIDDU KRISHNAMURTI

Embarcando na jornada

O primeiro estágio do caminho para o despertar desse tipo envolve a criação consciente de mais espaço para perceber seus padrões de pensamento, notando que eles se isolam das emoções. Observando ativamente o fato de negarem atenção e amor aos outros quando sentem que elas mesmas não os recebem, as pessoas desse tipo começam a se conscientizar do círculo vicioso que criam — um círculo que não lhes serve.

Os Tipos 5 começam a se desenvolver e a superar sua perspectiva autolimitadora quando se tornam capazes de reconhecer como focam uma postura intelectual diante da vida e como cuidam pouco do corpo e das emoções. E precisam compreender os problemas que essa abordagem mental da vida lhes cria, sem autojulgamentos. O primeiro passo da jornada virá pela conscientização de como agem na tentativa da afirmação da autossuficiência e de como isso provavelmente decorra do medo de serem ignorados.

Principais padrões do Tipo 5

Se você se identifica com o Tipo 5, inicie sua jornada para o despertar focando os cinco padrões habituais e tendo mais consciência deles.

Pensar demais

Se por um lado é verdade que o pensamento e a análise o ajudam a descobrir coisas e a conquistar uma sensação de controle, por outro você precisa entender que isso não corrobora para seu desenvolvimento interior. O corpo é mais do que um "suporte para a cabeça", e seu coração é a melhor bússola para lhe mostrar o que fazer e como priorizar. Quando supervalorizamos raciocínio, análise e observação, adquirimos conhecimentos, mas não necessariamente sabedoria, que só vem com a experiência.

Temer a criação de vínculos

Fica claro que você não gosta que as pessoas invadam seu espaço ou assumam o controle do seu tempo, e essa preocupação norteia muitas de suas escolhas ou ações. Provavelmente, desenvolveu a capacidade de se sentir bem (ou até muito bem) quando está sozinho. Todavia, é provável que vivencie um forte desejo inconsciente de interagir mais profundamente com as pessoas. Explore como esses desejos conflitantes — passar mais tempo sozinho e almejar secretamente sentir-se mais conectado com as pessoas — operam e como dificultam que os outros entendam as "mensagens ambíguas" sobre a proximidade que quer manter com eles.

Isolar-se

É provável que encare sua tendência a se isolar física ou emocionalmente como um hábito benigno ou um estilo pessoal. Mas esse movimento frequente de afastar os outros pode decorrer de uma mágoa – ou do medo de ser magoado – causada por eles. Sintonize-se com seu íntimo e veja com que frequência o receio de ser magoado aflora. Procure perceber se na verdade você é muito mais sensível do que presume e veja que a hipersensibilidade pode explicar por que se desconecta tanto de seu coração.

Temer a abundância

Talvez você perceba que reage automaticamente quando as coisas ficam "demasiadas" e parecem sufocá-lo. Pode tender a se retrair diante de pessoas que falam demais, que pedem coisas com frequência, ou que demonstram o desejo de ficar por perto durante muito tempo. É possível que se sinta mal ao estar diante de algo muito bom e reaja negativamente quando se diverte demais, desfruta demais ou sente "amor demais". Observe-se para entender se isso decorre do medo da abundância, que o leva a se esconder de experiências potencialmente gratificantes, refugiando-se neste script de vida: acreditar que não precisa de muita coisa, ou que é melhor viver uma existência simples e minimalista.

Ser excessivamente controlador e autocontrolador

É provável que se orgulhe de sua sensibilidade e autocontenção. Analise-se para compreender se tende a exercer controle excessivo sobre si mesmo, afastando a diversão e a espontaneidade. Embora nem sempre goste de controlar os outros, pode ter tendência a ser bastante controlador de maneiras específicas quando as pessoas estão perto de você, o que decorre da necessidade de impedir proativamente que invadam seu espaço, ocupem seu tempo, consumam suas preciosas energias ou comprometam seus planos. Esse hábito pode levá-lo a uma vida mais confortável e previsível, mas não intensa ou alegre. Talvez esteja afastando as pessoas queridas sem perceber. Inconscientemente, pode estar confiando em uma vida segura que existe principalmente em sua cabeça. Porém, mantendo-se em sua zona de conforto, perde a oportunidade de vivenciar melhor a riqueza e a profundidade da vida disponíveis para você.

> "A solidão importa e, para algumas pessoas, é como o ar que respiram." – SUSAN CAIN

A paixão do Tipo 5

Avareza é a paixão que move o Tipo 5. Como principal motivação emocional desse tipo, a avareza se manifesta no fechamento do coração para dar e receber. Conscientizando-se mais dessa paixão, esse tipo pode progredir muito em sua jornada de desenvolvimento.

A paixão da avareza não se relaciona necessariamente com o dinheiro, como com frequência entendemos. Segundo os ensinamentos do eneagrama, a avareza tem a ver com um coração fechado. Os Tipos 5 têm dificuldade para enfrentar a vida de coração aberto, em contato com todas as suas emoções. A receptividade emocional pode ser um território desconhecido para eles, pois aprenderam a confiar mais no intelecto do que nos sentimentos. Fecham o coração por diversos motivos: trauma, necessidades infantis não atendidas, decepção em relacionamentos amorosos, traição, expectativas insatisfeitas, ou até a dificuldade da vida em geral. Seja qual for o motivo, às vezes se tornam incapazes de sentir qualquer emoção. Com efeito, esse tipo se caracteriza por temer os sentimentos.

Os Tipos 5 têm a necessidade de se desconectar quando magoados ou ignorados, o que pode acontecer em diversos níveis: físico (não estar perto de alguém), emocional (fechar o coração e não sentir nada), mental (não se lembrar de que alguém existe) e até instintivo (desconectar-se bruscamente de sensações positivas). Ademais, vivenciam dificuldades para se conectar ou continuar conectados com os outros. Podem pensar que têm um estilo mais introvertido do que os demais, mas a dificuldade de criar vínculos reflete, na verdade, o medo profundo de não receberem aquilo de que precisam dos outros. Também costumam recear o empobrecimento caso compartilhem o que lhes pertence com alguém. Alguns Tipos 5 relatam ter a sensação de que toda a sua energia — e até a própria vida — será completamente drenada caso se relacionem emocionalmente com outras pessoas. Temem que exijam demais deles ou tenham expectativas muito frequentes ou excessivas a seu respeito (verbalizadas ou não). Também tendem a um sentimento de privação se alguém com quem querem manter contato não lhes der tanto quanto sentem que precisam.

Sendo assim, a avareza pode parecer uma retração contra a própria vida, levando as pessoas desse tipo a se apequenar diante de toda a abundante força vital à sua disposição e da natureza infinita do universo. De certo modo, a avareza pode ser encarada como a desconexão de nossas possibilidades ilimitadas como seres humanos. Esse tipo acredita na escassez e se contenta com menos, e ainda é competente para viver com menos recursos. Assim, diante da tristeza de se fechar para o que é possível e para a beleza da abundância da vida, ele fecha o coração para não sentir a dor de se fechar. Para prosseguir na jornada de desenvolvimento, precisa se permitir sentir a dor da desconexão e a tristeza de uma vida sem alegrias.

Se você se identifica com esse tipo de personalidade, aqui estão algumas manifestações típicas da avareza que deve perceber em sua jornada para o despertar:

- Um padrão de comunicação com pouca verbalização e muita discrição, usando linguagem neutra ou não emocional.
- Preferência por limites claros em torno do tempo, do espaço e da energia. Tendência a disponibilizar uma quantidade limitada de energia para interações sociais e a evitar surpresas que possam demandar mais energia.
- Interesse pelo conhecimento como forma de se desconectar de pessoas e emoções.

TIPO 5: O CAMINHO DA AVAREZA AO NÃO APEGO

- Tendência a sentir falta das pessoas, mas desprovida da necessidade de falar com elas.
- Relutância em falar sobre seus sentimentos ou revelar informações pessoais. Dificuldade para chorar ou conectar-se com a emoção na presença dos outros.
- Tendência a se perder em pensamentos, desconectando-se das emoções ou das pessoas.
- Necessidade urgente de estar sozinho, de ter espaço privado ou de se ocultar.
- Dificuldade para reagir no momento, tendendo a adiar a vivência de sentimentos que afloram quando está com pessoas ou mesmo sozinho; tendência a acumular as reações em seu íntimo.
- Isolamento, com tendência a ser analítico e a observar a distância o que está acontecendo, mantendo-se contido e calmo.

"Para ganhar conhecimento, acrescente coisas todos os dias.
Para ganhar sabedoria, elimine coisas todos os dias." – **LAO TSE**

Usando as asas do Tipo 5 como extensões do desenvolvimento

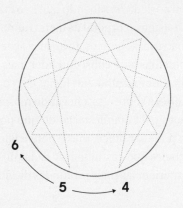

Os dois tipos adjacentes ao Tipo 5 no círculo do Eneagrama são os Tipos 4 e 6. Maximizando sua competência emocional por meio das características do Tipo 4 e tornando-se mais conscientes de seus medos por meio da integração das percepções do Tipo 6, os Tipos 5 começarão a se expandir para além de seu estilo intelectual, enriquecendo sua perspectiva recorrente.

- Primeiro, incorpore as características do Tipo 4, prestando mais atenção em seus estados emocionais. Deixe que existam, simplesmente. Quando as emoções aflorarem, não precisa compreendê-las; basta senti-las. Permita-se ser mais espontâneo e abra-se com generosidade. Acrescente um toque de criatividade à sua vida iniciando um projeto ou passatempo que lhe permita expressar-se para os outros, levando ao mundo o que há dentro de você. Maximize a intensidade de sua vivência conversando longamente com alguém confiável sobre algo que lhe desperta fortes reações.
- Depois, integre as características do Tipo 6, ampliando a conexão consciente com seu medo e ficando menos calmo, mesmo que se sinta mais ansioso. Na verdade, ser calmo é um sinal de avareza, pois sinaliza um coração fechado para a vida e não necessariamente "paz" no bom sentido. Abra mais espaço interior para sentir medo ou ansiedade, sabendo que isso faz parte da sabedoria do sistema corporal de alerta humano. Acesse medos (e não frieza) para motivar suas ações. Aguce o foco nos problemas para conseguir lidar mais proativamente com eles. Compartilhe suas ideias e preocupações antes de ter certeza sobre elas, chegando mesmo a incomodar as pessoas pela manifestação do que poderia dar errado. Isso pode ser difícil, mas é potencialmente benéfico para aqueles que costumam se isolar do convívio social e das experiências mais profundas da vida.

"Contemplar é olhar para as sombras." – **VICTOR HUGO**

Enfrentando a sombra

A segunda parte da jornada de desenvolvimento do Tipo 5 envolve a compreensão de que viver a vida com uma perspectiva intelectual impede um engajamento mais significativo com partes importantes do eu. Esse tipo integra elementos da sombra reconhecendo e assumindo suas emoções e a capacidade de se conectar com a vida e receber dela mais abundância. Isso o ajuda a entender que a crença na escassez lhe impossibilita viver uma vida muito mais plena e satisfatória.

Nesse ponto da jornada, os Tipos 5 percebem que o foco na racionalidade, na lógica e na sensatez (o que achavam positivo) pode ser negativo. A falta de autopercepção lhes permite ser mais desligados e desinteressados, mesmo quando pensam conscientemente que estão com a cabeça no lugar certo. Recorrendo a informações e conhecimento para preencher as lacunas de sua vivência emocional, acabam deixando involuntariamente de lado um estágio importante de desenvolvimento, bem como a oportunidade de se tornar mais humanos. Perdendo o contato com suas emoções, tornam-se frios e insensíveis consigo e com os outros. Esse trecho da jornada dos Tipos 5 pode ser doloroso e desconfortável, pois eles precisam perceber – e começar a trabalhar contra – as maneiras pelas quais se afastaram da experiência mais profunda da vida quando incorporaram estratégias de sobrevivência que os mantiveram em segurança.

Enfrentando a sombra do Tipo 5

Se você se identifica com o Tipo 5, eis algumas ações para identificar, conscientizar-se e começar a trabalhar nos principais padrões inconscientes, pontos cegos e pontos de dor do seu tipo:

- Identificar e verbalizar suas emoções de forma não racional, procurando mesmo as sentir e não apenas pensar nelas.

- Ser mais receptivo com as pessoas. Permitir que se aproximem quando querem, não apenas quando você quer.
- Abandonar a necessidade de controlar seus planos. Permitir que os outros decidam mais sobre o modo como você passa o tempo, e adotar uma agenda mais flexível.
- Convidar as pessoas para seu espaço pessoal, seja sua casa, seja sua vida em geral.
- Compartilhar seus sentimentos com mais frequência, mesmo que os outros não estejam compartilhando os deles.
- Romper com seu modo autossuficiente. Pedir ajuda. Valer-se das opiniões alheias.
- Não ceder à sua (falsa) crença na escassez relacionada com a energia que pensa que tem, sobretudo quando ficar cansado. Maximizar a intensidade que leva a tudo que faz. Reconhecer que sua energia só é limitada porque você pensa que é.
- Compartilhar suas opiniões antes de pensar que sabe tudo.
- Fazer coisas antes de planejá-las completamente. Dê espaço para um pouco de improvisação e espontaneidade.

"Há muitas maneiras de ir em frente, mas apenas uma maneira de ficar parado." – **FRANKLIN D. ROOSEVELT**

Os pontos cegos do Tipo 5

É possível que muitos Tipos 5 não queiram examinar seus pontos cegos porque pensam que já se conhecem muito bem. Tendem a ser inseguros, e suas estratégias de sobrevivência os ajudam a evitar os sentimentos. Como defesa contra a manifestação dos sentimentos, é possível que ajam movidos pela suposição de serem intelectualmente superiores aos outros, ou podem dar essa impressão. Evitam vivenciar coisas voltando-se para o próprio interior ou as observando a uma distância segura.

Sentindo-se mais à vontade quando sozinhos e mantendo-se seguros ao passarem bastante tempo em sua zona de conforto, eles bloqueiam o desenvolvimento, porque não veem o que subjaz ao desejo de privacidade. No modo zumbi, os Tipos 5 farão de tudo para evitar o desconforto de se abrir para um engajamento mais consistente consigo e com a vida.

Mas aqui está a boa notícia: se você se identifica com o Tipo 5 e está disposto a analisar seus pontos cegos, vivenciando qualquer dor que aflore, com o tempo irá experimentar a profunda e maravilhosa sensação de conexão com tudo, inclusive consigo. Se conseguir suportar certo desconforto enquanto pratica sua presença com outras pessoas — e sentimentos e sensações —, aprenderá a desfrutar a conexão com os outros. E poderá sentir-se aliviado por não mais querer se afastar o tempo todo deles.

Eis alguns dos principais pontos cegos do Tipo 5 dos quais precisa ter mais ciência para prosseguir na jornada.

Usar o intelecto como mecanismo de defesa

Você procura compreender e explicar tudo de maneira lógica como modo de lidar com as coisas sem as vivenciar? Às vezes, faz coisas simples parecerem mais complicadas e coisas práticas soarem mais abstratas e menos controláveis? Eis algumas ações para integrar esse ponto cego:

- Repita esta frase várias vezes por dia: "Emoções e sensações precisam ser vividas, não entendidas".
- Converse com um psicoterapeuta ou amigo próximo e confiável sobre todas as maneiras pelas quais se sentiu incompleto ou estranho ao longo da vida.
- Perceba o que o bloqueia de uma vivência contínua da alegria.
- Analise o que acontecerá caso se permita sorrir e rir mais e pensar e intelectualizar menos.
- Pergunte-se o que há de mau em permitir-se vivenciar os momentos simples e profundos da vida. Como se

sente diante da possibilidade de viver com mais diversão e leveza?
- Entre em contato com sua avareza relacionada ao conhecimento. Passe para o desapego, admitindo que não conhece tanta coisa, e ponha seus conhecimentos em prática, aplicando-os à sua experiência de vida.
- Perceba com clareza que o medo de sentir motiva sua tendência a intelectualizar.
- Combine com as pessoas para que lhe peçam alguma ação tola quando começar a parecer sério ou analítico demais.

Aprender como objetivo central

Aprender o motiva mais do que qualquer outra coisa? Lida mal com projetos e relacionamentos quando transforma algo novo em sua maior (ou única) prioridade? Foca tanto em absorver mais informações que deixa de agir? Eis algumas ações para integrar esse ponto cego:

- Admita os motivos subjacentes sempre que leva mais tempo para fazer alguma coisa com a justificativa de aprender mais. O que está procurando? Quais os custos disso?
- Perceba seu ressentimento quando o forçam a fazer alguma coisa que já sabe fazer.
- Conscientize-se de qualquer desejo de mudar o que faz quando não se sente desafiado intelectualmente. Por que precisa de tanta atividade mental? Quais as consequências negativas disso?
- Admita quando está mais interessado nas ideias e nas informações das pessoas do que nelas mesmas. Perceba como esse foco inviabiliza que se engaje nos outros de formas mais significativas.
- Observe o medo de simplesmente passar seu tempo relacionando-se com as pessoas, sem aprender nada. Que sentimentos você evita focando tanto ampliar sua base de conhecimentos?

- Perceba que seus hábitos de observação, análise, planejamento e estudos existem como formas de atender ao desejo insaciável de aprender mais. Torne mais consciente sua avareza pelo conhecimento. Observe como ela opera para mantê-lo em sua zona de conforto — a razão.

Falhar em uma comunicação mais clara

Costuma ouvir as pessoas dizerem que não sabem o que você pensa ou que há tempos não recebem notícias suas? Às vezes, elas lhe dizem que sentem que você não está presente? Tem dificuldade para se abrir? Eis algumas ações para integrar esse ponto cego:

- Perceba como é difícil para você se comunicar com os outros de maneira mais pessoal. Se acha que faz isso bem, pense no que as pessoas lhe dizem. Admita que não se comunica tão bem quanto poderia.
- Avalie se está se comunicando com competência. Embora seus pensamentos lhe pareçam claros, você pode estar se esquecendo de deixar as pessoas saberem o que está pensando — ou mesmo que pensou nelas.
- Observe sua tendência a evitar comunicar se está desconfortável com alguém e admita que essa não é a coisa mais madura a fazer.
- Explore a tendência a focar as palavras exatas e corretas, em vez de se valer mais das expressões faciais e da linguagem corporal. Visto que 80% da comunicação é não verbal, imagine como pode melhorar nesse sentido.
- Veja como se comunica recorrendo a poucas palavras ou a palavras demais. Perceba se dialoga de maneira formal, acadêmica, e como isso talvez comprometa que pessoas mais emocionais ou instintivas o compreendam.
- Entre em contato com seu medo de compartilhar mais sobre si. Observe se costuma temer manifestar a intensidade das emoções ou dizer algo tolo ou revelador, mais do que gostaria. Conscientize-se dos seus receios e de como eles comprometem seu progresso.

- Comece a se comunicar de maneira mais profunda e completa com algumas pessoas em que confia. Pouco a pouco, faça o mesmo com outras pessoas.

> "Considere as árvores, que permitem aos pássaros nelas se empoleirar e sair voando sem convidá-los a ficar ou desejar que não partam nunca. Se o seu coração puder ser assim, você estará próximo do caminho." – **DITADO ZEN**

Dor do Tipo 5

Esse tipo costuma ser bem informado e é intelectualmente engenhoso, criando uma identidade de ego baseada nessas características. Parte de sua estratégia de sobrevivência consiste em se afastar de emoções e sensações, pois se preocupa de modo subconsciente que possa ser diferente dos outros e tende a recear ser sufocado ou exaurido pelas emoções. Embora seja visto às vezes como arrogante, na verdade oculta um complexo de inferioridade subjacente a um complexo de superioridade. Adota a persona do "intelectual" ou "aquele que sabe mais" para evitar ser visto como tímido ou sem habilidade nas interações sociais.

Para despertar, os Tipos 5 precisam se conscientizar mais da tendência a se esconder defensivamente por trás do intelecto – e das emoções subjacentes a essa tendência. São pessoas naturalmente engraçadas e interessantes quando relaxam e deixam de se preocupar com que os outros as vejam como desajeitadas ou estranhas. Mas afastam a espontaneidade por medo de passar a imagem de incompetência, social ou emocionalmente.

Se você se identifica com esse tipo, conseguirá superar o modo zumbi, mas para isso precisa aprender a acolher quaisquer impulsos relativos a fazer ou dizer coisas antes de avaliar se são apropriadas – mesmo que assim se sinta inseguro. Para libertar-se dos hábitos que o impedem de estabelecer vínculos sociais mais profundos, precisa manter mais contato com a insegurança e a dor emocional por trás de medos e defesas, em especial o temor de que as pessoas não se mantenham disponíveis ou que não aceitem suas necessidades emocionais caso abra o seu coração.

A seguir, algumas ações que vão ajudá-lo a vivenciar suas emoções (e dores) de modo mais profundo e frequente:

- Trabalhe o corpo antes de algum trabalho emocional. Isso vai ajudá-lo a desfrutar uma vivência mais profunda e sustentável mais tarde, quando se tornar mais receptivo.
- Perceba o vazio em que mergulha quando tenta sentir emoções. Permita-se sofrer ao tomar conhecimento dele. Mantenha contato com esse tipo de dor para aprender a manter contato com as próprias emoções. Aí está o portal para assumir sua experiência emocional.
- Observe se você se afasta das pessoas e das emoções como forma de evitar vivenciar o medo. Os Tipos 5 se afastam com habilidade de situações que podem envolver o medo.
- Identifique situações de sua infância que lhe despertaram o sentimento de solidão, pois não havia ninguém para se conectar com você. Talvez tenha fechado o coração porque não havia ninguém disponível para lhe dar segurança e possibilitar que vivenciasse suas emoções.
- Mantenha mais contato com as emoções de que costuma se afastar e permita-se vivenciar a tristeza pelo tempo que perdeu mantendo-se isolado, incapaz de se conectar com os outros. Rejeite a possibilidade de viver o resto da vida com o coração fechado, sem conseguir acessar as suas emoções e conectar-se com os outros no nível emocional.
- Observe o que acontece quando se abre mais e recebe mais apoio em relacionamentos positivos. Admita a felicidade ao se permitir uma vida com mais abundância e amor. Sinta as emoções que afloram quando as pessoas à sua volta não se afastam e você consegue entrar de fato em contato com elas, sentindo-se visto e reconhecido.

- Abra seu coração e crie a conexão mais importante e acolhedora da vida: a conexão consigo mesmo. O amor-próprio o aguarda, e ele é maravilhoso e importante.

"Só sei que nada sei." – SÓCRATES

Os subtipos do Tipo 5

Identificar o subtipo do Tipo 5 pode ajudá-lo a focar esforços no enfrentamento de seus pontos cegos, tendências inconscientes e dor oculta. As tendências e os padrões específicos dos subtipos variam em função de qual dos três instintos de sobrevivência domina sua experiência.

Subtipo 5 Autopreservação

Esse subtipo se esconde das pessoas e constrói barreiras físicas, recolhendo-se na própria casa ou nos espaços pessoais (geralmente pequenos). Minimiza suas necessidades para lidar com o fato de que viver numa clausura não é compatível com os relacionamentos humanos, e que ter de passar tempo demais no mundo exterior lhe parece perigoso. Tem a necessidade de conseguir se isolar num refúgio quando assim decide. Tende ao minimalismo e tem dificuldade para compartilhar fatos sobre si mesmo e suas emoções, positivas ou negativas.

Subtipo 5 Social

Esse subtipo trabalha para conhecer tudo sobre determinado assunto e quer ser incluído na lista (geralmente pequena) de experts no tema. Pode se relacionar mais com aqueles que compartilham seus valores e interesses intelectuais do que com as pessoas do cotidiano. Receia mais "não saber" do que a intrusão em seu espaço particular. Parece comunicativo e sociável, e gosta de discussões intelectuais e da troca de conhecimentos, mas confia na informação e na sabedoria para afastar conexões emocionais.

Subtipo 5 Sexual (um-a-um)

Esse subtipo procura o relacionamento ideal, supremo, mas pode ser exigente demais com as pessoas de quem deseja se aproximar e às vezes chega a exigir que a "pessoa certa" passe por uma série de testes. Tem uma faceta romântica, artística ou imaginativa e conecta-se com intensidade às próprias emoções, mas quase sempre só as comunica indiretamente, recorrendo a algum meio de autoexpressão. Ao contrário dos outros subtipos do Tipo 5, necessita mais de intimidade sob as circunstâncias corretas, em geral quando encontra alguém em quem confia e que goste dele apesar de suas imperfeições.

As sombras dos subtipos do Tipo 5

Você consegue enfrentar com mais eficiência sua sombra caso conheça as características específicas das sombras do subtipo de seu Tipo 5. A seguir, alguns dos aspectos das sombras de cada subtipo. Como o comportamento do subtipo pode ser bastante automático, talvez seja mais difícil enxergar e admitir essas características.

Sombra do subtipo 5 Autopreservação

Se esse é o seu subtipo, provavelmente você vive uma vida discreta e reclusa, o que não lhe faz tão bem quanto poderia pensar. É possível que fique intolerante quando seu espaço é "invadido" por outras pessoas e mantém todas as suas informações pessoais para si, mas isso não irá ajudá-lo a se desenvolver além das limitações de seu ego. A distância física dos outros maximiza ainda mais o afastamento e leva-o a evitar lidar com seus medos. Perceba se você se contém, minimizando o que comunica aos outros — especialmente se não se permite expressar a raiva e lidar com o conflito.

Sombra do subtipo 5 Social

Se esse é o seu subtipo, você sempre tenta ser e parecer esperto e bem informado, o que não lhe traz sabedoria verdadeira ou alegria, além de não ser uma maneira humilde de viver. Pode tratar algumas pessoas de forma diferente das demais, de acordo com o fato de vê-las — ou não — como membros de seu "grupo especial". Observe se tende a ser mais caloroso e a estar mais disponível para pessoas com o mesmo nível de interesse e de especialização em seu assunto (ou causa) preferido — e mais frio e menos atencioso com aquelas desprovidas de tais características. Talvez priorize causas e a busca de conhecimentos e significados mais do que pessoas, pelo medo inconsciente do vazio, mas isso o mantém desconectado dos outros e incapaz de se interessar efetivamente por eles. Sua tendência a evitar o desenvolvimento emocional em prol de um engajamento puramente intelectual pode significar que se acha mais consciente do que de fato é.

Sombra do subtipo 5 Sexual (um-a-um)

Se esse é o seu subtipo, você limita as pessoas com quem pode interagir profundamente sendo muito seletivo e exigindo um elevado nível de confiança. Embora deseje manter um alto grau de intimidade com um parceiro, é possível que limite sua disponibilidade nesse sentido em razão da necessidade de exercer o controle nos relacionamentos e de exagerar o grau de confiança que exige para se abrir. Na busca pelo relacionamento ideal, você resiste às oportunidades que a vida lhe dá para conectar-se com uma gama mais ampla de pessoas comuns.

> "Nunca se esqueça de sorrir: um dia sem sorrisos é um dia desperdiçado." – **CHARLES CHAPLIN**

O paradoxo do Tipo 5

O paradoxo do Tipo 5 assenta-se na polaridade entre a paixão da avareza e a virtude do não apego. Não apego é o estado em que nos encontramos totalmente receptivos ao fluxo natural da força da vida, recebendo-o todo e não o acumulando no nosso interior, devolvendo-o ao mundo por meio da disponibilidade para as pessoas à nossa volta. Para o Tipo 5, admitir que se desconecta dos outros, das emoções e da própria vida promove a consciência de um aspecto central de sua paixão. Ele se desenvolve quando encara a disparidade entre uma mente brilhante e sofisticada e um coração infantil e imaturo. Quando consegue se ver magoando os outros por ser insensível e distante das próprias emoções, aprende a reconhecer sua avareza.

Se você se identifica com o Tipo 5, pode avançar para o não apego conscientizando-se mais do funcionamento da avareza. Num estado de não apego, reconecta-se de coração aberto com tudo que há para experimentar na vida e aprende a deixar que as coisas aflorem naturalmente, sem desconexões ou isolamento. Vivencia os mistérios e as alegrias sem precisar esconder ou controlar o que está acontecendo. Aprende a liberar sua energia, sem apenas acumular no coração as experiências passadas.

Aqui estão algumas ações para se tornar mais consciente de sua avareza e acessar a emoção superior do não apego:

- Perceba quando sente a necessidade de fechar o coração. Assuma o risco de ser um pouco mais receptivo.
- Observe quando age com avareza, mas não se julgue. Pergunte-se o que o impede de se manter conectado ao aqui e agora.
- Tenha compaixão pela sua parte que precisa proteger o coração de mágoas e da falta de atenção alheia. Permita-se manter contato com os sentimentos que aflorarem, em vez de ignorá-los ou de só pensar neles, sem os sentir de fato.
- Perceba quando reduz seu nível de energia e acaba sentindo menos contato com sua capacidade plena. Flagre-se no ato de desistir da possibilidade de vivenciar o gosto pela vida.
- Conscientize-se da desconexão com seu corpo e do modo como tende a viver no piloto automático, por meio de experiências exclusivamente mentais, desligadas das emoções ou do corpo.

- Entre em contato com a separação radical que impõe entre pessoas, grupos e situações. Veja como compartimentaliza e, desse modo, restringe sua experiência de tudo que está à sua volta.

> "A energia da força vital é milagrosamente abundante; use-a à vontade." – SHUMLOSH

Usando as flechas do Tipo 5 para se desenvolver

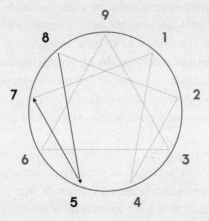

Os dois tipos conectados ao Tipo 5 pelas linhas das flechas dentro do diagrama do Eneagrama são os Tipos 7 e 8. Incorporando a competência para agir do Tipo 8, o Tipo 5 desenvolve sua energia e intensidade; aplicando as percepções do Tipo 7, consegue fomentar a espontaneidade, a flexibilidade e a mente aberta. Isso o ajuda a alcançar uma mudança radical, superando a tendência habitual de focar mais a razão do que a experiência.

- Primeiro, valha-se da força do Tipo 8 para se firmar fortemente no corpo todo, não apenas na cabeça. Respire pela barriga e foque sua presença física. Silencie a mente e entre mais em contato com as sensações corporais. Permita-se sentir raiva e use-a como energia, poder e motivação. Deixe-a nutrir o sentimento de autoconfiança para ser mais prático e eficiente. Incorpore seu poder e autoridade, afirmando-se com mais vigor e agindo mais rápido e com mais frequência para equilibrar seu estilo cerebral. Quando tiver uma posição forte sobre alguma coisa, comunique-a às pessoas.

- Depois, integre a tendência do Tipo 7 a ser mais aventureiro, perspicaz, divertido, feliz, espontâneo, flexível e criativo. Aprenda a fazer mais experiências com as ideias e a agir ou falar antes de acabar de reunir informações. Expanda-se para além de si mesmo, compartilhando as atividades que considera interessantes com os outros. Crie mais equilíbrio entre o "interior" e o "exterior", socializando mais. Permita-se ser motivado pelo desejo do prazer, e não pela fome de conhecimentos.

> "Riqueza é a capacidade de experimentar a vida plenamente." – **HENRY DAVID THOREAU**

Incorporando o lado superior

Na terceira parte de sua jornada, esse tipo começa a ver mais claramente quem ele *não* é, separa-se mais de seus falsos eus e inicia a incorporação do eu autêntico. Abrindo seu coração para dar e receber mais livremente, sem controlar o fluxo de energia, consegue acessar mais vitalidade e permite-se ser muito mais intenso. Quando estiver mais energizado, poderá conectar-se de modo mais profundo com os outros, consigo mesmo e com a vida.

Se você é um Tipo 5, o despertar inclui aprender a ser mais prático, simples, direto e decidido. Então, passa a ver as pessoas à sua volta como são, sente mais empatia e leva mais em consideração as necessidades alheias. Quando se conscientiza de sua avareza e consegue não pensar demais nas coisas, a vida fica mais fácil, sem a necessidade de que proteja seu espaço, seu tempo e sua energia. E o melhor de tudo: sente-se alegremente vivo e compreende que sua energia não vai se esgotar caso compartilhe a si mesmo e seus recursos com os outros. Finalmente, percebe a falsidade de sua crença na escassez.

Eis algumas ações que será capaz de realizar nessa etapa de sua jornada, coisas que não conseguia fazer antes — e nas quais pode continuar trabalhando:

- Sentir-se revigorado e despreocupado com o acúmulo de tempo, energia e outros recursos.
- Parar de evitar situações em que outras pessoas podem lhe fazer pedidos — até mesmo se conhecer melhor, pura e simplesmente.
- Sentir mais alegria, de modo geral.
- Parar de se isolar das emoções e de outras pessoas. Deixar de se afastar dos outros ou de sentir necessidade de se ocultar.
- Permitir-se vivenciar a sensação de força e de presença em seu corpo e em seu coração.
- Estar no aqui e agora com mais regularidade, em conexão com as pessoas e com o fluxo da vida.
- Experimentar grande melhora na qualidade de todos os seus relacionamentos.
- Compreender as coisas não apenas pelo intelecto, mas também pela sensação corporificada de ser. Ter acesso a outras formas de conhecimento, inclusive a emoção e a intuição.
- Ver a abundância de amor, apoio e atenção disponíveis agora que é capaz de desfrutar melhor e mais profundamente o contato com as pessoas que se importam com você.

"Só pela experiência descobrimos como é difícil atingir o estado de desapego." – **MAHATMA GANDHI**

A virtude do Tipo 5

Não apego é a virtude que proporciona um antídoto à paixão do Tipo 5, a avareza. No não apego, esse tipo se abre com prazer para vivenciar suas emoções quando as pessoas se aproximam para lhe dar atenção e amor. Chega aos outros com mais facilidade. Aprende a agir a partir do coração e a viver de maneira mais expressiva. Sente-se conectado a tudo e a todos, e não receia absorver o próprio corpo e os sentimentos. Energiza-se pelo contato mais contínuo com sua força vital e vive mais pleno de alegria, com menos planejamento. Rompe com a crença da limitação de sua energia e consegue dar mais para os outros, sem acumular.

Quando atingem o estado do não apego — em relação ao espaço, ao tempo, à energia e também ao conhecimento —, os Tipos 5 passam a viver da recordação de seu autêntico eu e percebem que não precisam conhecer tudo. Reconhecem a falta de sentido em armazenar conhecimento interior. Veem que podem acessar toda a informação e sabedoria de que precisam por meio da conexão com um banco de dados universal de conhecimento intuitivo, disponível para todos nós quando estamos em contato com nosso eu superior.

O estado de desapego caracteriza-se pela experiência do amor, da unidade e da conexão com outras pessoas e com o universo, o que não ocorre na cabeça, mas no coração. É um estado de inserção em toda a realidade, no qual percebemos que vivemos interligados e interdependentes e que somos intrinsecamente inseparáveis. Isso significa que podemos parar não só de buscar privacidade e isolamento, mas também de nos desconectar de nosso coração, das pessoas ou do intenso fluxo da vida. Podemos dar mais de nós mesmos aos outros, com mais generosidade.

É importante diferenciar com clareza o estado de desapego do estado de afastamento. No não apego, o coração está totalmente aberto; no afastamento, o falso eu está entorpecido. O ego do Tipo 5 o impele a se afastar e desconectar de sentimentos e pessoas, desligando-se de suas emoções e da possibilidade de conexão com os outros. Mas o não apego o ajuda a despertar e a se reanimar, estimulando-o a uma receptividade mais corajosa para sentimentos e conexões reais, sem medo de se sentir sufocado ou vazio.

Se você se identifica com o Tipo 5, aqui estão algumas ações para ir contra as tendências motivadas pela avareza e viver mais no estado de desapego:

- Supere o medo de não receber o bastante daqueles que espera que lhe deem atenção, cuidados e amor.
- Evite esperar coisas das pessoas e tente não se desconectar delas. Mantenha-se completamente aberto para uma troca mútua e autêntica.
- Procure as pessoas por iniciativa própria, num senso genuíno de receptividade. Encontre-as não apenas com a cabeça, como também com o coração e o instinto, para poder participar integralmente das interações emocionais e sensoriais.
- Esteja presente no aqui e agora e com quem estiver no momento. Permita-se ser muito amado ou deixado sozinho, sem se fechar para as experiências que aflorarem em sua vida.
- Esteja disposto e aberto para receber, seja lá o que for, sem tentar controlar os acontecimentos. Siga o fluxo da vida sem planejamentos antecipados.
- Conecte-se de maneira mais plena com sua força vital e desenvolva ativamente o entusiasmo pela vida.
- Deixe de lado a necessidade de demonstrar que sabe tudo, percebendo a humildade de não saber e valorizando a experiência das singelezas da vida.
- Esqueça a necessidade de acumular coisas e experiências. Resista à tendência a se retrair. Perceba que, apesar de o afastamento lhe proporcionar segurança, ele também o impede de se sentir realizado.
- Mantenha-se corajosamente receptivo à experiência do fluxo natural do que estiver acontecendo, sem precisar se retrair ou se conter diante da escassez ou da abundância.

> "Se nos agarramos temerosamente ao que temos, nunca seremos capazes de descobrir quem de fato somos."
> – SRI CHINMOY

Despertando do estado zumbi

O elemento-chave para os Tipos 5 acolherem seu eu verdadeiro consiste em reduzir gradualmente a necessidade de controlar os movimentos dos outros, seja para perto, seja para longe deles. Isso talvez pareça difícil, se não impossível, pois seu ego lhes diz que não abram os portões dos seus domínios. Mas confrontar sombra e mágoas significa superar definições autolimitadoras do passado, atingindo um grau mais elevado de autoconhecimento e de autorrespeito, bem como uma visão mais ampla de quem são.

Quando percebem que têm perdido conexões mais profundas e livres em boa parte da vida, as pessoas desse tipo podem focar a sua intenção e atenção na troca de ideias, sentimentos e sensações. Só a dedicação plena à experiência da interação lhes possibilitará desenvolver seu verdadeiro eu e compreender os mistérios da natureza humana, vivendo a vida e sendo parte do universo. Ao incorporar essa verdade, florescem e tornam-se disponíveis para os outros com um profundo espírito de generosidade. E isso as aproxima mais de seu autêntico eu.

A jornada do Tipo 5 pode ser desafiadora, pois muitas culturas valorizam o intelecto e promovem ideais de individualidade, autossuficiência e privacidade. E quando esse tipo se sente "no controle" de seu espaço e de sua agenda, talvez não sinta a necessidade de mudança que vem com o desenvolvimento. Mas, na verdade, a avareza – o impulso de se retrair da vida por conta da ideia de recursos internos escassos – encolhe o coração e torna a vida menos interessante. O conhecimento não compensa a experiência perdida de uma vida mais plena. E mover-se pelo mundo como um zumbi do Tipo 5 significa viver apenas metade da vida – se tanto. Quando se examinam corajosamente, enfrentam as próprias sombras e se abrem para o desconhecido, os Tipos 5 despertam de seu estado zumbi inconsciente, movido pelo ego, e conquistam a verdadeira sabedoria.

As pessoas desse tipo desejam profundamente o conhecimento, o que faz sentido, uma vez que sua principal estratégia de sobrevivência se baseia em conhecer tudo que há para conhecer. No entanto, esse desejo as compele a observar a realidade a distância, trocando a vivência por uma compreensão cognitiva da vida. Conforme avançam em sua jornada, descobrem o significado da verdadeira sabedoria — e, como resultado, tornam-se receptivas para uma experiência de conhecimento mais gratificante, que resulta da compreensão profunda do corpo, da mente, do coração e do espírito. Quando se permitem viver experiências concretas, que as tornam de fato sábias e não apenas inteligentes, elas compreendem a verdadeira humildade, vivenciam-na e descobrem mais conhecimento, mas entendendo que nada sabem. E isso abre o caminho para que se alinhem com o eu superior, que as espera desde o começo.

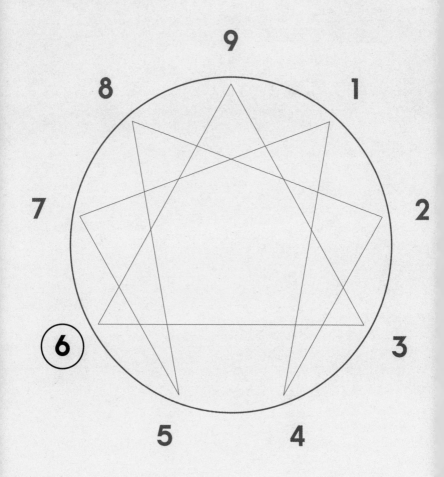

TIPO 6
O caminho do medo à coragem

> Não tenha medo dos seus medos. Eles não estão lá
> para assustá-lo. Estão lá para que saiba que alguma
> coisa vale a pena.
> **C. JOYBELL C.**

Era uma vez uma pessoa chamada Seis, que veio a esta vida com a capacidade singular de ser corajosa, mas também com a tendência a viver como alguém menor e mais temerosa do que realmente era. Na infância, Seis se sentia feliz e livre. Fazia o que queria sem pensar muito. Não planejava nada com antecedência e não permitia que o medo dos perigos do mundo a desviasse de aproveitar a vida e se divertir. Tinha muitos amigos e gostava de aprender e de explorar. E até nas provas escolares continuava calma e confiante.

Porém, ao crescer, Seis vivenciou algumas experiências que a deixaram com medo. Uma vez, a mãe se esqueceu de ir buscá-la na escola. Ficou com medo de um filme que mostrava pessoas mortas. Começou a perceber tudo que poderia dar errado e descobriu que às vezes aconteciam coisas ruins. Resultado: o mundo começou a parecer mais perigoso e ameaçador.

Certo dia, Seis ficou muito ansiosa com seu desempenho numa prova. Excessivamente preocupada, imaginou que estava respondendo errado a todas as perguntas. Com essa imagem vívida da certeza do fracasso, ela teve uma reação defensiva de congelamento. E, de fato, saiu-se mal na prova. Na mesma época, começou a desconfiar das pessoas e a se perguntar se podia mesmo confiar nelas. Depois, viveu mais algumas experiências negativas que a irritaram e assustaram.

Já mais velha, Seis começou a duvidar das intenções de alguns de seus amigos mais antigos. Gostariam mesmo dela? Então, viu-se envolvida em pensamentos paranoicos sobre os novos amigos. Estariam querendo ludibriá-la? Estariam apenas esperando que confiasse neles para fazerem coisas ruins? Com medos e dúvidas maximizados, imaginou tudo de ruim que poderia acontecer com ela. E se furtassem seu dinheiro? E se os pais morressem num desastre automobilístico e ela ficasse completamente sozinha? E se o seu gato se perdesse ou seu cão se machucasse? E se contraísse uma doença estranha? Seis ficou paralisada pelo medo e pela dúvida. Queria se sentir segura e despreocupada como antes, o que lhe parecia impossível. O mundo se transformara num lugar fundamentalmente perigoso. A única coisa que reduzia tantos medos era imaginar todas as coisas ruins que *poderiam* acontecer para se assegurar de que não acontecessem. Mas qualquer sensação de segurança era temporária.

Seis tentou lidar com a percepção das ameaças preparando-se para o pior, o que se tornou parte importante de sua estratégia de sobrevivência. Porém, embora muito intuitiva e repleta de recursos quando imaginava tudo que poderia dar errado e o que faria, ainda continuava consumida por pensamentos tenebrosos. E logo se viu quase sempre preocupada planejando o que faria se os medos se concretizassem. Isso só foi piorando as coisas.

A necessidade de se sentir segura num mundo que, para ela, era obviamente perigoso levou Seis a tentar controlar todas as possíveis ameaças do ambiente. Era exaustivo, pois sua mente se consumia em círculos viciosos. Tinha de estar de olho na segurança. Segurança em primeiro lugar! E sempre. Comprou um kit de primeiros socorros. Estudou muito para nunca mais se sair mal numa prova. Enfim, mergulhou no descontrole total de sua estratégia de sobrevivência. Imaginava coisas assustadoras prestes a acontecer em toda parte, visualizando diversos tipos de ameaças ou suspeitando das pessoas de aparência duvidosa à sua volta. Ela as observava para encontrar pistas de suas segundas intenções, seus planos secretos e seus maldosos objetivos. Sabia que estavam querendo aprontar com ela.

Seis tornara-se um zumbi — muito cauteloso, esforçado e orientado para a segurança, mas mesmo assim um zumbi.

Checklist do Tipo 6

Se todos ou a maioria destes traços de personalidade se aplicam a você, talvez você seja um Tipo 6:

- ✓ Foca boa parte de sua atenção em riscos, perigos ou ameaças. Permite que 20% de riscos reais ocupem 80% de seus pensamentos.
- ✓ Preocupa-se com não antever possíveis perigos. Tenta prever todos os problemas potenciais para que possa evitá-los ou se preparar para enfrentá-los.
- ✓ Questiona automaticamente o que é dito e diz o oposto. (Qual foi sua primeira reação ao ler isto para argumentar em contrário?)
- ✓ Mantém-se quase sempre vigilante para detectar possíveis problemas. Isso faz com que se sinta mais tenso e ansioso do que a maioria das pessoas.
- ✓ Tem dificuldade para confiar nos outros — e, às vezes, até para confiar em si mesmo.
- ✓ Tenta maximizar seu senso de certeza questionando o que está acontecendo.
- ✓ Procura controlar o que acontece de fato imaginando o que poderia acontecer antes de agir.
- ✓ Acredita que, a menos que elabore mentalmente os piores cenários, não se sentirá preparado para eles.
- ✓ Quando acontece mesmo alguma coisa ruim, tende a se sentir calmo e competente ou se mostra subitamente corajoso.

Se, após usar essa lista, descobrir que provavelmente tem uma personalidade do Tipo 6, sua jornada de desenvolvimento vai seguir três etapas.

Na primeira, vai embarcar numa aventura de autoconhecimento, reconhecendo que habitualmente vê riscos que os outros não veem e preocupa-se com eles.

Na segunda, deverá enfrentar sua sombra para tornar-se mais atento aos comportamentos inconscientes derivados de sua necessidade de segurança. Isso o ajudará a perceber como tende a se sobrecarregar pelas responsabilidades e pela resolução de problemas — e como fica ansioso quando imagina (ou receia) o pior.

Na terceira, o estágio final de sua jornada, aprenderá a relaxar e a seguir em frente com mais confiança, mesmo quando vivencia medos ou enfrenta riscos e ameaças reais.

"O homem corajoso não é aquele que não sente medo, mas o que conquista esse medo." – NELSON MANDELA

Embarcando na jornada

O primeiro estágio do despertar do Tipo 6 o leva à percepção deliberada de como fantasias baseadas no medo o movem. Isso o ajuda a maximizar a capacidade de estudar seus padrões de pensamento fomentados pelo medo, percebendo — sem julgar — a atenção dedicada a manter um senso de segurança ou de certeza num mundo que considera perigoso. Começa a perceber suas maneiras de pensar demais nos possíveis problemas e como é dominado pela paralisia da análise.

Esse tipo trabalha para manter-se alerta aos perigos do mundo. Se você se identifica com o Tipo 6, reconheça como sua necessidade constante de se manter atento o aprisiona a padrões ditados pelo medo, sem que perceba a origem deles. Você talvez apenas ache que sabe se preparar muito bem ou que tem um forte senso de responsabilidade. Ironicamente, pode se confinar em sua própria estratégia de sobrevivência, assim perpetuando o senso de ansiedade e de insegurança porque precisa se manter em segurança e sentir-se protegido. Mas, se quiser progredir em seu caminho de desenvolvimento, deve observar de que maneira isso acontece, encarar seus medos e aprender novos modos de superá-los.

Principais padrões do Tipo 6

Se você se identifica com o Tipo 6, pode iniciar sua jornada rumo ao despertar focando, observando e conscientizando-se mais destes cinco padrões habituais.

Necessitar de segurança

Observe se necessita sentir-se constantemente seguro e se acredita que alguma coisa ruim vai acontecer caso abandone a vigilância. Perceba se prioriza a segurança física e a material. Aprenda a perceber como pensa e sente, o que faz em momentos de insegurança e se eles vêm acompanhados de uma tensão interior até inconsciente. Trabalhe para torná-la mais consciente. Quando administrar a insegurança, tente relaxar e projetar uma sensação de calma, e observe se esta é temporária, sobretudo se você se concentra rapidamente no próximo problema a ser resolvido.

Necessitar gerenciar os riscos

Provavelmente, você é ótimo gestor de riscos e mapeia ameaças o tempo todo. Será importante perceber como você usa imaginação e intelecto para avaliar todos os possíveis perigos de uma situação e depois coleta dados, observa, analisa, estuda, questiona e testa pessoas, no esforço de desenvolver algum controle sobre as ameaças que detecta. Embora a gestão de riscos possa causar ansiedade, você tenta encontrar certa paz ou segurança preparando-se para tudo que talvez dê errado. Mas o feitiço pode virar contra o feiticeiro e deixá-lo mais ansioso, pois pensar nos problemas o mantém focado no que é problemático, maximizando seu estresse. Como você é um bom solucionador de problemas, pode ser também um buscador de problemas.

Necessitar se sentir preparado

A preocupação central com aquilo que poderia acontecer o leva a um esforço para estar preparado e tentar controlar o resultado. Isso o torna competente no mapeamento de cenários distintos, e você se apronta para conseguir lidar com quaisquer problemas. Talvez pressuponha que, quanto mais estiver preparado, mais seguro se sentirá. Mas será importante observar se a necessidade de se aprontar para o pior o leva a um processo contínuo de preparação para o próximo problema — e talvez nunca se sinta completamente seguro.

Testar pessoas e circunstâncias

Provavelmente você gosta de criar relacionamentos de confiança, mas, antes de desenvolvê-la de fato, talvez faça muitos testes para se assegurar de que é seguro confiar na pessoa. Observe-se para ver se acha pouco natural e assustadora a confiança desprovida de informações suficientes sobre alguém. Você observa os outros atentamente, procurando inconsistências? Eles fazem o que dizem que vão fazer? Demonstram ações alinhadas com os valores e as intenções que declaram? Perceba se, quando se mantém automaticamente num estado de alerta, as pessoas ganham sua confiança ou revelam agendas ocultas. Talvez você se orgulhe de perceber inverdades e falsas personas. Tanta cautela, aliada à confiança, pode significar que você tenta descobrir más intenções alheias e às vezes imagina adversidades inexistentes.

Ter problemas com autoridade

Se você é um Tipo 6, tende a enfrentar mais problemas com autoridade do que a pessoa comum. Perceba se tem uma antena sensível para detectar a dinâmica do poder. Se isso for verdade, seus problemas com autoridade talvez assumam formas distintas. Você pode questionar pessoas em posições de autoridade e levar muito tempo para confiar nelas. No começo, com frequência tenta confiar nos outros pelo desejo de se sentir protegido, mas depois passa a um estado de desconfiança, que pode desencadear revolta contra a autoridade e desempenho de um papel contrário. Veja se tem a tendência a confrontar autoridades para proteger os "desfavorecidos", sejam pessoas, sejam causas. Às vezes pode achar que, se confiar demais nas pessoas, vai se sentir inseguro. Provavelmente, evita estar em posições de autoridade e sente-se pouco à vontade em papéis de liderança.

> "Você não pode nadar para novos horizontes até que tenha a coragem de perder a costa de vista." – **WILLIAM FAULKNER**

A paixão do Tipo 6

O medo é a paixão que move o Tipo 6. Como principal motivação emocional desse tipo, o medo é o estado "instável" do coração que acompanha a intolerância pela incerteza e que aflora como reação à possibilidade de acontecerem coisas ruins. Provavelmente, o Tipo 6 é mais propenso ao medo porque tende a focar a antecipação e a preparação para o enfrentamento de qualquer ameaça por meio de sua necessidade de lidar com o desconhecido.

Claro, todos nós sentimos medo – e cada um de coisas específicas. Mas os Tipos 6 vivenciam um medo mais generalizado, cuja origem ficam procurando até encontrá-la. Com efeito, para eles o medo precede qualquer pessoa ou situação que possa ser responsável por ele. Na verdade, esse tipo *projeta* o medo sobre pessoas e coisas diferentes em seu ambiente. Portanto, sente diversos tipos de medo, mesmo quando não se baseiam numa fonte ou causa específica. Temem até o próprio medo. Podem questionar por que isso ocorre. Vivem inclusive o medo de não ter medo – se, por exemplo, receiam haver alguma coisa perigosa no horizonte que ainda não identificaram.

O medo do Tipo 6 se caracteriza como um constante estado emocional do coração, não apenas uma emoção que leva a comportamentos específicos em momentos específicos. E a maior parte desse medo não resulta da experiência de alguma coisa ter de fato acontecido, pois quase sempre se baseia nas percepções subjetivas do que *poderia* acontecer. Ademais, talvez ele não identifique o medo como medo. Pode pensar apenas que é excelente em se preparar para problemas ou que sabe resolvê--los muito bem. Para todos nós, a paixão que move nosso tipo costuma ser quase inconsciente até nos esforçarmos para perceber como ela opera. Logo, é possível que os Tipos 6 não chamem de medo o que os move. Como consequência, o medo torna-se corriqueiro e eles têm dificuldade para relaxar, afinal, o desafio consiste em identificar e sentir plenamente o medo em vez de evitá-lo, para então desenvolver mais confiança no próprio poder de dominá-lo.

Para esse tipo, o medo gera ansiedade e constante tensão emocional e física, além de poder desencadear falta de autoconfiança. Se você se identifica com o Tipo 6, é possível que o medo comprometa sua visão da realidade, dificulte decisões e leve à procrastinação. No entanto, ao se familiarizar mais com a vivência do medo, poderá começar a cultivar a coragem necessária para prosseguir, mesmo assustado. Quanto mais se conscientizar do medo e decidir não permitir que ele o paralise, mais conseguirá manifestar a experiência oposta e superior da coragem.

Se você é um Tipo 6, eis algumas manifestações típicas do medo das quais deve se conscientizar para prosseguir na jornada rumo ao despertar:

- Pensamento contrário — vai contra o que os outros dizem, ou até contra seus pensamentos.
- Uso de uma linguagem que transmite incerteza e dependência do contexto — "e se" e "depende". Responde às perguntas com outras perguntas.
- Procrastinação; está sempre com dúvidas (inclusive sobre si mesmo) que retardam suas ações e seu sucesso.
- Previsão de coisas ruins que podem acontecer, dando--lhe a sensação falsa do controle.
- Surpresa ou preocupação quando coisas boas acontecem. Expectativa de que ocorram coisas ruins (à espera de que algo inevitável e negativo aconteça).

TIPO 6: O CAMINHO DO MEDO À CORAGEM

- Escaneamento de perigos. Movimentos oculares horizontais. Sensação de tensão corporal.
- Excesso de responsabilidade e dedicação ao gerenciamento de problemas. Lealdade às pessoas para justificar o fato de vê-las como dignas de confiança.
- Criação de diversos cenários num esforço para eliminar a incerteza em um mundo onde isso é impossível.
- Solucionador que está em constante procura de problemas para resolver — e sempre os encontra.

> "Evitar o perigo não é, a longo prazo, tão seguro quanto se expor ao perigo. Os medrosos são atingidos com a mesma frequência que os ousados." – **HELEN KELLER**

Usando as asas do Tipo 6 como extensões do desenvolvimento

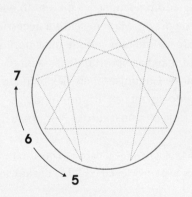

Os dois tipos adjacentes ao Tipo 6 no círculo do Eneagrama são os Tipos 5 e 7. O Tipo 6 minimiza a ansiedade e torna-se mais objetivo diante do medo valendo-se da competência de se manter calmo e ponderado do Tipo 5. Pode moderar sua tendência a ser preocupado e cauteloso incorporando a tendência do Tipo 7 a ser mais positivo e espontâneo. Isso o ajuda a superar o foco quase exclusivo em medos e ameaças, ampliando sua perspectiva habitual.

- Primeiro, "incline-se" conscientemente na direção da competência do Tipo 5 de se manter calmo e de ver as coisas sob uma perspectiva mais ampla e menos emocional (ativamente temerosa). Isso o ajudará na redução do nível de ansiedade e a promover uma investigação profunda dos dados, bem como uma análise mais neutra para identificar o que é verdade. Avalie a "realidade dos fatos" que o assustam, observando com objetividade as evidências que confirmam ou rejeitam os cenários que você imagina. Pare de projetar seus medos no mundo exterior, assumindo sua autoridade para discernir o que é real. Assuma e desfrute o papel de autoridade (ou de "especialista") e domine mais as informações relacionadas com seus interesses intelectuais (ou com o que pode assustá-lo); isso lhe trará mais segurança.
- Depois, integre os valores do Tipo 7, aventurando-se e divertindo-se mais, explorando o mundo e sendo mais espontâneo. Permita-se sentir mais alegria. Relaxe, deixe de lado preocupações ou tensão e foque mais o que lhe dá prazer. Aja sem sentir a necessidade de tanto preparo. Adote uma atitude mais positiva e procure tanto (ou mais) as oportunidades quanto esquadrinha as ameaças. Conquiste mais flexibilidade e confiança preparando-se menos e permitindo-se "improvisar" mais — "finja até conseguir" —, como fazem os Tipo 7.

"Mantermo-nos vulneráveis é o risco que precisamos correr se quisermos experienciar conexões." – BRENÉ BROWN

Enfrentando a sombra

A segunda parte da jornada de desenvolvimento do Tipo 6 trata da admissão, aceitação e integração das maneiras pelas quais o medo o impele e molda a forma como navega pela vida. Isso o ajuda a manter mais contato com a própria força, confiança, fé e coragem.

Nesse estágio, os Tipos 6 percebem que o foco na segurança e numa vida mais previsível (o que achavam uma boa ideia) pode, na verdade, ser negativo. Quando lhes falta autoconsciência, os 6 podem limitar ou sabotar a si mesmos de maneiras imperceptíveis, mesmo pensando que agem de modo sensato e razoável. Quando ignoram seus pontos cegos e veem o lado negativo de tudo, é bem possível que culpem pessoas inocentes ou se acusem implacavelmente, duvidando de si. Quando não veem e não assumem que o medo impele pensamentos e ações, correm o risco de ser injustos ou até paranoicos quanto aos motivos dos outros – e inconscientes de seus motivos.

Enfrentando a sombra do Tipo 6

Se você se identifica com o Tipo 6, eis algumas ações para conscientizar-se mais e começar a trabalhar em seus principais padrões inconscientes, pontos cegos e pontos de dor:

- Identifique as formas como sua vigilância e ansiedade se manifestam mental, emocional e fisicamente. Compreenda que viver alerta compromete seu desenvolvimento interior.
- Aprenda a identificar e relaxar a tensão corporal resultante do medo e da ansiedade.
- Perceba sua hiperatividade mental. Admita que procura coisas ruins por conta do "viés da negatividade". Concentre-se em ver tanto as coisas positivas quanto as negativas.
- Foque menos o mapeamento de riscos e piores cenários, e reconheça mais as possibilidades positivas.
- Faça listas das coisas boas que lhe acontecem. Questione sua crença de que sempre vai acontecer algo ruim.
- Perceba a tendência a criar profecias autorrealizáveis – situações em que esperava que acontecesse algo negativo – e explore como essa expectativa se manifesta.

- Observe como o hábito de deixar para depois retarda ou limita você. Entristeça-se pelo desperdício de tempo.
- Tome posições de liderança sem hesitar e sem se esconder atrás dos outros. Assuma seu poder em vez de projetá-lo nas pessoas. Aprenda a ser mais decidido.
- Identifique momentos difíceis nos quais foi corajoso, forte e eficiente. Assuma a força que tinha e tem.

> "Não encontramos a luz evitando a escuridão."
> – S. KELLEY HARRELL

Os pontos cegos do Tipo 6

Talvez esse tipo não queira examinar seus pontos cegos porque, embora provavelmente não "goste" de sua ansiedade, ela lhe dá uma (falsa) sensação de segurança. Acredita que pensar no pior lhe permite evitá-lo. Pode se sentir exaurido em razão de tanta vigilância, mas sua estratégia de sobrevivência entra em cena e o impede de relaxar. Porém, essa contínua postura receosa bloqueia seu desenvolvimento, impedindo que ele perceba o que subjaz à sua necessidade constante de proteção.

Caso se identifique com esse tipo, eis a boa notícia. Se conseguir reconhecer seus pontos cegos e questionar seus medos, ou seja, perceber o que evita ver em si quando foca lidar com o perigo, vai acabar encontrando coragem verdadeira e fé. Se conseguir encarar seus medos e parar de se preparar para o pior, sentirá profundo alívio por se ver livre de um estado permanente de ansiedade.

Eis alguns padrões habituais específicos que funcionam como pontos cegos e os quais você precisa enfrentar.

Acostumar-se com o estresse e o medo

Sente-se estressado com frequência? Já se habituou ao estado interior de tensão que o prejudica mais do que ajuda? É quase sempre motivado pelo medo? Eis algumas ações para integrar esse ponto cego:

- Conscientize-se de como o medo e a ansiedade influenciam negativamente o modo como percebe e avalia as situações com que se defronta diariamente.
- Várias vezes por dia, repita esta frase: "Posso relaxar e ainda estar forte e protegido".
- Com um psicoterapeuta ou amigo próximo e confiável, converse sobre suas atuais preocupações, ansiedades e medos — e também sobre as estratégias para lidar com isso.
- Investigue os elementos impeditivos de uma vivência de confiança na vida, nos outros e, principalmente, em si mesmo. O que receia que aconteça caso relaxe a vigilância? Que crenças inconscientes fomentam seu medo e sua ansiedade? Imagine como se sentirá ao atingir um estado de paz e calma. Do que precisa para alcançá-lo?
- Admita que, quando enfrenta o desconhecido com determinação e confiança, seu medo desaparece.
- Peça aos outros que lhe digam quando está projetando, isto é, imaginando que algo assustador está acontecendo fora de você, mas na verdade não está.

Não enxergar o que não pode dar errado

Se mapeia riscos tão bem, também percebe as coisas boas que podem acontecer? Esquece-se de tudo de positivo que já aconteceu? Eis algumas ações para integrar esse ponto cego:

- Admita os motivos subjacentes todas as vezes que pensar no pior cenário. Crie mentalmente mais cenários "melhores".
- Explore o "pensamento mágico" por trás da crença de que, se pensar em todas as possibilidades negativas, nada de mau vai acontecer.
- Conscientize-se mais do medo de esperar que aconteçam coisas positivas ou de reconhecer que elas acontecem.
- Observe o medo de ser tudo que você pode ser. Pense em todas as formas como resiste ao progresso e ao sucesso.

- Perceba como é difícil para você assumir o próprio poder e autoridade. Como poderia ousar mais e ser líder de sua vida?
- Admita que, se mantiver o medo como centro de sua vida, não terá espaço para outras emoções humanas importantes, como felicidade, satisfação e alegria.

Não assumir o próprio poder

As pessoas o veem como competente e forte, mas você não acredita nisso? Na sua opinião, o que explica essa diferença de percepção? Eis algumas maneiras de lidar com esse ponto cego:

- Admita que seu ego zumbi aprecia quando você se mantém limitado e não se sente pronto ou capaz. Veja como se sente confortável evitando desafios ou autoquestionamentos.
- Perceba todas as maneiras como projeta seu poder sobre autoridades externas.
- Explore por que acha difícil assumir sua competência. Por que teme o sucesso? Visualize-se alcançando o que deseja e estude os sentimentos que afloram.
- Explore os motivos de sua procrastinação. Você se sente mais confiante quando entra em ação?
- Examine sua tendência a focar o que ainda não conhece. Perceba que isso é uma tática de protelação.
- Anuncie aos amigos mais chegados a data em que iniciará um novo e ambicioso plano e peça o apoio deles.

"O sacrifício a que mais resistimos é o sacrifício de nosso próprio sofrimento." – **DITADO SUFI**

Dor do Tipo 6

Para enfrentar plenamente sua sombra, o Tipo 6 precisa aprender a vivenciar a dor que evita, embora não pareça estar evitando de fato a dor e o sofrimento. Talvez os outros o vejam como negativo ou pessimista, mas ele mesmo se descreve como realista alegando que tenta prever os fatos para se preparar de antemão. No entanto, imaginar continuamente o pior significa que em geral ele não evita certo tipo de desconforto.

O hábito de viver no medo (ou nas reações automáticas ao medo) o leva a tolerar, sem questionamentos, uma forma específica de dor: a da incerteza, da dúvida e da insegurança em face do perigo. Como foca tanto estratégias de enfrentamento baseadas no medo, talvez não seja receptivo a um trabalho consciente de algumas de suas emoções dolorosas, como raiva, insegurança, vergonha ou até o próprio medo. Ainda que varie a maneira como vivencia o medo — e se denomina mesmo de medo o que sente —, ele não evita a dor exatamente como os outros tipos.

Os Tipos 6 sofrem quando não sabem o que acontecerá. Sofrem do medo do desconhecido. Sofrem quando vislumbram todas as ameaças que poderiam se materializar. Sofrem quando sentem falta de proteção. Sofrem quando veem que os outros são imprudentes ou inconsequentes. Sofrem quando sentem a necessidade de viver sempre em "alerta total". E, estranhamente, sofrem quando acontecem coisas boas, pois se preocupam com a possibilidade de algo ruim acontecer depois. Porém, como evitam a ansiedade ou a extravasam por meio de diversas estratégias de enfrentamento, mesmo ao experenciarem conscientemente alguma versão de sofrimento baseada no medo, talvez não a percebam a ponto de superá-la e aliviá-la em níveis mais profundos. O sofrimento mais íntimo que evitam, o qual precisam aceitar como parte de sua jornada de desenvolvimento, possivelmente os ajudaria na neutralização dessa ansiedade menos intensa, mas sempre presente. Para isso, precisam mergulhar no desconhecido, apesar do medo e da dor que isso desperta neles.

Se você se identifica com o Tipo 6, deve reconhecer, de preferência em algum ambiente terapêutico seguro, o sofrimento decorrente da falta de proteção quando era mais jovem. Só depois conseguirá ver e compreender que talvez esteja revivendo reiteradamente eventos antigos. Precisa aprender a tolerar sentimentos dolorosos específicos para uma compreensão mais plena de seu verdadeiro eu. Esses sentimentos incluem:

- Exaustão por carregar o peso da responsabilidade por tudo e por todos na vida, durante tanto tempo.
- Remorso por duvidar de pessoas que, na verdade, merecem confiança. Pense nas vezes em que julgou mal alguém por causa do medo. Permita-se sentir remorso por isso, mas não se julgue.
- Vergonha por vivenciar na infância maus-tratos ou desproteção. Nessa situação, crianças inconscientemente incorporam o sentido de "maldade interior" como proteção dos sentimentos relacionados a alguém de quem dependiam para sobreviver, culpando-se em vez de perceberem seu protetor como mau. Sinta isso conscientemente, mas depois trabalhe para abrir mão desse sentimento, assumindo sua natureza boa.
- Confusão causada pela visão distorcida de si mesmo e do mundo. Quando sente medo, às vezes pode parecer difícil saber o que é real; em outras palavras, se está intuindo um perigo real ou o criando e projetando-o em uma pessoa ou coisa. Aprenda quando pode confiar em si mesmo e quando deve desconfiar das conclusões resultantes do medo ou de tendências paranoicas.
- Raiva ou agressão provenientes do medo podem ocorrer raramente ou com frequência, dependendo de seu subtipo. Conscientize-se mais de como se relaciona com a raiva e aprenda a canalizá-la de forma saudável. Descubra se ela é uma reação ao medo ou se você também a evita por isso.
- Dúvidas sobre si mesmo baseadas no senso de responsabilidade, de uma imaginação vibrante ou da incapacidade de confiar em si e assumir seu poder. Nomeie essa dúvida: medo da vida e medo de ser tudo que você é capaz de ser.

- Exploração plena da autodescrença — as origens, as maneiras como se manifesta, as formas como o direcionam e as consequências. Sinta-a conscientemente para aprender a lidar com ela e administrá-la com mais eficiência.
- Medo talvez decorrente de uma experiência da infância em que se aprisionou. Permita-se explorar isso, encare o que aconteceu e como se sentiu, valendo-se da experiência consciente de sua força interior para superar a situação.
- Felicidade, satisfação ou alegria, sentimentos aos quais não é muito receptivo, por passar tanto tempo focado em ameaças e riscos.

"Ser vulnerável é a única maneira de permitir que seu coração sinta o verdadeiro prazer." – **BOB MARLEY**

Os subtipos do Tipo 6

Identificar seu subtipo do Tipo 1 pode ajudá-lo a focar com mais precisão seu esforço no enfrentamento de seus pontos cegos, tendências inconscientes e dor oculta. As tendências e padrões específicos dos subtipos variam em função de qual dos três instintos de sobrevivência domina sua experiência.

Subtipo 6 Autopreservação

Esse subtipo é caloroso e amigável. Dissimula seu medo sendo cordial, bondoso e não agressivo. Sente o medo na forma de ansiedade da separação e tenta atrair protetores e aliados fortes para estar mais protegido. É ativamente medroso e costuma ter "fobias", afastando-se do perigo (fugindo, não lutando). Vive em meio a muitas dúvidas e incertezas e confia mais nos outros do que em si mesmo. É o subtipo que mais receia a raiva, que mais hesita e que mais questiona. Mas não responde a nada.

Subtipo 6 Social

Esse subtipo enfrenta o medo pela descoberta de uma boa autoridade. Acha que segurança consiste em obedecer às regras da autoridade escolhida, seja uma pessoa, seja um sistema, seja uma ideologia. Tende a ser obediente, legalista, intelectual, responsável e eficiente, e procura seguir parâmetros ou pontos de referência para se sentir seguro. Para ele, incerteza e ambiguidade significam ansiedade. Exibe uma mescla de comportamentos "fóbicos" (medrosos) e "contrafóbicos" (enfrentamento do medo com poder). Vê o mundo em termos de preto e branco, não de cinza.

Subtipo 6 Sexual (um-a-um)

Esse subtipo é mais confrontativo, intenso e intimidador. Reage ao medo por meio da manifestação da raiva. Para ele, a melhor defesa é um bom ataque. Parece forte e geralmente não sente nem expressa os próprios medos ou vulnerabilidades. Embora o medo motive o comportamento desse subtipo, isso tende a ser mais inconsciente. É "contrafóbico" e se movimenta contra o perigo percebido a partir de uma posição de força, o que às vezes lhe dá a imagem de rebelde, alguém que adora correr riscos, viciado em adrenalina ou encrenqueiro.

As sombras dos subtipos do Tipo 6

Você enfrentará com mais eficiência sua sombra se conhecer as características específicas das sombras do subtipo de seu Tipo 6. A seguir, alguns dos aspectos das sombras de cada subtipo. Como o comportamento do subtipo pode ser bastante automático, talvez seja mais complicado enxergar e admitir essas particularidades.

Sombra do subtipo 6 Autopreservação

Se esse é o seu subtipo, você lida com o medo de tal modo que fica dependente da proteção alheia. Mantém as pessoas afastadas de um possível ataque a você parecendo simpático, caloroso e amigável. Em busca da sensação de segurança, provavelmente foge de situações que lhe despertam medo. Receia a agressividade dos outros e não se sente à vontade expressando a sua. Pode ficar imerso em dúvidas e incertezas. Embora queira se sentir determinado, duvida de tudo (até de suas dúvidas), o que lhe dificulta tomar decisões e agir. Tenderá a viver momentos complicados para assumir seu poder e sua autoridade.

Sombra do subtipo 6 Social

Se esse é o seu subtipo, você tende a assumir muitas responsabilidades e se sente obrigado a cuidar dos outros e da coletividade. A necessidade de se manter leal a causas e a figuras de autoridade pode provir do desejo egoico por segurança. Você pode se tornar um "fiel autêntico", dedicado demais a autoridades ou ideologias. Precisa aprender a confiar na própria autoridade, e não só a procurar parâmetros externos sobre como agir para se sentir seguro. Focando sistemas, ideais e regras, talvez negligencie a necessidade de se conectar mais profundamente com emoções ou instintos. Siga-os mais; não se oriente apenas pela cabeça.

Sombra do subtipo 6 Sexual (um-a-um)

Se esse é o seu subtipo, você age movido pelo medo, não pela coragem, ao avançar para situações de risco e expressar força e agressividade. Você intimida os outros como forma de enfrentar o medo e repelir ataques. Precisa entrar em contato com o medo subjacente a seu exterior forte para desenvolver a verdadeira coragem. Precisa fomentar mais força emocional para tolerar a experiência de sentir-se vulnerável e assim se transformar em alguém aterrado e consciente, inclusive nos relacionamentos. Precisa explorar sua tendência a ser do contra, polêmico, caçador de emoções e rebelde.

> "O que o faz vulnerável também o faz belo."
> – BRENÉ BROWN

O paradoxo do Tipo 6

O paradoxo do Tipo 6 surge da polaridade entre a paixão do medo e a virtude da coragem. Ser corajoso significa seguir em frente apesar da imprevisibilidade. Conscientizando-se de todas as maneiras como opera o medo, esse tipo se torna receptivo a vivenciar novas formas de vida e desenvolve a competência de agir de coração aberto – o que, por sua vez, desperta nele mais paz e autoconfiança. Assim, para de tentar ter certeza das coisas antes de fazê-las, sentindo-se mais conectado com seu corpo e seu coração. Desenvolve a competência de abandonar a cabeça e ser guiado pela fé, não pelo medo.

Se você se identifica com o Tipo 6, eis algumas ações para se conscientizar de seu medo e acessar a coragem, uma emoção de nível superior:

- Perceba quando se sente ansioso e deseja a previsibilidade. Relaxe e vislumbre todas as coisas boas que estão acontecendo (e que provavelmente vão continuar a acontecer).
- Veja a pressão que aflora quando está quase pondo em prática seus planos. Observe a tendência a analisar ou a ensaiar. Abrevie seu cronograma e entre em ação apesar da ansiedade.
- Sinta compaixão por aquela parte em você que precisa de segurança. Entre em contato com suas emoções quando se sente ameaçado.
- Perceba os momentos em que age movido pelo medo, mas não se julgue. Respire mais consciente, lenta e calmamente. Volte ao presente em vez de pensar nas coisas ruins que poderiam acontecer.
- Observe seu cansaço quando analisa demais problemas e perigos potenciais. Sinta alívio ao permitir-se relaxar deliberadamente.
- Foque mais seu corpo. Pratique alguma forma de movimento ou atividade física para desviar sua atenção para o corpo, sentindo-se mais aterrado e confiante.

TIPO 6: O CAMINHO DO MEDO À CORAGEM

- Da próxima vez que sentir medo ou hesitar para entrar em ação, vivencie-o e force-se a seguir em frente. Se for difícil, peça a um amigo que o estimule. Ao prosseguir, perceba a sensação que a coragem lhe desperta.

> "Coragem é a resistência ao medo, o domínio do medo, não a ausência do medo." – **MARK TWAIN**

Usando as flechas do Tipo 6 para se desenvolver

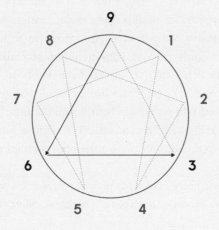

Os dois tipos de personalidade conectados ao Tipo 6 pelas linhas das flechas internas no diagrama do Eneagrama são os Tipos 9 e 3. Focando incorporar a saudável competência do Tipo 9 para desacelerar o ritmo e conectar-se com as pessoas, integrando a competência de agir do Tipo 3, você inicia uma importante mudança, abandonando o foco habitual em perigos e riscos, orientando-se para a maximização de sua competência de fazer coisas antes de se sentir plenamente preparado.

- Primeiro, adote conscientemente a competência do Tipo 9 de aliviar a tensão por meio do desacelerar e do se conectar mais com as pessoas à sua volta. Ouça os outros com atenção e permita-se confiar nas intenções deles.

Faça o papel da pessoa mais pacata do lugar para ter essa sensação. Dedique tempo a atividades que lhe permitam apenas "ser". Baseie-se mais em seu corpo e maximize seu vigor. Permita que seu coração se acalme por meio do sensoriamento de que sua intuição lhe dá suporte. Viva suas emoções através do corpo como maneira de se sentir mais amparado e pleno. Saia da cabeça, siga o fluxo e misture-se com as agendas dos outros sem questionar.

- Depois, valha-se da competência do Tipo 3 de agir sem procrastinação. Faça uma lista de metas e foque conquistar os resultados que deseja. Assuma mais sua eficiência e competência. Autopromova-se e permita-se ser reconhecido por suas qualidades e realizações positivas. Pense no que fará você parecer bom, não apenas em resolver problemas potenciais. Pratique abandonar o medo do sucesso e "simplesmente faça!". Entre mais em contato com suas emoções e vibre quando seguir em frente, em vez de se aprisionar no medo.

> "O sucesso não é final, o fracasso não é fatal: é a coragem para continuar que conta." – **WINSTON CHURCHILL**

Incorporando o lado superior

Na terceira parte da jornada, o Tipo 6 percebe que é capaz de aprender a ser calmo e confiante e ainda assim fazer as coisas acontecerem de maneira positiva. Descobre — para sua surpresa — que consegue se sentir forte por dentro sem se alarmar e que o mundo não vai cair aos pedaços. A sensação de força aflora quando ele sai da cabeça para entrar no coração e no corpo. Ao aprender a lidar com a sabedoria de suas emoções e de seus instintos como forma de equilibrar toda a atividade gerada na cabeça, os Tipos 6 descobrem mais maneiras de interromper seus padrões de pensamento, fomentados pela dúvida e pela ansiedade.

Aprendem que não precisam recear absolutamente nada e que são capazes de abrir mão do controle que julgavam tão relevante para lidar com potenciais ameaças e perigos. Aprendem a confiar que tudo dará certo. E, se alguma coisa sair errado, encontrarão sabedoria nisso, desprovidos da preocupação imediata com o que acontecerá depois.

Se você se identifica com o Tipo 6, eis algumas ações que será capaz de realizar nessa etapa de sua jornada, coisas que não conseguia fazer antes — e nas quais pode continuar trabalhando:

- Contrapor ao medo uma noção natural de fé.
- Confiar mais nos outros, sem questioná-los ou testá-los. Confiar automaticamente em si mesmo e em suas competências, com mais tranquilidade.
- Parar de pensar demais nas coisas e de mapear cenários futuros o tempo todo.
- Discernir a diferença entre intuição e projeção — quando está relaxado e vislumbrando corretamente o que está prestes a acontecer, em oposição a quando está tenso, imaginando que alguma coisa ruim está prestes a acontecer (e que na verdade não vai acontecer).
- Sair de círculos negativos de pensamento consultando seus sentimentos e sua intuição.
- Fluir com a vida, com mais leveza, espontaneidade e calma, sem se preocupar com o futuro.
- Vivenciar mais a competência de se acalmar e ser feliz.
- Sentir a própria força, poder e autoridade, além de desenvolver confiança para tomar decisões mais facilmente, agir quando necessário e sentir-se melhor consigo, de modo geral.
- Focar as oportunidades tanto quanto foca as ameaças.

"Uma das maiores descobertas que um homem faz, uma de suas grandes surpresas, é descobrir que pode fazer o que temia não poder fazer." – **HENRY FORD**

A virtude do Tipo 6

Coragem é a virtude que proporciona um antídoto para a paixão do Tipo 6, o medo. Por meio dela, os Tipos 6 se mantêm receptivos a qualquer coisa que esteja acontecendo ou que possa acontecer, e com calma, mas com determinação, tomam as próximas medidas. Seguem em frente graças à necessidade ou à vontade superior, sem precisarem enfrentar situações de "luta ou fuga". Incorporam um profundo senso de confiança na competência de lidar com qualquer desafio que surja. Confiam em si e no mundo e não precisam imaginar todos os contratempos antes de prosseguir na jornada. Assumem plena responsabilidade pela própria vida, sabendo que são capazes de lidar com tudo.

Coragem é o oposto do medo, ou seja, caracteriza-se pela tendência a manter o coração aberto para a vida. Ser corajoso significa não apenas seguir em frente apesar da imprevisibilidade, mas também agir mesmo quando assustado. A coragem proporciona ao Tipo 6 um modo saudável de lidar com o medo, oferecendo-lhe um caminho novo e seguro para prosseguir. Quando compreende que na verdade é corajoso, transforma a ansiedade em energia pura. Ele se lembra de episódios negativos e enfrenta o momento com vigor e resiliência. Lembra-se de quando se manteve calmo durante uma crise e compreende também que nos momentos de conflito manifestou pelo menos alguns sinais da coragem que agora evoca de maneira consciente, apesar do que acontece à sua volta.

Se você é um Tipo 6, aprenderá a verdadeira dimensão da coragem lutando contra a crença de que ela é movida pelo medo. Eis algumas ações corajosas para ajudá-lo a assumir sua força e a viver a partir de um coração pleno:

- Cesse a atividade mental e "simplesmente faça" no aqui e agora — não há momento como o presente.
- Ao sentir medo, continue seu caminho, sem permitir que ele o detenha. O medo é válido, mas não pode bloquear você.

- Encontre segurança em seu íntimo — dentro do próprio corpo —, livre de contrações resultantes da ansiedade.
- Preste atenção em sua realidade interior e mantenha-se aterrado no presente, sem reviver as dores do passado.
- Receba feedback positivo de pessoas que ratificam a força e a estabilidade que vêm de você.
- Resgate seu poder e sua autoridade interiores.
- Adote uma prática de meditação para aprender a se livrar de pensamentos baseados no medo.
- Fale de suas ansiedades num ambiente terapêutico como forma de encará-las e validá-las. Depois, abra mão delas.
- Assuma novos desafios específicos já numa posição de força, fé e confiança. Perceba (e lembre) quando as coisas têm resultados positivos porque você aplicou seu poder e sua força à situação.

"Medo é o que você está sentindo. Coragem é o que você está fazendo." – **EMMA DONOGHUE**

Despertando do estado zumbi

O elemento-chave para o Tipo 6 acolher seu verdadeiro eu reside em tranquilizar a mente. Quando vê claramente todas as maneiras como sua imaginação cria problemas inexistentes, ele interrompe esses padrões de pensamento e apoia-se no senso profundo da segurança interior. Quando percebe regularmente seu foco em riscos e problemas e abre mão deles, permite-se estar receptivo à possibilidade de uma vida além do medo. No entanto, isso soa muito difícil quando o ego afirma que a segurança advém de pensar em tudo que pode sair errado. Mas, ao enfrentar suas crenças limitadoras e superá-las, ele fortalece sua calma e sua testemunha interna e atinge um grau superior de força íntima — baseada no autoconhecimento e na autoconfiança. Enfim, conquista uma visão mais ampla sobre quem é.

Quando percebem que se aprisionaram em suspeitas e que seus planos os impediram de vivenciar uma pacífica sensação de coragem, os Tipos 6 aprendem a focar toda a intenção e atenção em sua verdadeira força. E ao reconhecer o vazio das ameaças causadas pelos pensamentos negativos, eles começam a focar mais o que é possível, firmes na fé, cientes de que têm o poder de que precisam para assegurar os melhores resultados. Tranquilizando-se e confiando em sua capacidade enquanto prosseguem rumo ao desconhecido, percebem seu verdadeiro potencial e veem que o universo realmente conspira a favor de sua alegria e sucesso. Quando assumem e exercem seu autêntico poder, transformam completamente seu estado de espírito e sua perspectiva, manifestando todas as coisas que podem criar no mundo.

Embora os Tipos 6 precisem enfrentar sombras e dificuldades como os outros tipos, os estágios finais de sua jornada de despertar podem ser mais felizes e pacíficos do que fora esperado. Provavelmente vão vivenciar maior libertação, por não focarem mais as dificuldades e a necessidade de escapar delas. As estratégias de sobrevivência do Tipo 6 focam a busca de problemas e, sem querer, causam sofrimento. No modo zumbi, os Tipos 6 não param de pensar que precisam seguir buscando todas as ameaças e problemas ocultos. Entretanto, quando compreendem que essa mentalidade os aprisiona num nível de percepção mais limitado, passam a vivenciar seu autêntico eu, desfrutando imenso alívio por terem conseguido derrubar suas defesas e recuperar a energia gasta no controle do próprio medo e todo o estresse decorrente.

Geralmente, esse tipo acredita que cautela é igual a sabedoria, uma suposição falsa que fomenta o poder tenaz de seus padrões autolimitadores. Mas, quando se rende e aceita a inviabilidade do controle total, consegue assumir seu verdadeiro poder e ser corajoso ao lidar com os acontecimentos. Ao interromper o ciclo de preocupação constante, torna-se presente. Desenvolve a competência de viver o fluxo vital, que é um direito inato do verdadeiro eu. E nas ocasiões em que os problemas que imaginou *realmente* acontecem, consegue enfrentá-los com sua inerente força natural. Quando aprendem a confiar indiferentes ao que está acontecendo no momento, os Tipos 6 conhecem sua coragem mais plena, como o portal para a vivência da fé, e conquistam uma compreensão mais elevada de tudo o que de fato são.

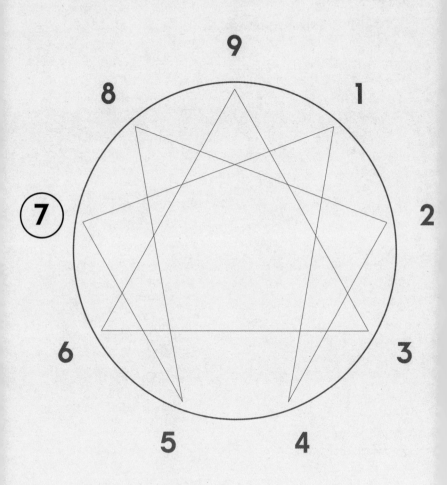

TIPO 7
O caminho da gula à sobriedade

> Não existe um caminho para a felicidade: a felicidade é o caminho.
>
> **BUDA**

Era uma vez uma pessoa chamada Sete. Ele nasceu com um senso natural de curiosidade e encantamento. Veio a este mundo com a fantástica competência da sabedoria superior e da verdadeira alegria — o desejo profundo de focar firmemente uma coisa de cada vez, descobrindo e desfrutando a essência de tudo. Adorava focar toda a sua atenção em algo que queria aprender e conhecer a fundo.

Um dia, porém, enquanto prestava atenção numa abelha que andava sobre a perna dele, Sete foi picado! Chorando, procurou alguém para consolá-lo. Tentou contar a história ao pai para assim, quem sabe, receber algum conforto, mas o homem estava irritado com alguma coisa e lhe disse para "ir embora". Então procurou a mãe, que, ocupada, lhe disse que "não tinha tempo" para ficar escutando uma coisa tão insignificante. Ambas as reações maximizaram a dor de Sete — quase mais do que ele podia suportar.

Sete, que pouco vivenciara a dor, não gostou de senti-la e acabou se recolhendo na própria imaginação, pensando em coisas que o empolgavam — observar as nuvens passando pelo céu ou brincar com seu melhor amigo. Na verdade, Sete descobriu ser hábil em imaginar situações divertidas e interessantes, e, com o passar do tempo, recorria a esses pensamentos diante da ameaça de algum tipo de dor. Sempre que começava a sentir algo que não fosse bom ou feliz, desviava seu pensamento para coisas que *pareciam* boas ou que *pareciam* felizes. Sempre que via pessoas infelizes, perguntava-se por que teriam permitido que isso acontecesse. Por que alguém escolheria se sentir mal quando bastaria pensar em coisas que o fariam feliz?

Com o tempo, Sete desenvolveu a capacidade de viver feliz; independentemente do que acontecesse à sua volta, ele sempre pensava em algo que o fazia feliz ou refugiava-se na própria mente para evitar sensações de tristeza ou infelicidade. Um dia, seu melhor amigo se mudou e Sete começou a sentir a dor da perda, ainda de forma suave. Mas, antes que esse sentimento se aprofundasse, ele passou a pensar em todos os outros amigos que poderia encontrar. E seguiu em frente. Por que não? Pensar em novos e futuros amigos divertidos fez Sete recuperar a felicidade. No entanto, ele não percebeu que às vezes sua felicidade era superficial, apenas uma fuga, não um autêntico prazer. Não era mais a alegria pura da infância.

Sete não sabia que, ocasionalmente, sentir dor é importante, mesmo que não nos sintamos "bem". Em sua visão feliz e orientada para o prazer, não conseguia perceber que algumas experiências emocionais podem ser enriquecedoras e gratificantes porque são reais, ainda que não nos deixem "felizes". Às vezes, vivenciamos a verdadeira alegria porque damos espaço para a experiência da dor. Sete amava de fato seu amigo, é verdade, e sentiria sua falta. E sentir essa dor era uma oportunidade para ele ter consciência do amor — e da tristeza que também se vinculava a esse amor.

Porém, como Sete evitava automaticamente a dor, sem perceber também evitou sentir o amor. Insistindo em se sentir feliz o tempo todo, acabou se tornando incapaz de reconhecer muitos dos próprios sentimentos verdadeiros. Perdeu a capacidade de vivenciar a alegria autêntica resultante do foco profundo numa coisa de cada vez — inclusive todos os sentimentos — e de sentir prazer no que é real.

Sete tornara-se um zumbi — muito feliz, apaixonado por diversão, mas mesmo assim um zumbi.

Checklist do Tipo 7

Se todos ou a maioria destes traços de personalidade se aplicam a você, talvez você seja um Tipo 7:

- ✓ Foca boa parte de sua atenção em atividades interessantes, ideias estimulantes e possibilidades futuras.
- ✓ Busca ativamente maneiras de viver situações prazerosas ou divertidas e preocupa-se quando perde alguma coisa prazerosa ou divertida.
- ✓ Evita situações potencialmente desconfortáveis deixando suas opções em aberto, encontrando oportunidades para aventura e mantendo sua liberdade.
- ✓ Tem quase sempre ideias e planos positivos, o que o mantém focado em possibilidades futuras.
- ✓ Valoriza o fato de estar livre de limitações. Não quer se sentir limitado pelos outros ou pelas situações.
- ✓ Procura equalizar a autoridade e não gosta de hierarquias, pois não aprecia que lhe digam o que fazer — nem aprecia dizer isso aos outros.
- ✓ É muito otimista. Acredita que o futuro sempre será brilhante.
- ✓ Tem muitos interesses e é generalista — especializa-se em não se especializar.
- ✓ Tem dificuldade para lidar com a dor e o sofrimento na vida.

Se você se identifica com o Tipo 7, sua jornada de desenvolvimento vai seguir três etapas.

Na primeira, vai embarcar numa aventura de autoconhecimento, aprendendo a reconhecer padrões habituais que o mantêm focado no que é positivo como meio de evitar (inconscientemente) o sofrimento.

Na segunda, deverá enfrentar sua sombra, percebendo que sua necessidade inconsciente de se manter alheio a certos sentimentos e experiências o torna dependente de distrações e o leva a deixar suas opções em aberto, para não se aprisionar em situações ou sentimentos negativos.

Na terceira, vai descobrir que será capaz de buscar o lado mais elevado do seu tipo por meio da capacidade de receber tudo que a vida lhe oferece e abrindo-se para uma relação mais profunda com ela, mesmo que isso signifique sentir dor.

> "A coisa mais importante é desfrutar sua vida para ser feliz; isso é tudo que importa." – **AUDREY HEPBURN**

Embarcando na jornada

O primeiro estágio da jornada de despertar dos Tipos 7 envolve o reconhecimento consciente da atenção que dedicam à felicidade, não importa o que aconteça — sem racionalizações e sem autojulgamentos. Percebendo como sua mente passa rapidamente de uma coisa para outra, num esforço para manter o humor positivo, começam a admitir que tanto empenho na busca de um bem-estar contínuo os impede de focar alguma coisa que pareça negativa. Com isso, a felicidade talvez se torne superficial e, em última análise, insatisfatória.

Principais padrões do Tipo 7

Como um Tipo 7, talvez você não veja motivo para questionar seu incansável foco positivo. No entanto, a necessidade de bom humor pode mascarar a ansiedade para participar do aqui e agora — ou de ter sua liberdade limitada por algum motivo. Talvez esteja tentando fugir de aspectos da vida que considera entediantes ou desconfortáveis, assim se distraindo de sua vivência no presente. E pode agir desse modo porque tem um medo subjacente de se aprisionar em sentimentos negativos, dos quais não conseguirá escapar. Mas aqui está uma boa notícia: se aprender a tolerar mais desconforto, talvez a dor não seja tão ruim quanto pensa — e, em contrapartida, ainda tornará as coisas boas mais gratificantes.

Se você se identifica com o Tipo 7, inicie sua jornada de desenvolvimento focando estes cinco padrões habituais e tendo mais consciência deles:

Precisar de diversas opções

Talvez você tenha notado que precisa de muitas opções (ou linhas de ação) disponíveis. É importante observar-se para ver se tende a pular de uma opção para outra caso a anterior por algum motivo não tenha funcionado. Perceba que tende a lidar com situações desconfortáveis ou não tão ideais passando para outra opção no último minuto. Provavelmente, evita sentir-se limitado por qualquer coisa na vida, quem sabe por algum medo que você não conheça bem ou não tenha percebido. Tende a jogar charme para pessoas que poderiam tentar limitá-lo, desarmando-as.

Concentrar-se no prazer

Você tende ao desejo de se dedicar ao prazer ou de priorizar coisas que, segundo acredita, vão deixá-lo feliz, mesmo que às vezes tragam consequências negativas que nem sequer percebe. Seu foco na diversão e no prazer pode ser motivado pelo medo de se envolver numa experiência dolorosa interminável. Embora talvez não note, focar experiências prazerosas pode mascarar um desejo oculto (relacionado a esse medo) de evitar qualquer coisa dolorosa. É possível que idealize algumas experiências e desvalorize outras como forma de justificar suas escolhas, a fim de vivenciar mais o que parece bom e menos o que não parece.

Racionalizar seu foco no positivo

Isso vai ajudá-lo a perceber se você se especializa em contar-se histórias que corroboram o que quer e aquilo em que pensa. Provavelmente sempre tenha boas razões para justificar qualquer coisa que queira fazer para si e chegue a automaticamente criar explicações razoáveis para fundamentar por que suas prioridades (e indulgências) são boas. Reforça a sabedoria de focar apenas o positivo, negando que existam motivos para sofrer ou se sentir mal. A melhor descrição para a tendência a encontrar boas razões para validar ou perdoar o que quer fazer, pensar ou sentir é *racionalização*, que opera nos Tipos 7 como um mecanismo de defesa para justificar escolhas que priorizam você, seu prazer, sua perspectiva positiva e seus planos.

Evitar a dor

Pergunte-se se construiu um script de vida baseado em ser feliz. Observe se você reenquadra automaticamente as coisas negativas como positivas — e se tem a tendência a "olhar para o lado bom", dando uma versão positiva de tudo. Pode tentar manter seu estado de espírito focando qualquer coisa que o ajude a se sentir bem e a evitar que se sinta mal, talvez como estratégia inconsciente para se esquivar de qualquer tipo de sofrimento. Observe-se para ver se acha complicado reconhecer o medo da dor ou se abrir para a vivência de emoções dolorosas. Talvez não identifique um motivo para achar a sensação de dor uma boa ideia. No entanto, evitando os sentimentos negativos, é bem possível que tenda a ficar na superfície da vida em vez de estar plenamente disponível para os níveis mais profundos do que estiver acontecendo no aqui e agora.

Evitar situações difíceis

Assim como evita a dor, mesmo sem pensar nisso, você pode também se esquivar de situações difíceis na vida e nos relacionamentos. Todos nós enfrentamos desafios e problemas nas interações sociais, e enfrentá-los costuma aprofundar e fortalecer nossos vínculos com os outros. Portanto, perceba se, sem querer, você deixa de desfrutar seus relacionamentos mais plenamente por não querer lidar com o que não está funcionando. Talvez tente "sair de fininho" de situações sociais mais complicadas, sendo indireto e vago — ou as evitando completamente. Observe-se para ver se age dessa maneira e se às vezes essa tendência lhe causa problemas.

"Se você quer ser feliz, seja!" – LIEV TOLSTÓI

TIPO 7: O CAMINHO DA GULA À SOBRIEDADE

A paixão do Tipo 7

Gula é a paixão que motiva o Tipo 7. Como principal motivação emocional desse tipo, a gula fomenta o desejo de experimentar o prazer sem limites, provar um pouco de cada experiência e manter-se receptivo a milhares de possibilidades.

A gula pode ser entendida como uma paixão pela pluralidade, e não apenas o abuso em comidas e bebidas. Nesse sentido, os Tipos 7 são motivados pelo desejo de vivenciar todas as possibilidades da vida, evitando limitações que os forcem a experimentar menos. Eles se empenham muito para garantir que são capazes de abusar de uma pluralidade de prazeres para satisfazer seus desejos imediatos, inclusive os relacionados com a mente. Quase sempre têm a mente agitada, rápida e ativa, povoada por novas ideias e por planos imaginativos. Mas, quando procuram se desenvolver, precisam moderar a necessidade exacerbada de buscar entretenimento mental. Portanto, ao reconhecer as inconveniências da gula, conseguem desacelerar e se aprofundar mais em uma experiência de cada vez.

Esse tipo corre o risco de se desviar das coisas de fato importantes na vida. Às vezes, por exemplo, pode resolver experimentar uma novidade a custo da conquista de um resultado mais promissor, engajando-se numa experiência antiga (e talvez mais mundana). Tende a priorizar diversos tipos de experiências de trabalho, em vez de se especializar numa área. Quando se torna bom em alguma coisa, às vezes sente a necessidade de pular para outra como forma de evitar o tédio. Focado em apenas uma coisa, acaba se inquietando, a menos que tenha acesso a uma ampla variedade de experiências.

Se você é um Tipo 7, precisa observar e conscientizar-se destas manifestações típicas da gula para progredir rumo ao despertar:

- Tentar não perder nenhuma possibilidade ou oportunidade.
- Dedicar-se a diversos interesses simultâneos, seja como multitarefas, seja pulando de uma atividade para outra.

- Dar uma aparência positiva às coisas, reenquadrando o negativo como positivo e evitando o que parece ruim ou entediante.
- Distrair-se facilmente com qualquer coisa que pareça nova e interessante ou emocionante — a síndrome do "objeto brilhante".
- Falar sobre muitas coisas ao mesmo tempo e mudar rapidamente de assunto.
- Sentir-se encantado, fascinado, empolgado, energizado ou excitado.
- Sentir urgência em se dedicar ao prazer ou a uma aventura específica, ou então mudar de rumo e buscar algo mais prazeroso ou divertido.
- Estabelecer conexões e associações mentais entre coisas diferentes. Pensar "fora da caixa".
- Perder o foco no aqui e agora, imaginando planos para o futuro. Não concluir o que começou.

"Curiosidade é gula. Ver é devorar." – **VICTOR HUGO**

Usando as asas do Tipo 7 como extensões do desenvolvimento

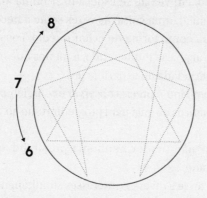

TIPO 7: O CAMINHO DA GULA À SOBRIEDADE

Os dois tipos de personalidade adjacentes ao Tipo 7 no círculo do Eneagrama são os Tipos 6 e 8. Valendo-se da competência do Tipo 6 para perceber e lidar com o que não é ideal, e integrando depois a competência do Tipo 8 para se dedicar a uma estratégia ousada de ação, o Tipo 7 consegue superar seus padrões habituais de distração fácil e otimismo excessivo.

- Primeiro, adote a tendência do Tipo 6 para ficar mais atento aos riscos que corre quando não dá continuidade à implementação de planos ou projetos, ou quando não faz uma checagem cuidadosa de todos os detalhes. Entre em contato com quaisquer medos ou preocupações que o ajudem a se certificar de que fará tudo bem feito. Pense se você se engaja nos relacionamentos de forma superficial e aprofunde seus compromissos com base no desejo autêntico de ser responsável e demonstrar lealdade. Encare as conversas difíceis e dedique-se a reparar quaisquer problemas com os quais evita lidar. Assuma a responsabilidade pela solução deles.
- Depois, integre a capacidade dos Tipos 8 para tomar decisões claras a respeito de suas prioridades. Pare de participar de atividades que nada acrescentam à sua vida ou que não o ajudam a progredir em suas metas. Estude os desafios que precisam ser enfrentados, em vez de explorar novas oportunidades. Atue diretamente na solução dos problemas, mesmo que seja difícil. Seja prático e termine as coisas que precisam ser finalizadas. Ponha em prática uma ou duas ideias boas em vez de criar muitas. Faça primeiro o que é mais importante, não aquilo de que mais gosta. Seja claro, direto, decidido e assertivo em sua comunicação. Pratique assumir o comando e seguir em frente, em vez de se distrair.

"Ninguém escapa da dor, do medo e do sofrimento."
– ERIC GREITENS

Enfrentando a sombra

A segunda parte da jornada de desenvolvimento do Tipo 7 centra-se no reconhecimento, na aceitação e na integração da tendência a evitar o que parece negativo por meio do foco no que parece positivo. Aprendendo que o verdadeiro prazer só acontece se estiver receptivo à dor, o Tipo 7 se desenvolve quando começa a tornar consciente o que é inconsciente e percebe que a tendência a focar o positivo (que ele achava boa) pode ser ruim. Quando carece de autoconscientização, esse tipo sucumbe à necessidade de evitar olhar para coisas difíceis. Mas a necessidade de fugir do sofrimento deve ser trabalhada e tornada mais consciente caso ele queira emergir do estado zumbi.

Quando ignoram dados negativos ou emoções desconfortáveis, os Tipos 7 correm o risco de se tornar cegos para o valor de lidar a fundo com sentimentos e situações difíceis. Como resultado, talvez não desfrutem a riqueza de algumas experiências que lhes parecem desafiadoras, aprisionando-se em existências muito superficiais. Quando a realidade conforme a veem não atende às suas expectativas idealizadas, eles podem se desapontar ou até se deprimir. Nesta segunda parte da jornada, devem desenvolver a competência do enfrentamento de coisas difíceis, encontrando soluções mais maduras para problemas persistentes que talvez tenham deixado de lado. Isso pode ser particularmente difícil para eles, pois implica encarar o medo do sofrimento em prol de uma vida com mais profundidade e coragem.

Enfrentando a sombra do Tipo 7

Se você se identifica com o Tipo 7, eis algumas ações para que se conscientize mais e comece a trabalhar nos principais padrões inconscientes, pontos cegos e pontos de dor do tipo:

TIPO 7: O CAMINHO DA GULA À SOBRIEDADE

- Analise suas vontades para entender os gatilhos delas. Embora todos precisem vivenciar o prazer, depender da necessidade de bem-estar contínuo pode provocar um comportamento de vício que deriva de algum medo ou tristeza não reconhecido.
- Observe como se engajar nas pessoas com histórias e outras formas de sedução intelectual pode ajudá-lo a racionalizar os problemas, desviar os desconfortos ou manter a liberdade.
- Examine se o seu estilo de encantar e desarmar as pessoas com quem poderia ter problemas até funciona às vezes, mas também pode aprofundar a discórdia no longo prazo.
- Enfrente o seu "pessimista interior". Embora pareça otimista, você precisa reconhecer e assumir aquela parte que acredita que, se não se mantiver implacavelmente positivo ("veja o lado bom"), ficará aprisionado para sempre num sentimento ruim.
- Analise se a crença de que a dor persistirá caso se permita senti-la o está limitando sem que perceba.
- Pergunte-se se, quando se desinteressa por alguma coisa, cai a qualidade do que faz.
- Admita que manter suas opções em aberto até o último instante aborrece as pessoas, porque muitas vezes você acaba desistindo de compromissos e promessas.
- Assuma que estar voltado à gratificação instantânea pode decorrer da ansiedade diante do enfrentamento de dores ou limitações.
- Examine sua tendência a se autorreferenciar — prestar atenção basicamente naquilo que quer e de que precisa. Veja como isso pode levar à falta de empatia ou de apoio pelos outros.

"Da dor pode vir a sabedoria, do medo pode vir a coragem, do sofrimento pode vir a força, se tivermos a virtude da resiliência." – ERIC GREITENS

Os pontos cegos do Tipo 7

Talvez os Tipos 7 não queiram examinar seus pontos cegos, pois evitam se engajar em experiências relacionadas a emoções dolorosas ou a qualquer coisa que pareça negativa. Sua principal estratégia de sobrevivência os leva a encontrar automaticamente rotas de fuga quando se trata de sentimentos desconfortáveis. Todavia, será importante perceberem quaisquer sentimentos — por exemplo, insegurança ou ansiedade — frequentes por trás do exterior feliz. Tendem a evitar qualquer coisa que talvez lhes desperte medo ou tristeza, focando as oportunidades positivas e o lado mais leve da vida. E podem ocultar esse evitamento (e qualquer ansiedade que o fomente) por meio de uma imagem despreocupada de autoconfiança. Além disso, a gula pode conduzi-los à vontade de só vivenciar situações prazerosas, o que talvez lhes bloqueie o desenvolvimento sem que percebam.

Mas eis a boa notícia para quem se identifica com esse tipo: se estiver disposto a estudar seus pontos cegos e sentir qualquer dor que aflore, lidará com mais facilidade com os sentimentos mais profundos, movido por um novo senso de maturidade. Os Tipos 7 se assemelham ao arquétipo da "criança eterna" e resistem, de diversas maneiras, ao processo de crescimento. Assim, se você é um Tipo 7, lembre-se sempre de que, com confiança e resiliência diante da dor, será recompensado. E não perderá a capacidade de se divertir e desfrutar a vida como receia que aconteça. Qualquer dor que escolha sentir conscientemente vai passar depois de lhe trazer a informação que precisa compartilhar com você.

Eis alguns dos padrões habituais que operam como pontos cegos nos Tipos 7, dos quais você precisa se conscientizar a fim de avançar em sua jornada.

Evitar problemas

Quando percebe situações desafiadoras, você procura focar outra coisa? Quando admite que tem problemas, tende a se afastar, a se distrair ou a buscar uma solução improvisada? Eis algumas ações para integrar esse ponto cego:

- Diariamente, dedique algum tempo à solução de problemas, não importa como se sinta. Assegure-se de que fará tudo que for preciso. Quando terminar, procure alguma coisa divertida, para que seu ego lhe permita repetir a ação.
- Com um psicoterapeuta ou amigo chegado e confiável, converse sobre todas as maneiras como tem se distraído dos problemas ao longo da vida. Perceba se evita ser sincero, dando desculpas ou encobrindo as coisas.
- Observe quando se distrai diante de algo difícil ou que considera "maçante" e pergunte-se a razão. O que receia se lidar com o problema? Como pode se beneficiar se engajando nessa situação agora? O que sentirá de bom depois?
- Conscientize-se de quaisquer pensamentos ou sentimentos que o convençam de que os problemas parecem piores do que na verdade são. Por outro lado, insiste em afirmar que seus problemas inexistem?
- Admita que precisa de ajuda para focar questões difíceis e específicas e peça para as pessoas o orientarem no trato desses problemas.
- Reflita mais profundamente sobre as emoções que evita quando se desvia de situações desafiadoras.

Evitar assumir responsabilidades

Racionaliza os problemas para evitá-los e assim não ter de se responsabilizar por eles? Cria uma versão falsa dos fatos para ocultar falhas que receia ter? Eis algumas ações para integrar esse ponto cego:

- Identifique motivos implícitos sempre que tentar minimizar sua responsabilidade, tornando algo relativo ou, de algum modo, "não tão ruim".
- Conscientize-se da história positiva que você tenta defender quando não se considera responsável. Pergunte-se se ela mascara um medo não reconhecido do fracasso.

- Admita sua dificuldade de enfrentar algumas das responsabilidades da vida adulta porque parecem entediantes, maçantes ou limitadoras. Talvez você tenha um pouco da síndrome de "Peter Pan", que o leva a representar o papel da "eterna criança".
- Observe qualquer desejo de compartilhar mais responsabilidades com os outros do que (talvez) seja possível.
- Peça às pessoas que lhe digam quando está racionalizando ou encontrando boas razões para não ter de se responsabilizar por algo. Perceba e tolere os sentimentos que afloram quando o ajudam a encarar a realidade.
- Admita para si mesmo e para alguma pessoa de sua confiança que naturalmente tende a evitar assumir a responsabilidade plena por coisas que não dão muito certo. Quando superar isso, perceba como se sente bem.

Negligenciar a dor e dados negativos

Você foca coisas agradáveis para evitar as negativas? Procura sensações prazerosas sem perceber que também está evitando alguma coisa? Reenquadra automaticamente o negativo como positivo? Às vezes, simplesmente "não enxerga" os aspectos negativos de uma situação? Eis algumas ações para integrar esse ponto cego:

- Observe como é difícil conversar sobre alguma coisa que julgue negativa e até mesmo a levar em consideração. O que o impede de aceitar a verdade quando não parece boa?
- Esteja consciente de como seu foco exclusivo em sentimentos agradáveis atua como mecanismo de defesa contra a vivência de sentimentos dolorosos. Pense profundamente em todas as razões pelas quais você se desvia de qualquer emoção mais difícil.
- Analise as situações de sua vida que pioraram em função de resistir ao medo, à ansiedade, à tristeza ou à dor. Assuma que o fato de não gostar de qualquer coisa que

identifica como "maçante" ou desconfortável age como forma de evitar emoções negativas.
- Observe sua tendência a ver apenas o lado bom das coisas. Veja se age dessa maneira com mais frequência quando sente que há dados negativos em algum lugar.
- Explore a tendência a focar um modo de melhorar as coisas sem encarar de fato o que não está funcionando.
- Admita que acha difícil enfrentar a decepção quando as situações não saem da maneira como desejava — e depois se permita vivenciá-la conscientemente.

> "Racionalizar é deixar a minha mente encontrar um motivo para desculpar o que meu espírito sabe que está errado."
> **– BRUCE EAMON BROWN**

Dor do Tipo 7

A psicologia e os ensinamentos espirituais nos dizem que, quando buscamos apenas o prazer na vida, acabamos nos sentindo insatisfeitos (ou piores). Entrar em contato com a dor quase sempre significa que somos capazes de sentir mais alegria, pois dor e alegria podem ser vistas como duas faces da mesma moeda. Quando evitamos emoções negativas, tendemos a abafar também nossos sentimentos positivos. Mas precisamos enfrentar a dor com o coração aberto para atingir a plenitude, pois nossas emoções refletem aspectos importantes de quem somos e ainda nos informam do que é real para nós.

Quando decidem enfrentar a dor, os Tipos 7 dão passos importantes no sentido de se tornar mais aterrados, mais pacíficos e genuinamente felizes, extrapolando a felicidade tensa ou superficial. E conseguem fazer isso por meio do reconhecimento de duas necessidades essenciais: a de pedir apoio e a de ser pacientes, confiantes no fato de que a dor não vai durar para sempre.

Se você se identifica com esse tipo, lembre-se de que todos vivenciam a dor. Quando se permite experienciá-la, sente-se melhor. E o que é ainda mais positivo: para de criar mais dor para si por evitá-la. Para acelerar sua cura e seu desenvolvimento, aprenda gradualmente a vivenciar alguns sentimentos dolorosos específicos:

- A ansiedade inerente de se aprisionar numa experiência emocional desagradável, sem conseguir escapar. Você é um grande artista da fuga, muito competente em desviar a atenção de emoções desconfortáveis e negativas, focando as positivas. Mas, se conseguir enfrentar esse medo, acessará com mais facilidade outros sentimentos dolorosos e assustadores desta lista.
- Medo de ser limitado. Para você, será bom reconhecer que precisa manter o controle sobre sua liberdade e que não gosta que lhe digam o que fazer. Provavelmente, não gosta que limitem sua capacidade de fazer o que quer. Analise se está com medo de ser limitado – e veja o que pode fazer para evitar isso.
- Medo de experiências "negativas". Talvez você não tenha muita capacidade de empatia porque tende a evitar sua dor. Talvez tenda para a autorreferência, ou seja, presta mais atenção na própria vivência interior do que na dos outros. Se as pessoas tentam compartilhar tristeza ou dor com você, talvez lhes diga "olhem para o lado bom", porque é difícil ficar impassível diante da dor. Porém, sendo mais receptivo às suas emoções difíceis, talvez comece a interagir de modo mais enriquecedor com os outros.
- A dor e o medo de ser sobrecarregado por tais sentimentos. Você precisa abrir-se para a dor, pois do contrário corre o risco de ficar dependente do que faz para evitá-la – ingestão de substâncias químicas, trabalho excessivo ou refúgio em distrações superficiais. Posicione a dor como parte da plenitude intrínseca da vida. Quando se conscientiza dela, torna-se receptivo às maravilhosas experiências que só são possíveis ao acolher a dor

— ficar realmente próximo dos outros, adentrar corajosamente o desconhecido para experimentar coisas novas e estar no presente e disponível no momento.
- A tristeza em virtude de não se permitir viver emoções, parte natural da vida. Entretanto, em algum momento esses sentimentos afloram — às vezes como a tristeza por não ter conseguido vivenciar emoções e dor antes. Se isso acontecer, permita-se sentir o momento, mesmo assustado. Encontre um amigo ou um terapeuta para dar-lhe apoio e lembrá-lo de que a dor da tristeza não é eterna. Mas fique com a tristeza durante algum tempo para ver o que ela pode lhe ensinar a seu próprio respeito.

"Convide o sofrimento a entrar para que possa partir."
– DITADO SUFI

Os subtipos do Tipo 7

Identificar o subtipo do Tipo 7 pode ajudá-lo a focar seu esforço no enfrentamento dos pontos cegos, das tendências inconscientes e da dor oculta. As tendências e padrões específicos dos subtipos variam em função de qual dos três instintos de sobrevivência domina sua experiência.

Subtipo 7 Autopreservação

Esse subtipo é pragmático e excelente em construir alianças. Cria uma rede quase familiar, na qual consegue satisfazer suas necessidades. Tende a ser alerta e receptivo a oportunidades de prazer e de bons negócios. É animado, tagarela e hedonista, mas constitui o subtipo mais autorreferente e com tendência a ser o menos empático de todos os outros.

Subtipo 7 Social

Esse subtipo se preocupa com as pessoas e se sacrifica altruisticamente por elas, pois tende a não explorar oportunidades em benefício próprio. Sua gula está orientada para o desejo de ser bom e puro, e assim ele costuma focar trabalhos que minimizem o sofrimento do mundo. Sente-se atraído por profissões que lhe possibilitam o alívio da dor. Presta atenção na coletividade e tende a manter uma visão utópica do mundo, expressando entusiasmo pela perspectiva de um mundo melhor.

Subtipo 7 Sexual (um-a-um)

Esse subtipo é idealista e sonha com um mundo melhor. Pode ter problemas para manter-se em contato com o cotidiano, pois vive imaginando como gostaria que fossem as coisas. Tende a ser muito feliz e entusiasta — vê o mundo melhor do que é na verdade. Também tende a fantasiar e a ser um tanto ingênuo, enxergando o mundo através de "lentes cor-de-rosa", fascinado por ideias e pessoas. Pode parecer crédulo e suscetível às opiniões, aos interesses e à energia dos outros.

As sombras dos subtipos do Tipo 7

Você consegue enfrentar de modo mais eficiente sua sombra caso conheça as particularidades específicas das sombras de seu subtipo. A seguir, alguns dos aspectos de cada uma delas. Como o comportamento do subtipo pode ser bastante automático e inconsciente, talvez você tenha dificuldades em reconhecer tais características.

Sombra do subtipo 7 Autopreservação

Se esse é o seu subtipo, você precisa se observar para saber se recorre ao oportunismo e, às vezes, tira proveito das pessoas. É possível que atenda aos outros em benefício próprio, ou desconsidere necessidades e sentimentos alheios. A tendência acentuada à autorreferência e ao interesse próprio pode levá-lo a se priorizar de tal maneira que talvez nem sequer se reconheça, comportando-se com egoísmo. Costuma valorizar mais a cabeça do que o coração, e talvez não mantenha muito contato com suas emoções nem seja muito sensível às dos outros. Para se desenvolver, precisa ter mais consciência de que age a partir de seus interesses.

Sombra do subtipo 7 Social

Se esse é o seu subtipo, tende a apresentar-se como pessoa boa, humilde e abnegada, o que talvez oculte um inconsciente complexo de superioridade que o faz sentir-se melhor (e mais altruísta) do que os demais. Você se dedica a causas que lidam com a dor alheia, o que na verdade atende à sua necessidade de evitar a própria dor não reconhecida, ao mesmo tempo que prova sua bondade. Ajuda os outros de maneira exagerada, nem sempre altruísta, possivelmente motivado pela intolerância à dor e pela necessidade de ser bom — ou de ser visto como bom (e não egoísta ou focado em interesses próprios). Precisa aprender a se disponibilizar menos para ajudar os outros, a lidar com suas necessidades e desejos, e a ir contra seu tabu sobre o egoísmo.

Sombra do subtipo 7 Sexual (um-a-um)

Se esse é o seu subtipo, idealismo, entusiasmo e otimismo podem levá-lo a se desligar da realidade de maneiras que não percebe. Talvez fique cego para coisas que faz e que não lhe servem (ou aos outros). Sua criatividade pode vir acompanhada da tendência a fantasiar, o que o leva a uma positividade exacerbada. Tende a ser menos intolerante no contato com a dor e com dados negativos. A gula por vislumbrar o lado positivo de tudo talvez signifique que as pessoas conseguem facilmente o influenciar. Pode tender a evitar a realidade recorrendo a estratégias comprometedoras.

> "A coisa mais dolorosa é perder a si mesmo no processo de amar demais alguém, e esquecer-se de que você também é especial." – **ERNEST HEMINGWAY**

O paradoxo do Tipo 7

O paradoxo do Tipo 7 surge da polaridade entre a paixão da gula e a virtude da sobriedade. Sobriedade é a capacidade do coração de sentir prazer ao focar uma coisa importante. Para os Tipos 7, reconhecer tudo que perderam em razão de seu apego guloso ao deleite e à pluralidade maximiza neles a conscientização de um aspecto central de sua paixão: a tendência a deslizar pela superfície da vida, evitando um compromisso mais profundo com a vivência. Percebendo melhor como a gula opera, aprendem a dizer "não" para as prioridades secundárias e a focar uma coisa de cada vez. Desenvolvem competências como mais presença no aqui e agora e tranquilidade.

Se você se identifica com esse tipo, eis algumas ações para se conscientizar de sua gula e acessar o estado de sobriedade:

- Perceba quando, sentindo-se ansioso, quer interromper uma atividade que considera "entediante". Respire conscientemente algumas vezes, sinta seu corpo e acalme o coração. Caso se mantenha no aqui e agora, sua experiência será neutra, não enfadonha.
- Quando se empolgar com alguma coisa "fantástica", procure equilibrar o entusiasmo com a tranquilidade. A empolgação dispara gatilhos ou decorre da gula.
- Identifique atividades que o ajudam a focar. Faça mais daquilo que lhe dá foco e menos do que o distrai.
- Pouco a pouco, pare de se superestimular com movimentos, sons, imaginação e outras experiências que o aceleram e dispersam seu foco. Para você, menos é mais.
- Esforce-se conscientemente para recordar momentos difíceis da vida. Mantenha-se em contato com eles por longos períodos, sem os redefinir como mais fáceis ou mais leves do que foram de fato.
- Faça uma lista de todas as atividades e planos ainda incompletos. Tome coragem e resolva concluir um deles hoje ou na próxima semana.

TIPO 7: O CAMINHO DA GULA À SOBRIEDADE

Usando as flechas do Tipo 7 para se desenvolver

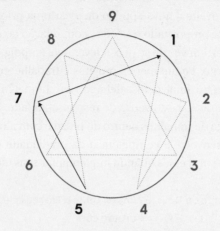

Os dois tipos de personalidade conectados ao Tipo 7 pelas linhas das flechas dentro do diagrama do Eneagrama são os Tipos 5 e 1. Incorporando intencionalmente a competência do Tipo 5 para entrar no próprio interior, manter-se nele e mergulhar fundo numa única ação, integrando depois a competência do Tipo 1 para se manter solidamente aterrado e disciplinado, você pode criar dois tipos diferentes de mudança radical que o ajudarão a abandonar seu foco habitual na geração de ideias, em multitarefas e na criação de futuros planos e possibilidades.

- Primeiro, adote a prática do Tipo 5 de ficar mais atento ao que acontece em seu íntimo. Equilibre a tendência a inovar com o foco no aprendizado mais profundo sobre algum assunto. Neutralize o foco naquilo que é excitante por meio de maior atenção a seus processos interiores. Pratique manter-se dentro de si, tornando-se mais tranquilo e calmo. Aprenda a gostar de focar apenas uma coisa de cada vez. Especialize-se em algo, em vez de ser um "pau pra toda obra e mestre de nada". Desenvolva mais firmeza, consideração e objetividade no que faz.

- Depois, trabalhe para integrar a competência do Tipo 1, mantendo-se mais aterrado no corpo e no aqui e agora. Aproveite a nova aptidão de focar uma prioridade. Seja mais propositado e seletivo com relação ao que há para fazer, em vez de se deixar levar pela empolgação do momento. Foque menos projetos e trabalhe neles até que estejam finalizados. Reforce sua competência de concentração e seu senso de responsabilidade. Foque a entrega de trabalhos dentro do prazo e com alta qualidade. Desenvolva a competência da praticidade e oriente-se para processos quando implementar suas ideias.

"Quer fazer Deus rir? Então, conte a Ele seus planos."
– DITADO SUFI

Incorporando o lado superior

Na terceira parte de sua jornada, os Tipos 7 se recordam da paz e da beleza que o aqui e agora lhes traz. Aprendem a se disponibilizar para as experiências no presente. Acolhem tudo que lhes vem, sem julgar como positivo ou negativo, e param de resistir à sabedoria inerente da vida pela imposição de seus planos como garantia da liberdade. Com efeito, quando os Tipos 7 se esforçam para chegar a esse estágio do caminho, reconhecem o trabalho mágico da vida para nos trazer as mais importantes oportunidades de desenvolvimento, mesmo que isso signifique enfrentar desafios e dificuldades. Quando superam o modo zumbi, percebem os desafios como oportunidades de aprendizado que podem levar a uma alegria e realização mais plenas, às vezes conquistadas a duras penas.

Os Tipos 7 que despertam e começam a se lembrar de quem realmente são reduzem seu ritmo, habitualmente acelerado, e começam a se mover mais lentamente pela vida. Param de fazer tantos planos e não mais necessitam fugir para dentro de sua mente e do futuro. Aprendem a se empolgar menos com coisas que antes consideravam fantásticas — e a se desencorajar menos com coisas que antes achavam horríveis. Ainda manifestam criatividade e pensamento inovador, naturais para eles, porém não mais precisam passar tão depressa de uma coisa para outra nem cativar pessoas para evitar alguma forma de limitação. Compreendem a sabedoria da aceitação das coisas como afloram e sentem-se mais neutros e estáveis na vivência do aqui e agora. Não mais se limitam pelo medo do tédio e sabem que conseguem encontrar prazer e satisfação em cada momento, mesmo que nada de fascinante aconteça.

Nessa etapa da jornada, os Tipos 7 se tornam capazes de existir pacificamente num estado de calma, foco e alegria relaxada. Sentem-se maravilhados pelo contato não só com a própria mente, agora mais silenciosa, mas também com o coração e com sentimentos que não temem mais. Satisfazem-se profundamente com os corpos mais conectados à terra. Ainda podem manter a cabeça no céu para sonhar e imaginar, mas também conseguem manter os pés no chão e sintonizar-se com a realidade. Isso os ajuda a pôr em prática suas ideias.

Se você se identifica com o Tipo 7, eis algumas ações que será capaz de realizar nesta etapa de sua jornada, coisas que não conseguia fazer antes — e nas quais pode continuar trabalhando:

- Concentrar-se na prioridade que fará a maior diferença e satisfazer-se com isso.
- Prestar menos atenção em coisas de que sinta falta e valorizar mais seus encontros no presente.
- Deixar de lado a "mente de macaco" irrequieta e sentir-se mais equilibrado e relaxado.
- Finalizar projetos e apreciar os benefícios da completude e da realização.
- Ser menos ansioso por mergulhar em todas as possibilidades e prazeres da vida, desfrutando plenamente uma experiência de cada vez — e prosseguindo nela até o final.

- Estabelecer relacionamentos melhores e com mais empatia.
- Acolher todas as suas emoções sem medo, sabendo que estão apenas passando por você. Sinta-as até a conclusão, confiante em sua capacidade de vivenciá-las e de se mover por elas.
- Equilibre o positivo com o negativo e aceite o que ambos têm a lhe ensinar.

"Vida é o que acontece quando você está ocupado fazendo outros planos." – **ALLEN SOUNDERS**

A virtude do Tipo 7

Sobriedade é a virtude que proporciona um antídoto à gula do Tipo 7. A sobriedade opõe-se à gula como a capacidade do coração para sentir uma satisfação profunda quando foca uma coisa importante de cada vez, ajudando o Tipo 7 a gostar de se engajar numa experiência só até o final, ou seja, a minimizar a superagitação e buscar a quietude. Na sobriedade, esse tipo se compromete com coisas e pessoas, rejeitando a necessidade exacerbada de estímulo e de distração mental. Sente-se mais sério e menos implacavelmente feliz — mas ainda bastante feliz. A sobriedade lhe oferece uma meta mais clara de trabalho depois de observar conscientemente sua gula e os padrões que decorrem dela.

Se você é um Tipo 7, eis algumas ações para progredir em seu caminho de imensa realização da virtude da sobriedade:

- Manter-se presente para uma coisa de cada vez.
- Adotar a prática da meditação.
- Abrir o coração para quaisquer emoções que aflorarem. Tratar o sofrimento engajando-se nele, não fugindo.
- Tornar-se mais aterrado no próprio corpo e menos na atividade ansiosa.

- Adotar uma atitude madura; saber que compensa postergar a gratificação no curto prazo em prol da realização de compromissos significativos.
- Orientar-se pela verdade profunda das experiências vividas e não pela mera busca de diversão.
- Abandonar o "princípio do prazer" em nome do que lhe proporcionará satisfação real no longo prazo.
- Falar menos e fazer menos coisas que distraiam você e os outros do aqui e agora.
- Substituir seus desejos por necessidades mais autênticas, relevantes e duradouras.
- Agir com um senso de razão, estabilidade emocional e autoconfiança, sem se deixar levar por impulsos e fantasias.

> "Foco e simplicidade: quando chegar lá, poderá mover montanhas." – STEVE JOBS

Despertando do estado zumbi

O segredo para os Tipos 7 acolherem seu verdadeiro eu reside em manter o contato com a realidade tal como ela é, e não como gostariam que fosse ou imaginam que seja. Num mundo com tantos problemas e tanta dor, isso talvez soe difícil, pois nosso ego nos diz que nos sentiremos melhor caso façamos as coisas parecerem mais positivas do que são. Mas, quando esses tipos enfrentam seus pontos cegos e assumem as próprias dores, são capazes de superar a necessidade impulsiva de evitar qualquer tipo de desconforto ou limitação e maximizar autoconhecimento e autorrespeito, que fluem de uma visão mais ampla de quem podem ser e do que podem sentir.

Quando começam a ter experiências mais gratificantes e baseadas na realidade, parando de viver sob uma perspectiva imaginária da vida que gostariam de ter, sentem-se mais vivos do que nunca. Experimentam a maravilhosa sensação de integridade profunda, e não apenas uma leveza superficial. Vivem no aqui e agora, e não perdidos em pensamentos, sonhos, distrações e fantasias. O início é uma tarefa árdua. Às vezes, vivenciam o medo de que a vida esteja eternamente relacionada à dor. Mas, quando se comprometem de fato com o trabalho interior, percebem que vale a pena — que *eles* valem a pena. Descobrem recompensas inesperadas, como mais equilíbrio, mais presença e um tipo de prazer diferente. Reconectam-se com corações e almas, recebendo em troca a verdadeira alegria e o mais profundo prazer. Vivenciam a riqueza de estar no aqui e agora e apreciam plenamente a fantástica aventura de viver na realidade, receptivos ao fluxo da vida.

Quando despertam do estado "zumbi feliz", experimentam estados da existência que nunca imaginaram possíveis e tornam-se profundamente aterrados, capazes de intenso foco. Desenvolvem a competência de desfrutar uma coisa de cada vez, mantendo-se focados e comprometidos até a conclusão. Quando se tornam mais verdadeiros e responsáveis, sentem-se cada vez melhores — para sua surpresa — e absorvem profunda satisfação de tudo que vivenciam. Quando aprendem a perceber a diferença entre a felicidade cotidiana e a alegria autêntica, encontram satisfação na alegria e na dor, e em tudo mais que a vida lhes proporcionar.

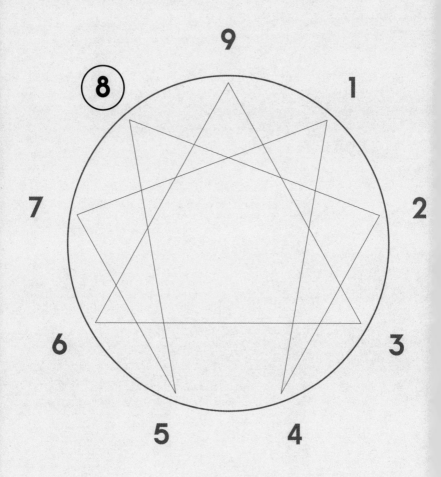

TIPO 8
O caminho da luxúria à inocência

Se você for paciente num momento de raiva, vai escapar de cem dias de tristeza.
PROVÉRBIO CHINÊS

Era uma vez uma pessoa chamada Oito, que veio a este mundo como uma criança sensível, meiga e inocente como todas as crianças. Tinha muita energia, via sempre o melhor dos outros e ansiava aprender tudo sobre o mundo.

Entretanto, ainda na infância, Oito passou por uma experiência em que precisou de proteção, mas não havia ninguém por perto para cuidar dele. Às vezes, não conseguia fazer algumas coisas sozinho, embora fosse brilhante e competente para alguém tão jovem. As pessoas que o rodeavam, mesmo mais velhas do que ele, pareciam não perceber quando precisava ser cuidado, escutado, alimentado. E algumas vezes, quando alguma criança mais velha o machucava, ninguém parecia notar que ele era pequeno e precisava de proteção.

Assim, a duras penas, Oito aprendeu que precisava cuidar de si mesmo. Se ninguém mais iria fazê-lo, a tarefa caberia a ele. Para isso, precisava crescer — e depressa! (Depressa demais.) Teria de ser forte. Teria de ser poderoso, embora ainda pequeno. Às vezes, as pessoas brigavam e nem sequer percebiam que Oito se assustava. Portanto, também precisaria ser destemido, além de grande, forte e poderoso.

Oito, dotado de muita energia natural, com o tempo se tornou plenamente capaz de se proteger. Fortaleceu-se e aprendeu sozinho a cuidar de si — e, às vezes, de outras pessoas também. Aprendeu a ser assustador em vez de assustado. E era bom nisso!

Uma coisa que o ajudava a ser tão forte nos momentos de necessidade era sua capacidade de sentir raiva. Às vezes, quando alguém fazia alguma coisa de que não gostava, ficava rapidamente com raiva, uma energia que lhe percorria o corpo e o ajudava muito, embora nem sempre planejasse (ou quisesse) senti-la. A raiva o ajudava a ser mais destemido ainda — e mais assustador também. Parecendo forte, raivoso e assustador, sentia-se plenamente capaz de tomar conta de si mesmo.

Com o tempo, Oito nem percebia mais quando as pessoas de quem esperava proteção não o faziam, pois não se sentia mais tão indefeso. No entanto, o problema era que *muitas* coisas o deixavam com raiva. E, de certo modo, ele gostava disso — ou, no mínimo, não se incomodava com a situação. A raiva simplesmente aflorava, sobretudo quando precisava de alguém e não havia ninguém por perto para ajudá-lo, ou quando crianças mais velhas praticavam *bullying* na escola porque sentiam o poder de Oito e não gostavam dele.

Não tardou para que Oito nem sequer percebesse quando ninguém o apoiava, pois acabava se saindo muito bem. Não precisava dos outros. Era bem forte. E os outros pareciam muito mais fracos do que ele. Disseram-lhe que às vezes ele assustava as pessoas, mesmo quando não queria. Às vezes, saíam do ambiente quando ele entrava ou se calavam depois que Oito falava alto. Não compreendia o que havia de errado com as pessoas. Por que não eram tão fortes quanto ele? A fraqueza o irritava, e a raiva despertava-lhe a sensação de poder e muita energia. Entretanto, às vezes via que os mais fracos eram maltratados ou injustiçados, e então recorria à própria força para ajudá-los, caso precisassem.

De tempos em tempos, Oito se sentia um pouco solitário. Descobrira que às vezes, quando era a pessoa mais poderosa num lugar, os outros não queriam se aproximar dele. Não entendia bem o motivo, mas as coisas eram assim. E não se incomodava muito com a situação, pois quase sempre conseguia o que queria: bastava ficar com raiva e assustar algumas pessoas. Ele não ligava se não o apreciassem. Perdera a sensibilidade com que nascera. Não dava certo ser sensível *e* forte e poderoso, e ele precisava da sensação de poder para cuidar de si.

Logo Oito percebeu que não conseguia interromper o ciclo da raiva; não podia parar de ser forte e poderoso. E por que pararia? Não era mais sensível e inocente como na infância, quando ninguém o protegia. Era muito melhor ser forte e poderoso, competente para cuidar de tudo. Por que deveria abrir mão disso para se sentir novamente como uma criancinha assustada? De vez em quando, vivenciava um pouco de solidão, pois existia pouca gente tão forte como ele. Às vezes, ficava meio triste, pois nunca teve alguém para o proteger. Ele, sim, cuidava de todos. Mas, então, sentia a própria energia e força e alegrava-se por ser tão poderoso. Nada e ninguém conseguiria magoá-lo. Isso parecia bom, apesar de ocasionalmente difícil para Oito.

Oito tornara-se um zumbi — forte, indomável, inacessível, mas mesmo assim um zumbi.

Checklist do Tipo 8

Se todos ou a maioria destes traços de personalidade se aplicam a você, talvez você seja um Tipo 8:

- ✓ Quase sempre se mostra assertivo e direto.
- ✓ Especializa-se em agir rápida e decisivamente — e, às vezes, impulsivamente.
- ✓ Foca a maior parte de sua atenção na busca da justiça e da equanimidade, tentando incorporar honestidade e ordem em tudo o que faz.
- ✓ Sente dificuldade para se conter quando tem raiva.
- ✓ Valoriza a honestidade, a franqueza e a autenticidade. Diz a verdade e quer que os outros façam o mesmo. Afinal, "o que você vê é o que tem".
- ✓ Tem muita energia e gosta de assumir grandes desafios; não recua quando se defronta com uma situação difícil.

- ✓ Embora possa dizer que não gosta de conflitos, participa deles se necessário.
- ✓ Às vezes, exagera nas coisas que faz — por exemplo, come, bebe ou trabalha demais.
- ✓ Tende a ser protetor com aqueles que lhe são importantes.
- ✓ Procura expressar força e poder ao agir, evitando qualquer demonstração de fraqueza.

Se, após analisar essa lista, você se identificar como o Tipo 8, sua jornada de desenvolvimento seguirá três etapas.

Na primeira, vai embarcar numa aventura de autoconhecimento, aprendendo a perceber mais claramente sua dependência de projetar força e poder para evitar a vulnerabilidade.

Na segunda, precisará enfrentar sua sombra para tornar-se mais consciente do medo de mostrar fraqueza. Isso irá ajudá-lo a perceber não só como precisa ser poderoso e orientado para a ação nas coisas que faz, mas também como desenvolver a competência de manter contato com emoções humanas básicas, como medo, tristeza e insegurança.

Na terceira, a etapa final de sua jornada, aprenderá a reconhecer e vivenciar com plenitude sua vulnerabilidade e sensibilidade natural. Isso o tornará mais brando, mais receptivo e mais acessível.

> "Vulnerabilidade não é uma medida de fraqueza, mas a melhor definição de coragem." – BRENÉ BROWN

Embarcando na jornada

A primeira etapa rumo ao despertar dos Tipos 8 envolve mostrar-lhes como tentam exercer controle e impor sua vontade. Por meio da atenção plena desse padrão habitual em ação, eles começam a perceber que focam a afirmação de seu poder no mundo e a reparação da justiça, às vezes até quando não diretamente envolvidos. Isso lhes dá a sensação de que não podem baixar a guarda ou expressar qualquer tipo de fraqueza. Quando começam a reconhecer essa tendência como efeito da necessidade de parecerem fortes e se protegerem (e aos demais), avançam no caminho rumo ao desenvolvimento.

Principais padrões do Tipo 8

Se você se identifica com esse tipo, inicie sua jornada focando estes cinco padrões habituais do Tipo 8 e tornando-se mais consciente deles.

Estar no comando

Provavelmente, você tem um histórico de assumir papéis formais ou informais de liderança em sua vida profissional e pessoal, mesmo sem saber como ou por quê. Embora talvez afirme que nem sempre necessita estar no comando, oferece-se prontamente quando percebe que um vácuo no poder precisa ser preenchido. Sendo um Tipo 8, tem talento natural para assumir a liderança. Seu estilo naturalmente assertivo e corajoso o leva a gravitar para a chefia – seja porque os outros querem que você os lidere, seja por querer estar certo de que alguém competente está no comando. Tem a tendência a direcionar o que está acontecendo – e consegue fazer isso com competência e confiança, ou com autoritarismo e agressividade.

Lidar com conflitos

Observe se verbaliza facilmente quando discorda das opiniões ou das ações dos outros. Quando percebe incompetência, injustiça ou erros, talvez ache difícil ficar quieto ou parado. Perceba se quase sempre quer lidar bem depressa com tudo que considera complicado, sem necessariamente escolher as palavras ou a abordagem correta. Talvez não veja problemas em dar início a um conflito que pode fazer as coisas irem em frente ou reparar uma injustiça. Essa tendência pode levá-lo a se rebelar contra a autoridade estabelecida, ou a questionar as regras, ou a romper com elas, um comportamento visto pelos outros como confrontativo, difícil ou dominador. Mas esse também pode ser seu modo de mostrar que se importa, além de refletir o fato de que tem dificuldade para o autocontrole quando alguma coisa de fato lhe importa, e, na verdade, acaba criando confiança nos outros quando os enfrenta num conflito.

Agir por si mesmo para resolver situações de injustiça

Perceba se possui uma espécie de radar para identificar situações injustas e desleais ou se tende a agir tão rapidamente quanto possível. É provável que tenha a crença implícita de que cabe a você o papel de justiceiro e reparador de todos os erros que vê no mundo. Analise se isso reflete sua necessidade de expressar poder no mundo — seja porque não consegue evitar ser forte, seja porque as verdadeiras injustiças o incomodam. Também será importante reconhecer se tem a tendência a "se perdoar" quando age de tal maneira, isto é, atuando automaticamente como super-herói sem ver ou admitir nenhum impacto negativo ou ameaça a si mesmo.

Operar num nível elevado de intensidade

Talvez seja difícil para você se mostrar equilibrado, cauteloso e discreto por conta de sua tendência natural a agir por impulso, a exagerar e a se tornar excessivo ou descontrolado. Você age e se manifesta com intensidade, e pode ter uma postura de "tudo ou nada" diante da vida. Observe se tem dificuldade para alcançar a moderação e se você fica mais passional ou radical do que outras pessoas, sem compreender de onde vem tanta intensidade ou para que ela serve. Explore sua relação com a intensidade e pergunte-se o que a vida lhe traria se conseguisse minimizá-la.

Procurar vingança

Observe se tende a pensar em como reagirá às ações dos outros se não gosta deles ou os considera perniciosos, errados ou injustos. Perceba se às vezes assume comportamentos agressivos na proporção direta do quanto nega a própria sensibilidade, como maneira de se vingar das pessoas, sem que percebam com clareza como podem tê-lo magoado. Será importante compreender que a vingança pode assumir várias formas; portanto, explore a possibilidade de que nem sempre reconhecerá a diferença entre raiva salutar e agressividade vingativa. Explore por que, segundo sua ótica, age contra aqueles que fizeram algo errado – mesmo que racionalize suas ações como sutis ou insignificantes. Perceba se às vezes age por vingança de maneiras menos óbvias e mais no longo prazo. Analise a origem desse impulso.

> "A luxúria é uma coisa pobre, fraca, lamuriosa e sussurrante se comparada com a riqueza e a energia do desejo que surgirá quando a luxúria for morta." – C. S. LEWIS

A paixão do Tipo 8

A paixão que move o Tipo 8 é a luxúria. Como principal motivação emocional por trás desse tipo, luxúria é o excesso – a paixão pelo excesso em toda sorte de estímulo. Implica particularmente á busca da satisfação exacerbada por meio dos sentidos ou da experiência física, embora não se refira necessariamente a alguma coisa sexual.

Para os Tipos 8, a luxúria também implica impaciência ou urgência em satisfazer seus desejos. Não gostam de esperar, de negociar ou de se sentir limitados. Tendem a ser impacientes e impositivos, e rebelam-se contra qualquer um que tente limitá-los ou os controlar. Quase sempre resistem a quaisquer restrições que envolvam o prazer e a satisfação de seus desejos físicos, emocionais e intelectuais – por comida, diversão, sexo ou até trabalho. Descrevem-se como pessoas que "trabalham pesado e brincam muito", o que reflete sua disposição luxuriosa. Como estratégia de enfrentamento emocional, desafiam a autoridade e procuram exercer o controle total da própria vida, o que também pode levá-los a cuidar demais da vida alheia.

Os Tipos 8 manifestam os excessos da luxúria de várias maneiras, inclusive gostando muito (ou não gostando nem um pouco) de alguma coisa ou de alguém. Conseguem se engajar numa atividade o tempo todo, ou então nunca. Falam num tom de voz bem alto ou extremamente baixo; quase não dormem ou querem dormir sem parar. Alguns dos excessos podem parecer "inofensivos" — como se empolgar demais com alguma coisa ou ficar extremamente calmos e retraídos ao descobrirem quão agressivos podem ser (e se arrependerem disso).

A luxúria do Tipo 8 motiva a tendência à intensidade e à dificuldade para desacelerar ou trabalhar menos. Também está por trás da dificuldade para moderar energia, intensidade ou esforço. Manifesta-se ainda num estilo de comunicação contundente e na tendência a agir rápida e decisivamente, sem parar para pensar. Além disso, os Tipos 8 são capazes de fazer muitas coisas depressa demais ou não se dar tempo suficiente para uma pausa, negando seu cansaço. Têm uma postura de "tudo ou nada" diante da vida, o que pode levá-los à sensação de bem-estar no momento, embora resulte do impulso instintivo pela gratificação, procurando ocupar um vazio interior que nunca será preenchido.

A tendência luxuriosa ao excesso faz com que os Tipos 8 percam facilmente a capacidade de ajustar as próprias ações e de moderar seu impacto ou sua impaciência. A influência da luxúria também pode levá-los a confiar demais nos outros, dispondo-se a presumir que são tão confiáveis e sinceros quanto eles próprios.

Se você se identifica com o Tipo 8, eis algumas manifestações típicas da luxúria que você precisa observar e tornar mais conscientes para iniciar a jornada rumo ao despertar:

- Disputas relacionadas ao poder; tentativa de restaurar a justiça com a própria força de vontade.
- Comunicação excessivamente direta, que às vezes é sentida pelo interlocutor como ofensiva ou sem empatia.

TIPO 8: O CAMINHO DA LUXÚRIA À INOCÊNCIA

- Uso de advérbios de intensidade, letras maiúsculas, palavrões e linguagem que expressa força e paixão.
- Certeza excessiva das coisas, inclusive decisões; acha que sua verdade é *a* verdade.
- Postura de provocação alheia e revolta contra regras, autoridade ou normas de comportamento sociais.
- Aproximação física das pessoas; intenso contato visual.
- Maximização automática da própria energia para além do corpo quando próximo de alguém; essa tendência é vista como extravagante, exagerada.
- Orientação para o físico ou concreto, mais do que para o sutil ou o abstrato.
- Energia constante; resiliente; repleto de força vital.

"Quando voltar faz sentido, você está indo em frente."
– WENDELL BERRY

Usando as asas do Tipo 8 como extensões do desenvolvimento

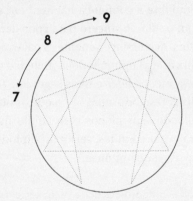

Os dois tipos de personalidade adjacentes ao Tipo 8 no círculo do Eneagrama são os Tipos 7 e 9. O Tipo 8 conseguirá moderar sua energia e intensidade apoiando-se na tendência do Tipo 7 a liderar com charme e leveza, e depois descobrirá como equilibrar a hiperassertividade de seus pontos de vista integrando as qualidades de flexibilidade e calma do Tipo 9. Isso o ajudará a caminhar para além de sua necessidade de poder e maximizará sua perspectiva habitual.

- Primeiro, valha-se do Tipo 7, minimizando sua intensidade e focando mais o engajamento com os outros de forma agradável. Descubra maneiras de tornar mais interessantes suas interações e aprenda a receber as coisas com mais tranquilidade. Amenize sua postura, esforçando-se conscientemente para ser brincalhão ou para recorrer a uma comunicação com mais humor. Pense em adotar uma mentalidade mais inovadora, em vez de liderar sempre com contundência ou certezas. Equilibre sua orientação para a ação esforçando-se para ser mais racional e imaginativo. Compartilhe mais suas experiências e seus sonhos como forma de se tornar mais acessível e receptivo aos outros.
- Depois, adote a competência do Tipo 9 para ouvir os outros e assegurar-se de que se sentem ouvidos por você. Equilibre a confiança habitual em seu ponto de vista com o esforço sincero para considerar também o dos outros. Aceite sinceramente as palavras das pessoas e permita que as opiniões delas afetem o que você planeja. Seja menos líder e mais seguidor. Torne-se mais empático, prestando atenção no que os outros desejam e vinculando seus planos com aquilo que os beneficia. Para evitar conflitos, seja mais diplomático e compreensivo ao se comunicar.

> "Só na escuridão você pode ver as estrelas."
> – **MARTIN LUTHER KING JR.**

Enfrentando a sombra

A segunda etapa da jornada de desenvolvimento dos Tipos 8 se relaciona ao reconhecimento, à aceitação e à integração de suas emoções mais brandas e de seus pontos fracos. Aprendendo a viver e a liderar segundo uma visão mais consciente da própria vulnerabilidade, conseguirão avançar na jornada.

É preciso uma excepcional força para ser vulnerável. Quando percebem que seu foco em fazer as coisas acontecerem os leva, por vezes, a não ouvir ou compreender os outros, os Tipos 8 conquistam autoconsciência e veem que podem ser arrogantes, agressivos e desdenhosos, mesmo acreditando que estão sendo apenas intensos, protetores e ousados. Quando exercem muita força e poder, talvez se tornem incapazes de enxergar como impactam suas interações sociais, na verdade repletas de nuances sutis. Contudo, assumindo esses aspectos sombrios, conseguem integrar mais o sentido positivo da própria sensibilidade, começando a desfrutar uma vida em que a vulnerabilidade pode ser um caminho para a alegria e a felicidade.

Enfrentando a sombra do Tipo 8

Se você se identifica com o Tipo 8, eis algumas ações para se conscientizar mais de sua sombra e começar a trabalhar nos principais padrões inconscientes, pontos cegos e pontos de dor:

- Tome medidas concretas para se abrir com os outros. Provavelmente, você confia em pouquíssimas pessoas. Demora para confiar nos outros e, se o traem, talvez não consiga perdoá-los, como maneira de evitar a sensação de vulnerabilidade. Desafie-se a correr o risco de se abrir mais para as pessoas em que confia e, talvez, até para as outras.
- Foque o que há de bom nas pessoas. Seu estilo confrontativo pode ser mais julgador do que admite. Sem perceber, talvez você primeiro afronte e só procure as razões depois.

Pare de identificar instintivamente características negativas e censuráveis nos outros; procure ser mais otimista com relação ao que têm a lhe oferecer.

- Entre em contato com a exaustão que o invade por desejar ser tão forte e competente o tempo todo. Pare de negar como a luxúria o esgota e pratique o autocuidado. Deixe a vida direcionar suas ações em vez de impor sua vontade para que as coisas andem.
- Abandone a tendência de ir contra pessoas que, segundo sua percepção, o estão ofendendo (ou ofendendo outras com quem se importa). Isso talvez derive da vingança, embora possa racionalizar sua reação dizendo que é uma luta pela justiça. Faça mais para criar a paz em vez da guerra, mesmo que acredite conscientemente que seus esforços como guerreiro servem a uma boa causa.
- Peça feedback aos outros acerca do que é de fato verdadeiro quando avaliar situações importantes. Se você confia muito facilmente em suas primeiras impressões, corre o risco de às vezes estar errado. Questione essa suposição arrogante (ou ingênua) de que você tem a única visão correta das coisas.
- Pare de superproteger as pessoas em sua vida e de fazer demais por elas. Se as vê como fracas ou frágeis, talvez elas não consigam desenvolver a própria força. Quando você projeta sua fragilidade sobre elas como forma de negá-la, evita abordar suas próprias fraquezas.
- Pare e ria de si mesmo quando mensurar seu poder em relação ao dos outros. Nem tudo precisa ser visto como um teste de vontades ou uma batalha de poder. Procure focar menos a criação de uma base de poder. Você corre o risco de gerar oposição ou conflitos desnecessariamente quando assume proativamente uma posição que o jogue contra os outros, como costuma fazer.
- Pare um pouco antes de agir. Perceba se tem uma postura de "preparar, apontar, fogo" diante da vida. Procure esperar antes de dizer alguma coisa ou de tomar uma

decisão importante. Saia e vá passear, especialmente quando estiver com muita raiva.
- Aprenda a moderar suas ações e reações. Às vezes, você pode ser muito agressivo ou intimidar as pessoas sem querer, e talvez não consiga perceber o impacto de sua poderosa energia. Pratique o controle das emoções e minimize sua energia diante de situações em que talvez seja necessário dosar seu impacto.

> "Tudo que vemos é uma sombra projetada por aquilo que não nos é invisível." – **MARTIN LUTHER KING JR.**

Os pontos cegos do Tipo 8

Talvez esse tipo não queira examinar seus pontos cegos porque pode se sentir satisfeito com os procedimentos normais de operação de sua personalidade — pois quase sempre eles o mantêm no controle e no comando. Porém, como um 8, você mostra sua verdadeira força (e sabedoria) quando questiona se está seguro *demais* de si, algo que, em última análise, não serve ao seu desenvolvimento. A perspectiva habitual do seu ego o leva ao pensamento de que sempre sabe mais e que pode (e deve) fazer do seu jeito — mesmo que precise dominar alguém ou forçar para que as coisas aconteçam.

No entanto, eis a boa notícia para os Tipos 8. Se conseguirem ser humildes e mais receptivos a olhar mais de perto para sua estratégia de sobrevivência, o que não fazem com facilidade, poderão equilibrar sua poderosa postura diante da vida com a competência de ser mais suaves, acessíveis e disponíveis para os vínculos sociais. Se derem a si a chance de identificar o que os está impedindo de se mostrar mais disponíveis e conhecidos pelos outros, expressarão melhor a generosidade, o calor humano e a atenção, itens abundantes em seu imenso coração.

Eis alguns padrões inconscientes específicos que atuam como pontos cegos. Como um Tipo 8, você deve confrontá-los para despertar do modo zumbi.

Negar a vulnerabilidade

Tem a tendência a não sentir algumas das emoções humanas mais brandas, como tristeza, medo, dúvida, mágoa e insegurança? Inconscientemente, evita a maioria das emoções que talvez lhe despertem as sensações de fraqueza e vulnerabilidade? Acredita que não é bom expressar qualquer fraqueza? E a proibição de sentir-se fraco o leva a eliminar o acesso às emoções mais brandas?

Eis algumas ações para integrar esse ponto cego:

- Analise que emoções raramente ou quase nunca vivencia. Peça feedback a pessoas confiáveis sobre as manifestações emocionais que observam em você.
- Permita-se questionar suas crenças sobre a fraqueza não ser positiva e explore as consequências disso em sua vida.
- Identifique e comente suas emoções mais brandas com pessoas de sua confiança. Permita-se mais envolvimento na tristeza, na mágoa e na dor, ciente de que são emoções humanas importantes e que nos ajudam na interação mais profunda com os outros e com o nosso íntimo.
- Analise se tenta evitar emoções vulneráveis e se às vezes expressa muita força e poder como maneira de compensar as vulnerabilidades que não aceita. Observe se, quanto mais nega a vulnerabilidade, mais exacerbada ela fica, levando-o a permanecer inconsciente de experiências e aspectos importantes em seu interior.
- Permita-se entrar em contato com quaisquer medos. Compreenda melhor os usos positivos do medo, descobrindo como ele pode ajudá-lo a identificar perigos e ameaças. Observe se você se coloca desnecessariamente em situações arriscadas porque não se permite registrar o medo.
- Observe se tende a negar sentimentos que considera "fracos" sem considerar como isso o afeta. Perceba como é realmente sensível. Faça um trabalho com sua

"criança interior" para entrar em contato com os aspectos de vulnerabilidade que tende inconscientemente a negar porque precisa expressar força no mundo.
- Lembre-se sempre de que só as pessoas de fato fortes têm a competência de vivenciar a vulnerabilidade.

Não compreender como impacta os outros

Você faz as pessoas se sentirem perturbadas, chateadas ou magoadas quando acha que está apenas sendo honesto ou passional? Às vezes, surpreende-se ao saber que as intimida mesmo sem intenção? Às vezes, não conhece sua própria força ou não sabe quanta força deve usar? Às vezes, não tem consciência do efeito que exerce sobre as pessoas?

Eis algumas ações para integrar esse ponto cego:

- Preste muita atenção nas palavras das pessoas num diálogo. Mantenha-se alerta para quaisquer sinais que indiquem como se sentem, observando expressões faciais ou outras formas de comunicação não verbal.
- Desculpe-se quando alguém lhe disser que se sentiu magoado com você. Embora possa ser difícil dizer "me desculpe", a capacidade de manifestar remorso maximiza as possibilidades de conexão com os outros e lhe permite reconhecer a vulnerabilidade quando magoa alguém ou sente remorso.
- Peça a alguém confiável que lhe dê um feedback sincero e objetivo sobre o impacto que causa nos outros. Precisamos saber como as pessoas nos veem para descobrir como ajustar nossa comunicação e causar o impacto que desejamos.
- Sempre que tiver consciência de um problema num relacionamento, descubra o mais rápido possível se você fez algo ofensivo ou perturbador. Se sim, não retruque; ouça e tente entender o que aconteceu de fato.
- Reduza conscientemente seu nível de energia ao se aproximar de alguém. Preste mais atenção em seus

sentimentos. Pratique a contenção da energia, imaginando que você a mantém dentro de si, e controle-a.
- Treine-se para sorrir mais e parecer mais à vontade. Observe como isso muda suas interações.

Pressupor que sua verdade é *a* verdade

Você costuma acreditar que sua visão subjetiva das coisas é a verdade objetiva? Tende a avaliar — ou age para resolver — situações injustas com base em seus julgamentos sobre certo e errado estarem corretos? Tende a negar qualquer aspecto do que acontece quando não se enquadra na maneira como deseja ver as coisas? Está ciente de que pode ter vieses que talvez distorçam sua visão?

Eis algumas ações para integrar esse ponto cego:

- Pergunte-se por que acredita saber o que é certo e o que é errado em qualquer situação e por que costuma achar que sua opinião é a correta, e não a dos outros.
- Examine suas conclusões com mais atenção e mais frequência para ver se considerou todas as informações disponíveis. Faça uma retrospectiva para descobrir situações em que achava que estava certo, mas não estava.
- Pare antes de falar ou de agir. Seja paciente e humilde e ouça com atenção as opiniões de pessoas em quem confia a respeito da melhor linha de conduta.
- Permita-se estar receptivo para a validade e sabedoria de outros pontos de vista.
- Quando discute um problema sobre o qual tem uma opinião clara, faça mais perguntas e menos afirmações, e leve em conta outras possibilidades.
- Faça-se estas perguntas da próxima vez que chegar a uma conclusão firme sobre uma situação importante: Você tentou mesmo se colocar no lugar do outro? Há fatores que talvez não tenha levado em consideração? Está chegando depressa demais a uma conclusão sem conhecer todos os fatos?

> "Vulnerabilidade não é sobre ganhar ou perder; é ter coragem de se expor mesmo sem poder controlar o resultado."
> – BRENÉ BROWN

Dor do Tipo 8

Esse tipo de personalidade quase sempre dá a impressão de ter energia inesgotável e competência ilimitada para fazer tudo o que quer. Foca uma visão altamente positiva de tudo que pode ser e fazer, não reconhecendo suas limitações humanas normais. Mas isso tem um preço. Sem perceber, a negação de fraquezas ou limites o leva a supervalorizar a própria capacidade de fazer o que deseja e de subestimar suas emoções humanas básicas. Como resultado, talvez se magoe e seja magoado enquanto evita a consciência da dor. Embora a negação habitual da dor ou do sofrimento lhe permita, de certo modo, ser eficiente, ela o acaba impedindo de sentir tudo aquilo de que precisa para se desenvolver.

Uma das principais tarefas dos Tipos 8 consiste em entrar em contato com as próprias emoções de vulnerabilidade e com a dor que abrigam no corpo e no coração. Para o autodesenvolvimento, precisam tornar-se mais vulneráveis, respeitar os limites do corpo e cuidar das necessidades mais brandas do coração. Quando resolvem encarar a dor, dão passos importantes para se tornar mais maduros, saudáveis e plenos. Quando aprendem a expressar suas fraquezas, ficam realmente fortes. Quando equilibram seu poder com a consciência de sua sensibilidade, permitem-se vivenciar uma paz interior e um relaxamento que nunca souberam existir.

Se você se identifica com esse tipo, está ocultando sob sua "armadura" uma pessoa muito doce, vulnerável, profunda, calorosa, indefesa, atenciosa, bela e humana – o verdadeiro você. Mas vai precisar da ajuda de pessoas de confiança para perder essa armadura, o que será difícil e exigirá que lhe digam que você está "bem". Lembre-se: ao acessar intencionalmente emoções vulneráveis, você manifesta o nível autêntico de sua coragem.

Eis alguns sentimentos dolorosos que você precisa se permitir vivenciar para despertar do estado zumbi:

- Medo de que as pessoas tirem vantagem de você. Sentir o medo em plenitude lhe permite entrar mais em contato com seu coração para o acesso à vulnerabilidade.
- Dor e mágoas às quais resiste. Quando baixa suas defesas, você acolhe novamente a sensibilidade e sente a dor acumulada lá, a qual negava. Quando admite a dor relacionada com a sensação de falta de proteção, de apoio e de consideração com ela ou com as mágoas emocionais, supera a necessidade de ser forte. Mantenha o contato com essa verdade e fale sobre ela com um terapeuta ou um amigo próximo. Aceite a atenção e o amor que merece. Sinta compaixão por si mesmo, por tudo que fez para proteger sua sensibilidade quando nem sequer tinha consciência dela. Proteja-se de pessoas que não entenderão ou respeitarão a mudança quando revelar sua sensibilidade.
- Exaustão por sobrecarregar suas competências físicas e emocionais ao tentar fazer mais do que é humanamente possível. Seu corpo paga o preço quando você age como se fosse indestrutível e expressa força sem ter consciência de seus limites.
- Confusão em relação à sua identidade quando não se sente mais tão forte quanto antes, embora não queira recolocar a antiga armadura.
- Insegurança em razão das dúvidas sobre o que fazer. Embora soe ruim, isso é salutar, pois o ajuda no seu desenvolvimento na direção certa. Suas velhas estratégias de sobrevivência o fizeram acreditar que você sempre poderia fazer mais pelos outros. Agora, precisa dizer aos outros que não é de ferro.

"A raiva é um veneno que bebemos esperando que os outros morram." – **BUDA**

Os subtipos do Tipo 8

Identificar o subtipo do Tipo 8 pode ajudá-lo a focar mais os enfrentamentos de seus pontos cegos, as tendências inconscientes e a dor oculta. As tendências e os padrões específicos dos subtipos variam em função de qual dos três instintos de sobrevivência domina sua experiência.

Subtipo 8 Autopreservação

Esse é o subtipo mais prático e pragmático, com acentuada necessidade de conquistar o que é dele e aquilo de que necessita para sobreviver. Foca principalmente a segurança material. É ótimo para descobrir maneiras de alcançar o que quer e, assim, se sentir satisfeito ou seguro. É bem possível que tenha dificuldade no exercício da paciência e deseje a satisfação imediata de suas necessidades e seus desejos. Parece mais reservado, cauteloso ou defensivo, e pode ser mais contido. Não é muito de falar.

Subtipo 8 Social

Esse subtipo manifesta algumas características contraditórias. Pode se rebelar contra as normas sociais, mas também oferece proteção, apoio e lealdade aos outros. Parece mais prestativo e luta contra injustiças. Age para proteger os perseguidos ou explorados. Gosta do poder proporcionado pelos grupos. Pode parecer mais maduro e amigável, e menos propenso à raiva do que os outros subtipos do Tipo 8.

Subtipo 8 Sexual (um-a-um)

Esse subtipo é mais provocativo, rebelde e emocional que os outros subtipos 8. Critica as regras e tende a ser mais magnético, carismático e muito possessivo com as pessoas em sua vida. Manifesta mais paixão e ação e menos pensamento. Domina o ambiente com sua energia e gosta de estar no controle, como centro das atenções.

As sombras dos subtipos do Tipo 8

Você consegue enfrentar de modo mais eficiente sua sombra caso conheça as características específicas de seu subtipo. A seguir, alguns dos aspectos das sombras de cada subtipo. Como o comportamento do subtipo pode ser bastante automático e inconsciente, talvez você ache difícil reconhecer e admitir tais particularidades.

Sombra do subtipo 8 Autopreservação

Você tende a ser excessivamente pragmático e, às vezes, egoísta. É possível que, já sabendo como negociar, permute e barganhe para obter vantagens sobre os outros e conseguir fechar bons acordos e negócios para si mesmo. Prioriza sua sobrevivência. É capaz de abrir mão de explorar melhor a vida e de ser mais receptivo a fim de manter um senso de segurança. Quase sempre foca mais o acesso a dinheiro e a outros recursos do que relacionamentos. Inconscientemente, pode desqualificar qualquer sentimento, pessoa, ideia ou instituição que se oponha a seus desejos. Como o mais blindado dos três subtipos, é o que mais tem dificuldade para se permitir ser vulnerável.

Sombra do subtipo 8 Social

Geralmente você incorpora o arquétipo da matriarca ou do patriarca que cuida de todos, mesmo sem perceber o custo disso. Por não levar em conta o próprio bem-estar, tende a se sacrificar. Pode se sentir desafiado em relação a cuidar de si ou permitir que os outros cuidem de você. Protege as pessoas, mas não se protege — e nem sempre se lembra disso. Intervém quando vê outros sendo maltratados por quem tem mais poder. Entretanto, ainda que o papel de salvador pareça nobre e corajoso, talvez não seja positivo para você ou para seu desenvolvimento.

Sombra do subtipo 8 Sexual (um-a-um)

Se esse é o seu subtipo, você tem a maior necessidade de poder de todos os 27 subtipos do eneagrama, procurando exercê-lo sobre tudo e sobre todos. Deseja ter a posse das pessoas e sua atenção, controlá-las e submetê-las a você, o que fomenta a necessidade de estar sempre no centro. Como o mais emocional dos subtipos do Tipo 8, talvez não perceba que age por impulso e paixão, e com frequência não desacelera a ponto de pensar no que faz.

> "Amadurecemos com os danos, não com os anos."
> – MATEUS WILLIAM

O paradoxo do Tipo 8

O paradoxo do Tipo 8 assenta-se na polaridade entre a paixão da luxúria e a virtude da inocência. Esse tipo precisa aceitar o medo e a tristeza interior para conseguir se transformar. Precisa descobrir que a luxúria escondeu ou mesmo negou suas emoções mais profundas. Aceitando e assumindo tal verdade, dá um passo importante rumo à inocência e se torna competente para manter-se em contato com sua vulnerabilidade e, desse modo, abrir o coração. A inocência se opõe à luxúria, permitindo aos Tipos 8 reações diferentes a cada momento, livres de expectativas ou julgamentos. Ela reflete a suavidade, a calma e a ternura do coração, que não precisa de intensidade para se sentir satisfeito.

Se você se identifica com esse tipo, eis algumas ações adequadas a esse estágio da jornada de desenvolvimento para se conscientizar mais da luxúria e acessar a emoção superior da inocência:

- Observe se você acelera ou se retrai para a solidão quando começa a se sentir vulnerável. Identifique os sentimentos que motivam esses comportamentos; admita que são normais e acolha-os.
- Deixe-se sentir cada vez mais vulnerável. Permita-se ser "menor" do que seu tamanho normal.
- Faça esforços conscientes para comunicar aos outros sua vulnerabilidade – primeiro, àquelas poucas pessoas

em quem confia de fato. Seja receptivo a como reagem a você.
- Peça às pessoas de sua confiança ajuda ou atenção. Seja específico no que quer.
- Perceba como seu coração se abranda e seu corpo relaxa quando faz algo difícil, como pedir ajuda. Pense que essa flexibilização inviabiliza você a reagir contra alguém, além de levá-lo a perceber, mais do que antes, a bondade alheia.
- Observe quais emoções vivem sob sua raiva – e dê-lhes mais espaço.

"Nunca nos sentimos tão vulneráveis como quando amamos."
– SIGMUND FREUD

Usando as flechas do Tipo 8 para se desenvolver

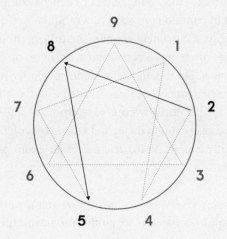

Os dois tipos conectados ao Tipo 8 pelas linhas das flechas dentro do diagrama do Eneagrama são os Tipos 2 e 5. Desenvolvendo a competência do Tipo 2 de ser mais brando e mais emocional, você se torna mais bondoso e mais acessível; incorporando a competência do Tipo 5 para reduzir o ritmo e moderar as ações, torna-se menos intenso, mais contido. Isso o auxilia a promover uma mudança significativa, passando do foco habitual na força e no combate à injustiça para um foco mais introspectivo, equilibrando sua energia.

- Primeiro, incorpore deliberadamente a competência do Tipo 2 para estar mais atento aos sentimentos dos outros e permitir-se ser mais brando, gentil, bondoso e acessível. Aprenda a ser menos contundente e mais cuidadoso e diplomático naquilo que diz. Aprofunde os vínculos com os outros, certificando-se de ouvi-los e de compartilhar mais de seus sentimentos. Preste atenção nas necessidades alheias e esforce-se para ter empatia pelo que sentem. Ajuste seus planos para que beneficiem as pessoas.
- Depois, integre a competência do Tipo 5 para pensar antes de agir. Perceba quaisquer impulsos para controlar os outros e lhes permita ter mais independência. Aprenda a ser menos intenso e mais contido. Volte-se mais para o interior a fim de equilibrar sua energia. Pesquise e consulte fontes especializadas para confirmar ou contradizer sua visão antes de tomar decisões.

"É mais difícil ser vulnerável do que durona." – RIHANNA

Incorporando o lado superior

Na terceira etapa da jornada, os Tipos 8 começam a ver mais claramente quem *não são*. Lembrando-se do que sentem quando mantêm mais contato com a própria sensibilidade, percebem a sabedoria de acolher seu lado mais suave. Então, ousam se manifestar com mais leveza, sem tanta proteção. Abandonam as armas que os mantinham em guarda, agressivos, e aprendem a caminhar mais lentamente pela vida. Aprendem a cuidar melhor de si. Aprendem a acolher e a apreciar melhor as próprias emoções — e a ter mais simpatia pelas emoções alheias, sem que necessitem agir para se envolver. Compreendem que a melhor maneira de processar emoções consiste simplesmente em estar presente com elas.

Ironicamente, isso faz com que os Tipos 8 pareçam ainda mais fortes e poderosos do que antes. Quando descobrem que precisam de muita coragem e força para expressar vulnerabilidade, eles avançam em seu caminho, numa mudança com frequência percebida pelos outros. Manter contato com a própria sensibilidade equilibra naturalmente a tendência a exercer força bruta no mundo e a controlar ou assumir o comando das coisas.

Se você se identifica com esse tipo, eis algumas ações que será capaz de realizar nessa etapa de sua jornada, coisas que não conseguia fazer antes — e nas quais pode continuar trabalhando:

- Manter contato consciente e mais vezes com sentimentos vulneráveis.
- Perceber detalhes e sutilezas antes negligenciados.
- Escutar as pessoas com mais atenção.
- Desenvolver mais paciência — consigo e com os outros.
- Respeitar seus limites. Praticar o autocuidado físico e psicológico.
- Abordar as pessoas com mais sensibilidade do que antes; ser mais cauteloso com as palavras e com a maneira como trata os outros.
- Minimizar a tendência a agir por impulso e a fazer coisas de que pode se arrepender depois.
- Ser menos excessivo no que faz; desenvolver a competência de moderar suas ações e sua energia.
- Ter mais empatia pelos outros; compreender melhor como se sentem, por meio do acesso a uma gama mais ampla de emoções. Criar vínculos mais profundos com as pessoas.

"Vulnerabilidade não é fraqueza. E esse mito é profundamente perigoso. Vulnerabilidade é o local onde nascem inovação, criatividade e mudança." – **BRENÉ BROWN**

TIPO 8: O CAMINHO DA LUXÚRIA À INOCÊNCIA

A virtude do Tipo 8

Inocência é a virtude que proporciona um antídoto à paixão da luxúria do Tipo 8. No estado de inocência, esse tipo se torna menos cauteloso e agressivo e conquista uma recém-descoberta competência baseada no coração, o que lhe permite parar de ser tão intenso e excessivo na vida e nos relacionamentos. Reage às pessoas e às situações em vez de ser reagente a elas. Tem uma postura mais positiva e reconhece que as condições (e as pessoas) não serão tão duras quanto espera. Confia na natureza inerentemente boa – e não má – dos outros e de si mesmo. Não precisa mais estar à frente de tudo nem contrariar os ritmos naturais da vida. Percebe que, se não for reativo e conseguir ser mais receptivo aos outros, não será atacado. De certo modo, aprende a desarmar as pessoas abaixando antes as próprias armas. E não permite mais que a agressividade alheia determine seu estado de espírito.

Se você se identifica com esse tipo, eis algumas ações em que se concentrar para progredir em sua jornada e passar a viver mais num estado de inocência:

- Reagir de uma nova maneira a cada coisa que acontece.
- Não levar expectativas baseadas no passado para novas experiências – como o bebê que se esquece da dor logo depois que ela passa.
- Reduzir seu ritmo para assimilar e apreciar detalhes e sutilezas do que acontece à sua volta.
- Levar mais sensibilidade à sua vivência de tudo e de todos.
- Sintonizar-se com a sensibilidade e o nível emocional da experiência.
- Tornar-se muito consciente de cada pequeno impacto que causa nos outros e no mundo à sua volta, com mais competência para escutar e criar a paz.
- Calibrar sua energia; fazer ajustes em seu poder para aplicar apenas a força necessária em cada coisa que faz.

- Abrir mão da necessidade defensiva de julgar os outros e abandonar a tendência a se julgar ou a ser duro consigo, em todos os sentidos.
- Libertar-se do sentimento de raiva que antes o controlava, tornando-se finalmente inofensivo.

> "Quando éramos crianças, pensávamos que, quando crescêssemos, não seríamos mais vulneráveis. Mas crescer é aceitar a vulnerabilidade." – MADELEINE L'ENGLE

Despertando do estado zumbi

O principal elemento para os Tipos 8 acolherem seu verdadeiro eu consiste no relaxamento do corpo por meio da respiração, sentindo-se como pessoas de tamanho normal, não como alguém "maior do que a vida". Quando esse tipo se conecta com mais regularidade com a própria vivência interior – e à sua sensibilidade –, ele naturalmente se permite um nível de energia mais contido e menos expansivo. Ainda pode causar impacto poderoso sobre os outros e o mundo ao seu redor, mas agora seu poder vem de uma espantosa mescla de força verdadeira e suavidade genuína, revelando seu eu autêntico.

À medida que progride no caminho do autoesenvolvimento, esse tipo torna-se lindamente sensível. Quando equilibra sua intensidade natural com a capacidade de manter contato com a vulnerabilidade, ele desenvolve um nível elevado de poder e de magnetismo pessoal que lhe possibilita criar vínculos com os outros e inspirá-los. O estado de inocência estimula as pessoas a se aproximar compartilhando suas verdades, algo que esperaram por muito tempo.

Por meio da administração da vulnerabilidade e da inocência, os Tipos 8 iniciam uma experiência de vida totalmente nova. Percebem que nem sempre precisam ser poderosos, pois receberão apoio, vivenciando, assim, uma realidade repleta de alegria. Entram em contato com sua criança interior, amando-a

TIPO 8: O CAMINHO DA LUXÚRIA À INOCÊNCIA

e cientes de como a vida os recompensa por terem desenvolvido a maior de todas as forças: a de ser forte o bastante para mostrar fraqueza. Revelando-a, tornam-se mais poderosos, plenamente capazes de empregar seu poder com sensibilidade e empatia. Percebem como é boa a rendição a um poder maior do que o seu e abrem mão da necessidade de reparar toda a injustiça e desigualdade do mundo. Quando começam a vivenciar seu eu verdadeiro, os Tipos 8 se tornam profundamente mais simples, leves, calorosos e disponíveis para os outros. Não sentem mais a necessidade zumbi de se engajar na vida com excesso: a vida pode ser vivida tal como vem.

Se você se identifica com esse tipo, seu despertar não envolve mais a necessidade de se proteger de injustiças ou de se fortalecer para preservar a própria sensibilidade, pois nada o prejudicará de fato nesse nível mais essencial. Quando conhece melhor seu autêntico eu, você vivencia a si mesmo de modo mais delicado e brando do que poderia imaginar. Não precisa mais recorrer a armaduras. Sua interação com seu íntimo e com as outras pessoas lhe mostra que não é preciso reagir ou atacar; basta relaxar e confiar mais. E, então, percebe com muito mais lucidez como o interior das pessoas é bom e belo – inclusive, e principalmente, o seu. Finalmente, consegue permitir que a força plena de seu coração e sua sensibilidade emocional interior brilhem de fato. Consegue expressar todo o amor subjacente à armadura. Renasce para uma vida nova de receptividade, contemplação, simplicidade, amor e gratidão.

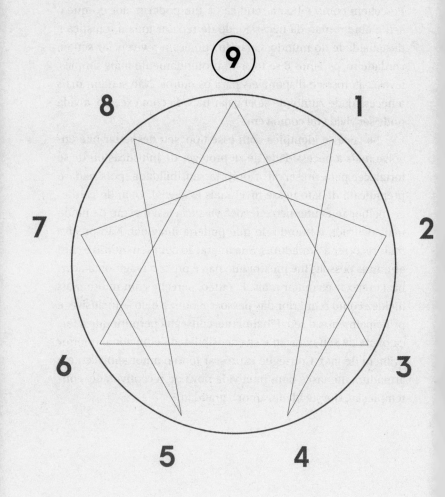

TIPO 9
O caminho da indolência à ação certa

Esteja presente para os outros, mas nunca se deixe para trás.
DODINSKY

Era uma vez uma pessoa chamada Nove. No começo da vida, Nove sentia-se conectada a todos e a tudo, como se não houvesse separação. Nesse estado de unidade, Nove sentia profunda paz, alegria e amor, o que era maravilhoso e muito reconfortante.

Mas, então, alguma coisa aconteceu. Certo dia, Nove acordou sentindo-se sozinha e desconectada. Frustrada diante da situação, quis protestar contra quem a havia abandonado, o que só serviu para aumentar seu desconforto. Havia outras pessoas por perto, mas elas pareciam um pouco distantes. A nova sensação de afastamento e separação a deixava assustada e mais solitária. Se já não conseguia estar conectada com o mundo à sua volta, como manteria alguma noção de pertencimento?

Quando Nove tentou reclamar da nova e perturbadora situação, querendo restabelecer seus vínculos com os outros, ninguém a ouviu. Todos pareciam falar mais alto e tinham coisas mais importantes a dizer; sabiam o que queriam e discutiam para alcançar seus objetivos. Pareciam não se incomodar com o afastamento — e tantas discussões as faziam parecer mais distantes ainda. Aparentemente, não se importavam com o que Nove dizia. Então, ela tentou falar mais alto e protestar mais, mas ninguém ligou. Depois de algum tempo, simplesmente desistiu. Se não iriam ouvi-la, poderia voltar a dormir. Pelo menos no sono encontrava a sensação de reconforto.

Nove ficou dormindo e tentando achar consolo. Mas a sensação de ausência de vínculos era tão persistente que se preocupou com a possibilidade de nunca mais ser incluída. Imaginou o que seu sentimento de separação dizia a seu respeito. Os outros não pareciam tão incomodados com isso quanto ela. Então descobriu que, quando parava de tentar chamar a atenção das pessoas, quando se distraía de algum modo, sentia-se mais confortável.

Nove tentou aproximar-se dos vínculos que perdera de várias maneiras, esperando recuperar parte da sensação de pertencimento. Arrumou amigos e fez o que queriam que fizesse. Tentou se misturar. Tentou se esquecer do afastamento que sentia, focando aquilo que os outros queriam e deixando de lado os próprios desejos. Parou de confrontar as pessoas de quem discordava, pois percebeu que era mais fácil segui-las. E, após algum tempo, viu que isso não mais parecia tão importante. *Ela* não parecia tão importante.

Com o tempo, a estratégia de sobrevivência de Nove, ou seja, manter-se quieta e confortável para evitar a dor de sua existência separada, levou-a a se esquecer dos próprios sentimentos, das próprias opiniões e da própria voz. Preferia seguir as pessoas. Manter-se confortável era muito mais... bem, mais confortável. E manter-se em harmonia com os outros lhe dava uma vaga lembrança da conexão que perdera. Depois de algum tempo, começou a ter a impressão de que, embora "acordasse" todos os dias, na verdade caminhava num estado de sonambulismo pela vida.

De vez em quando, Nove tentava compartilhar uma opinião ou um desejo com as pessoas ao seu redor, para que a conhecessem mais a fundo e se conectassem com ela. Mas ninguém parecia ouvi-la, e sentiu-se novamente separada. Finalmente, percebeu que não sabia mais quais eram suas opiniões ou seus desejos, o que também fez voltar a sensação de desconforto. Às vezes, sentia-se aborrecida pelo fato de todos esperarem que ela os seguisse sempre. E preocupava-se por não saber mais o que *ela* queria. Sentia até certa raiva por não a ouvirem ou não a considerarem importante. Certa vez, tentou manifestar essa raiva, mas as pessoas se afastaram ainda mais. Aparentemente, ninguém gostava de se relacionar com pessoas irritadas. E Nove se sentiu ainda mais desconectada e solitária. Assim, a estratégia de sobrevivência de Nove, ficar quieta e inconsciente de sua própria vivência interior, acabou vencendo, e ela voltou a dormir.

Nove tornara-se um zumbi — muito pacífico, tranquilo e apaixonado pelo conforto, mas mesmo assim um zumbi.

Checklist do Tipo 9

Se todos ou a maioria destes traços de personalidade se aplicam a você, talvez você seja um Tipo 9:

- ✓ Gosta quando todos ao seu redor se entendem harmoniosamente e sem tensões.
- ✓ Dá-se bem com a maioria das pessoas e tem facilidade para se harmonizar com os planos dos outros.
- ✓ Não gosta de perturbar a paz e sabe mediar ou evitar conflitos como ninguém.
- ✓ Raramente expressa a raiva de forma aberta e direta.
- ✓ Consegue ver as diversas facetas de um problema e compreende perspectivas distintas com facilidade.
- ✓ Apoia naturalmente as pessoas à sua volta, não em troca de reconhecimento, mas apenas para ser útil e promover um ambiente pacífico.
- ✓ As pessoas lhe dizem que o acham uma companhia pacata, tranquila e amigável.
- ✓ Quase sempre tem dificuldade para saber o que quer. Talvez ache que existe uma "névoa" à sua volta que não lhe permite enxergar os próprios desejos. Entretanto, sabe com um pouco mais de facilidade o que não quer.
- ✓ Embora nem sempre fale ou opine, não gosta quando os outros o excluem ou se esquecem de você. Não gosta de pessoas autoritárias que lhe dizem o que fazer.

Se, após analisar essa lista, achar que é um Tipo 9, sua jornada de desenvolvimento seguirá três etapas.

Na primeira, vai embarcar numa aventura de autoconhecimento, aprendendo a identificar padrões de personalidade associados com seu conforto e a fazer aquilo que precisa para se entender com as pessoas à sua volta.

Na segunda, precisará enfrentar sua sombra para ter mais consciência dos padrões do ego derivados da sensação de desconexão e de insignificância. Isso o ajudará a perceber como se esquece de si mesmo para se adaptar excessivamente aos outros, como forma de manter a harmonia e evitar a separação.

Na terceira, o estágio final da jornada, entrará mais em contato com sua raiva, seus desejos e suas prioridades, aprendendo como, na verdade, você é importante.

> "As pessoas dizem que nada é impossível, mas eu faço nada todos os dias." – URSINHO POOH

Embarcando na jornada

A primeira etapa do despertar desse tipo é ele perceber intencionalmente que se vê como insignificante, colocando-se sempre por último. Conscientizando-se mais do modo como foca sua atenção e energia em seu ambiente e em qualquer coisa externa (pessoas, coisas e processos), começa a desenvolver a competência da autorreflexão. Isso é particularmente importante para os Tipos 9, pois eles tendem a "adormecer sozinhos" e esquecem-se de prestar atenção na própria vivência. Às vezes, caminham sonâmbulos pela vida, um modo de entorpecerem seus sentimentos e sua sensação de separação.

Principais padrões do Tipo 9

Se você se identifica com o Tipo 9, sua jornada começa pela identificação da energia gasta para manter uma ideia de harmonia e de conexão com o mundo à sua volta, e da pouca atenção dispensada a si e a seus planos. Você precisa se conscientizar mais das formas como procura evitar o desconforto, por meio precisamente da consciência do que é confortável ou desconfortável para você.

Para iniciar sua jornada de despertar, conscientize-se mais destes cinco padrões habituais dos Tipos 9.

Negligenciar o que lhe é importante

Você tende a apoiar as pessoas e presta atenção em todo tipo de demanda externa, mas negligencia as próprias necessidades e prioridades. Será importante perceber se prioriza mais os planos alheios do que os seus. Talvez sinta dificuldade de trabalhar suas prioridades pessoais e não tarefas, rotinas e processos ligados às pessoas, bem como outras atividades menos importantes na vida. Talvez minimize habitualmente a própria importância. Mesmo que não goste do modo como a vida parece torná-lo insignificante, talvez lhe pareça difícil se afirmar. A tendência a evitar conflitos também pode levá-lo a minimizar as próprias preferências e pontos de vista. Será de grande valia analisar se é difícil saber o que deseja e se isso lhe causa desapontamento e frustração.

Ter dificuldade para mobilizar sua energia em benefício próprio

É possível que ache fácil encontrar energias para ajudar os outros, mas tem dificuldade para manter o foco e a energia quando age em benefício próprio, o que compromete sua ação para corroborar (ou até para saber) aquilo de que *você* precisa e o que deseja. Será bom perceber a dificuldade também em ver com clareza seu planejamento pessoal e dispensar esforços para realizá-lo. Talvez se distraia quando tenta se esforçar conscientemente para alguma coisa em seu benefício. Provavelmente, prioriza tarefas menos essenciais, em vez de prestar atenção (e de agir) naquilo que realmente é significativo para você.

Ter dificuldade para estabelecer limites

Perceba que talvez sinta dificuldade em dizer "não" às pessoas que lhe pedem para fazer algo para elas, o que pode ser outra maneira de priorizar os outros ou se adaptar demais ao que desejam. Será bom perceber se acha difícil contrariar as pessoas ou se manifestar quando não concorda com elas. Pode ser complicado impor limites quando os outros levam muito de sua atenção e energia. E todas essas tendências reforçam o fato de que para você é difícil tomar consciência de que precisa de limites em suas interações sociais.

Evitar conflitos e desarmonia

Perceba que tem a capacidade natural para ficar energeticamente sintonizado com o nível de harmonia ou de desarmonia em seu mundo. Você procura criar harmonia com as pessoas de seu convívio e trabalha contra conflitos, desarmonia ou tensões de qualquer espécie. Talvez se sinta incomodado com pessoas que geram tensão no ambiente, criando problemas ou perturbando a paz. Habitualmente, procura evitar possíveis conflitos ou mediá-los quando envolvem pessoas de seu ambiente próximo. Essa aptidão para ajudar as pessoas a se entender é motivada pelo desejo de ajudar todos a se relacionarem bem. Será importante perceber se você se sente motivado a atender aos desejos alheios como meio de garantir a paz e a conexão com as pessoas importantes em sua vida. Também será importante perceber se sua necessidade de evitar conflitos o mantém adormecido para si.

Evitar desconforto

Talvez você perceba que sempre tende a procurar o conforto, evitando o que parece desconfortável. Nesse sentido, por exemplo, cria rotinas para ficar confortável e tenta evitar ameaças a essa situação, inclusive disrupções, desentendimentos ou mudanças de toda espécie. Tende a evitar não só sentimentos e sensações desconfortáveis, mas também conflitos e a percepção de sua raiva, como parte do esforço para prevenir o desconforto. Quando se observar de forma intencional e contínua, provavelmente irá descobrir que prioriza manter-se em sua zona de conforto.

> "Para agir conscientemente com a intenção de despertar, é necessário conhecer a natureza das forças que mantêm o homem no estado de sono." – G. I. GURDJIEFF

A paixão do Tipo 9

Indolência é a paixão que move os Tipos 9. Como principal motivação emocional desse tipo, a indolência é uma espécie de preguiça – não no sentido habitual de não querer fazer as coisas, mas da relutância em tomar medidas importantes e necessárias para si. Quase sempre é uma ação que deveria ocorrer como apoio às suas próprias necessidades, mas também pode ser qualquer passo inicial para mudar a realidade em que vive. Pela indolência, os Tipos 9 negligenciam-se consistente e inconscientemente, assim como não percebem seu papel potencial como agentes capazes de fazer diferença no mundo.

Os Tipos 9 tendem a prestar atenção principalmente em coisas fora deles e a se esquecer das próprias vivências interiores, a ponto de lhes ser muito difícil identificar o que pensam, sentem ou querem. Quando questionados sobre seus desejos, geralmente não sabem responder. Podem ter dificuldade até para reconhecer coisas básicas sobre si mesmos, como o que querem comer em uma refeição. Conseguem apoiar os outros ativamente, mas aprisionam-se na inércia e perdem energia quando se trata de agir em benefício próprio. A tendência a operar no piloto automático, "esquecendo-se" de suas prioridades, os leva à desconexão das próprias necessidades, desejos, sentimentos, opiniões e preferências, bem como do poder de promover mudanças no mundo. Sob a ação da indolência, eles se entorpecem – põem-se a dormir – para não terem de "aparecer" e pedir atenção num mundo que, segundo acreditam, os vê como insignificantes. Esse impulso de focar os outros minimiza a disposição para qualquer agenda pessoal, e então eles acabam manifestando uma espécie de "desistência" do esforço de se sintonizar consigo.

Os Tipos 9 costumam seguir o "caminho de menor resistência" no tocante a seus planos — um reflexo da tendência indolente ao menor esforço. "Seguem o fluxo" em vez de afirmar suas prioridades, quase sempre até mesmo perdendo a noção de quais seriam elas. Concentram-se em tornar as coisas confortáveis e fáceis para os outros e para eles, inclusive evitar conflitos e contatos mais profundos com as pessoas.

Se você se identifica com esse tipo, precisa conscientizar-se destas manifestações típicas da indolência a fim de progredir rumo ao despertar:

- Incompetência ou relutância para atender a seu mundo interior — uma espécie de preguiça relativa ao que está acontecendo nele. Falta de interesse em entrar em contato com a experiência de cada momento.
- Autonegligência e "autoesquecimento" em todas as formas, inclusive emocional, psicológica e física.
- Ato de fazer mais do mesmo e resistência a qualquer mudança relativa a ações que já estão em andamento.
- Sentimento de insignificância e de exclusão; como consequência, não leva em consideração o que quer e aquilo de que precisa.
- Procrastinação de grandes prioridades, inclusive aquelas que são as mais importantes para você.
- Desconhecimento do que quer; falta de opiniões ou não manifestação delas e dos desejos. Muita energia para apoiar os outros, mas não para você mesmo.
- Resignação quanto a obter o que quer e aquilo de que precisa. Desistência de receber qualquer coisa, mas compreensão pelos outros e ajuda para que conquistem o que querem.
- Falta de experiência emocional em estabelecer vínculo consigo mesmo e com os outros, o que geralmente só é percebido por pessoas realmente próximas de você.

TIPO 9: O CAMINHO DA INDOLÊNCIA À AÇÃO CERTA

- Desconforto quando é o centro das atenções ou quando a atenção se volta para você ao pedir algo ou expressar suas preferências.

"Você não encontra a paz evitando a vida." – **VIRGINIA WOOLF**

Usando as asas do Tipo 9 como extensões do desenvolvimento

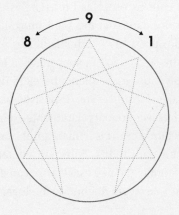

Os dois tipos adjacentes ao Tipo 9 no círculo do Eneagrama são os Tipos 8 e 1. Para superar sua tendência a "adormecer" para si mesmo, o Tipo 9 pode canalizar sua frustração de formas mais assertivas expressando características do Tipo 8, e depois entrando em contato com as próprias prioridades ao integrar a força do Tipo 1.

- Primeiro, incorpore as características positivas do Tipo 8, procurando qualquer irritação ou teimosia que possa sentir e canalizando-a para formas de comunicação mais assertivas. Veja o contexto mais amplo, sinta o que quer e peça de modo claro e direto. Desenvolva mais confiança e habilidade ao expressar suas opiniões ou ao "ir contra" à dos outros. Maximize sua tolerância a conflitos construtivos. Aprenda a verbalizar suas preocupações e dê início a discussões sobre problemas em seus relacionamentos. Perceba como uma postura decidida, enfrentando problemas de frente e reconhecendo desentendimentos, pode levá-lo a vínculos mais fortes, e não a separações. Conscientize-se de todos os usos positivos da raiva.

- Depois, integre a competência do Tipo 1 para vislumbrar resultados de alta qualidade numa agenda que você vai elaborar para suas prioridades. Mantenha-se mais em contato com as próprias preferências e necessidades, reservando algum tempo para imaginar os melhores resultados possíveis e trabalhando-os retroativamente. Mantenha-se focado em suas metas e tarefas pessoais, desenvolvendo um esquema baseado numa série lógica de ações. Maximize sua disposição para executar seu plano ideal, vendo mais claramente como seus esforços se conectam a uma visão mais ampla, em que as coisas melhoram para todos. Entre em contato com a raiva diante daquilo que não está certo e canalize-a para criar reformas que façam do mundo um lugar melhor.

"A procrastinação é a assassina natural da oportunidade."
– VICTOR KIAM

Enfrentando a sombra

A segunda etapa da jornada de desenvolvimento do Tipo 9 envolve principalmente reconhecer, aceitar e integrar a tendência a ser passivo-agressivo. Tornando a raiva mais consciente, os Tipos 9 aprendem que a conexão autêntica só se efetiva quando correm o risco de se conhecer e de se expressar, mesmo que isso signifique aprender a tolerar o medo da separação.

Nesse estágio, os Tipos 9 percebem que seu foco na adaptação e no apoio aos outros (que consideravam uma coisa positiva) pode ser negativo. Quando lhes falta autoconsciência, podem ficar indecisos, muito passivos e passivo-agressivos, embora acreditem conscientemente que estão sendo bons, amigáveis e inofensivos. Quando não percebem seus pontos cegos, é possível que se tornem teimosos e desinteressados. Quando não gostam do que está acontecendo, tendem a evitar a expressão direta da própria insatisfação, o que os leva a comportamentos passivo-agressivos, em especial se a raiva não admitida extravasa de formas passivas. Podem, por exemplo, desaparecer quando precisam deles ou não cumprir o que prometeram.

Enfrentando a sombra do Tipo 9

Se você se identifica com o Tipo 9, eis algumas ações para conscientizar-se mais e começar a trabalhar nos principais padrões inconscientes, pontos cegos e pontos de dor:

- Foque aquilo que lhe parece desconfortável. Faça coisas que causem desconforto, ciente de que esse é seu caminho de desenvolvimento. Perceba que quase sempre evita deixar sua zona de conforto. Comece a sair dela pouco a pouco, e depois com mais intensidade.
- Permita-se entrar mais em contato com a raiva. Esteja consciente do que o perturba e de como faz sua raiva adormecer. Comece a identificar formas reprimidas ou passivas da raiva, como irritação, frustração e teimosia. Acolha-a como forma de se reconectar com as coisas que lhe importam. Assuma o risco de manifestar a raiva de maneira mais direta.
- Perceba todas as maneiras como se mostra passivo, passivamente resistente e passivo-agressivo (incluindo a teimosia). Peça feedback de pessoas confiáveis sobre como percebem essas tendências em você.
- Recorde algum incidente no qual se sentiu insatisfeito, perturbado ou infeliz. Anote suas sensações; analise o que você disse e o que não disse, mas poderia ter dito.

- Sinta seu corpo para aumentar seu nível energético. Mexa-se mais — caminhe, faça yoga ou se dedique a alguma atividade física. Deixe a consciência maior do corpo ajudá-lo a se tornar mais ativo e vigoroso.
- Pense em toda energia que já gastou e sinta-a, recuperando-a pela respiração: inspire, foque seu interior e sinta sua força.
- Estabeleça ativamente limites com os outros. Diga "não" com mais frequência. Pare de dizer "sim" quando quer dizer "não". Seja menos bonzinho, amigável e sorridente.

"Se estamos crescendo, estaremos sempre fora da nossa zona de conforto." – JOHN MAXWELL

Os pontos cegos do Tipo 9

Talvez esse tipo não queira examinar seus pontos cegos porque não gosta de sentir desconforto, e encarar aquilo cuja consciência costuma evitar tende a ser desconfortável. (Aliás, foi por isso que evitamos fazê-lo antes.) As maneiras específicas como os Tipos 9 operam para criar paz, evitar conflitos e manter relações amigáveis os levam a se entorpecer em relação a aspectos importantes de sua experiência, como raiva e desejos. A necessidade de conforto domina sua vivência, impedindo-os de se motivar para o acesso a formas mais profundas de conexão — tanto com seu íntimo quanto com o dos demais. Mas temos uma boa notícia: se conseguirem contemplar seus pontos cegos e lidar com qualquer dor ou desconforto, com o tempo se tornarão muito poderosos e se sentirão muito bem com seus talentos e pontos fortes.

Esse tipo tem muita energia, mas tende a dá-la aos outros. Talvez até se deprima pelo modo como suas estratégias de sobrevivência o levaram a adormecer para seu senso inerente de vivacidade. Isola-se de experiências de vida mais profundas e intensas quando se desconecta de quaisquer emoções com potencial para gerar tensões com os outros. Mas, se tolerar o medo de seu poder e energia – e o medo de se magoar caso expresse a raiva –, conseguirá redirecionar mais conscientemente sua energia em benefício próprio, de modo a fazer diferença real no mundo.

Se você se identifica com o Tipo 9, eis alguns dos pontos cegos de que precisa se conscientizar mais e integrar para avançar em sua jornada de desenvolvimento.

Evitar a raiva

Você não costuma sentir raiva? Já foi "dormir com raiva"? Evita conscientizar-se dela porque a expressar pode gerar conflitos? Eis algumas ações para integrar esse ponto cego:

- Observe quando sentir pequenos indícios de raiva ou formas mais suaves dela, como frustração, irritação ou teimosia. Procure todas as formas de raiva, por mais sutis que sejam.
- Perceba que, quando você não sente a raiva conscientemente e a expressa, ela não desaparece; ao contrário, extravasa como agressividade passiva. Aprenda a perceber quando ela se manifesta.
- Perceba melhor como e quando expressa passivamente a agressividade. Elabore listas de coisas para ser mais ativo e direto nessas situações, mesmo que não esteja pronto para colocá-las em prática.
- Explore todas as razões pelas quais não quer sentir ou expressar raiva – tanto em nível geral quanto em experiências passadas. Fale sobre isso com um amigo ou terapeuta.
- Peça às pessoas de seu convívio que o ajudem a aprender a expressar a raiva. Fale-lhes de quaisquer medos que tenha nesse sentido. Assuma o risco de começar a expressar sua raiva discretamente, com muita cautela. Aprenda a manifestar frustração ou divergência assim que afloram os sentimentos, para que não se acumulem.

- Reenquadre a raiva como algo positivo. Quando canalizada conscientemente, ela pode ajudá-lo a estabelecer limites, afirmar suas necessidades, saber o que é mais importante e acessar o poder.

Não saber o que você quer

Com que frequência você não sabe o que deseja? Aceita as agendas dos outros porque não conhece ou não pode expressar os próprios desejos ou opiniões? Tende a não ter planos? Tem dificuldade para comunicar o que quer? Eis algumas ações para integrar esse ponto cego:

- Pergunte-se com mais frequência o que deseja. Pergunte sempre, mesmo que ainda não tenha uma resposta. E lembre-se de fazê-lo com o coração, não só com a cabeça. O coração conhece desejos e vontades melhor do que a cabeça.
- Lembre-se de que não há problema se não souber o que deseja. Com o tempo e esforços consistentes, você aprenderá a identificar suas preferências.
- Não se julgue por não saber o que quer.
- Peça às pessoas de seu convívio que lhe perguntem o que você quer, que expressem interesse em saber isso e que lhe deem tempo para descobrir.
- Expresse suas opiniões com mais frequência, mesmo que não tenha muita convicção. Lute contra a tendência a achar que todos os pontos de vista são igualmente válidos. Esforce-se para escolher um lado.
- Da próxima vez que disser que não se importa com o que acontecer, questione-se se essa é sua maneira de racionalizar o fato de não saber o que quer, de não sentir a dor por isso, de não se dar ao trabalho de descobrir. Esta é uma manifestação potencial de sua paixão, a indolência.

Evitar conflitos

Conhece várias maneiras de evitar conflitos? Dá desculpas para evitá-los? Esse comportamento limita você e as pessoas à sua volta? Eis algumas ações para integrar esse ponto cego:

- Explore suas crenças sobre conflitos. Explore todos os seus medos relacionados a eles. O que teme caso se engaje num conflito?
- Observe se teme o conflito por acreditar que ele vai levar inevitavelmente a uma separação (potencialmente perpétua). Questione essa crença. Mantenha-se receptivo à evidência de que o conflito pode aproximá-lo mais das pessoas. Aprenda a ver a diferença entre a falta de conflito e a verdadeira harmonia. A paz duradoura e profunda quase sempre é alcançada por meio de confrontos positivos.
- Aprenda todos os usos positivos do conflito e explore-os — apoie limites saudáveis, aprofunde relacionamentos e deixe as pessoas conhecerem de que lado está.
- Pratique a "propensão" ao conflito para expressar divergências e torne-se mais conhecido, mais importante e mais incluído, tal como você realmente é.
- Engaje-se em pequenos conflitos dizendo "não" e estabelecendo limites saudáveis.
- Permita-se "ir contra" as pessoas ou ao que está acontecendo como forma de expressar seu poder. Permita sentir-se incomodado, perturbado ou zangado com situações de que não gosta.

"Só o amor leva à ação correta." – **KRISHNAMURTI**

Dor do Tipo 9

Os Tipos 9 tendem a ser amistosos e positivos, procurando relacionar-se bem com os outros. Como priorizam evitar todo tipo de conflito, são motivados pelo conforto e a paz, evitando emoções específicas. Para interagir harmoniosamente, costumam "ir dormir" com raiva e com emoções relacionadas que poderiam causar tensão. Por isso, tendem a parecer "emocionalmente estáveis". Com frequência se mostram calorosos e bem-humorados, e não costumam ser muito emotivos. Porém, para despertar, precisam manter contato mais profundo com as próprias emoções. Como tipos baseados no corpo e que se "esquecem de si mesmos", talvez tenham de se esforçar deliberadamente para entrar em contato com a dor. Desse modo, os Tipos 9 começam a reconhecer suas emoções e aprendem a não negligenciar seu íntimo. Afinal, é mais difícil dormir quando o corpo está energizado pela raiva ou saturado de tristeza.

Se você se identifica com esse tipo, é bem possível que sinta dificuldade em vivenciar emoções que perturbem seu conforto ou ameacem a harmonia interpessoal. Mas, para prosseguir na jornada de desenvolvimento, você precisa aprender a manter contato com sentimentos dolorosos específicos e a tolerá-los. Assim conseguirá compreender mais plenamente seu verdadeiro eu. Eis alguns dos sentimentos com os quais será importante se confrontar:

- Medo da raiva, medo de magoar os outros e medo da separação. Quando maximiza sua autoconsciência, provavelmente vai perceber que teme a raiva, talvez temendo correr o risco de magoar alguém. Talvez receie também que a expressão da raiva crie separações irreparáveis que vão comprometer ou destruir relacionamentos. Essas tendências podem refletir o medo de seu próprio poder e energia.
- Raiva reprimida ou ignorada. Entre mais em contato com ela, ainda que seja difícil, pois você "vai dormir" com a raiva como parte de sua principal estratégia de sobrevivência. Mas vivenciá-la e expressá-la é fundamental: você se sentirá mais energizado e despertará para quem realmente é. Seu eu falso vai resistir, mas é absolutamente necessário que aprenda a sentir

e a expressar a raiva, conscientizando-se de todas as maneiras como ela extravasa de forma passiva quando mantida inconsciente. Ao entrar mesmo em contato com toda a raiva em sua sombra, você vai deixar de pensar que quase nunca a sente e começar a perceber que a sente o tempo todo. E isso é bom.

- Angústia e tristeza pela sensação de exclusão, de não pertencimento, de menosprezo ou de não ser ouvido. Geralmente, esse quadro é mais intenso se você tem o subtipo social 9 (ver a seguir). Também pode ainda sentir tristeza por magoar as pessoas sem perceber — por exemplo, quando evita conflitos, manifesta a agressividade passiva ou busca a harmonia, você pode na verdade causar desarmonia e magoar os outros sem que se dê conta. Precisa vivenciar a angústia e a tristeza para abrir plenamente seu coração e despertar para outras emoções mais profundas.
- Dor pela desconexão com seu próprio senso de existência — por não conseguir saber o que quer e não se conectar mais profundamente consigo. No entanto, pode se beneficiar se conseguir entrar mais em contato com a dor da desconexão que tende a evitar. Às vezes, a desconexão pode ser benéfica; por exemplo, quando você está conectado a coisas e pessoas que não lhe fazem bem.

"A sombra é o que melhor nos ensina a entrar na luz."
– RAM DASS

Os subtipos do Tipo 9

Identificar o subtipo do Tipo 9 pode ajudá-lo a focar o esforço no enfrentamento de seus pontos cegos, tendências inconscientes e dor oculta. As tendências e os padrões específicos dos subtipos variam em função de qual dos três instintos de sobrevivência domina sua experiência.

Subtipo 9 Autopreservação

Esse subtipo mescla rotinas confortáveis e atividades como ler, comer, assistir à televisão ou resolver charadas. Tende a ser mais prático, aterrado, concreto, irritadiço e teimoso do que os outros dois subtipos do Tipo 9. Tem mais dificuldade para sair do lugar e gosta mais de ficar sozinho. Costuma ter bom senso de humor.

Subtipo 9 Social

Dedica boa parte de seu tempo e de sua energia para apoiar grupos de vários tipos. Esforça-se muito e tende a ser mais dedicado ao trabalho do que qualquer outro tipo, exceto o Tipo 3. Entretanto, raramente demonstra seu estresse. Tende a ser bom mediador e grande líder, pois é orientado à modéstia e procura ser útil para os outros. Em geral, não sente pertencimento, por mais que se esforce. Em função disso, sente-se triste.

Subtipo 9 Sexual (um-a-um)

Esse é o subtipo que se mescla mais plenamente com indivíduos importantes. Pode incorporar sentimentos, opiniões e atitudes dos outros sem ter a noção dos limites entre eles. Tende a ser o mais meigo, o mais tímido e o mais emotivo dos três subtipos, bem como o menos assertivo. É possível que não tenha noção de seu propósito pessoal, adotando o dos outros sem perceber. Geralmente, não se inclui no cenário.

As sombras dos subtipos do Tipo 9

Você pode identificar e assumir os aspectos específicos de sua sombra caso conheça as características das sombras do subtipo de seu Tipo 9. A seguir, algumas das particularidades das sombras de cada um deles. Como o comportamento do subtipo pode ser bastante automático e inconsciente, estas podem ser as características mais difíceis de enxergar e de admitir.

Sombra do subtipo 9 Autopreservação

Será importante que perceba se tende à teimosia e à manifestação de outros comportamentos passivo-agressivos quando se sente desrespeitado ou pressionado pelos outros. Pode recusar-se a ceder quando lhe dizem o que deve fazer. Costuma "ir dormir" com sua raiva e seu poder, evitando qualquer percepção dela a fim de se manter seguro e confortável. Talvez não perceba todas as ocasiões em que a raiva extravasa como teimosia. Tende a se perder em atividades e rotinas confortáveis como forma de não aparecer no mundo para expressar opiniões fortes, assumir uma posição, exercer o poder ou iniciar mudanças. Vai precisar se conscientizar da própria raiva e assumir seu poder a fim de se desenvolver.

Sombra do subtipo 9 Social

Perceba se trabalha demais para evitar a tristeza quando não se sente incluído no grupo. Veja como se entrega a atividades e presta assistência aos outros como forma de entorpecer ("adormecer") a dor. Você se sacrifica para prover o grupo (ou a família) com uma liderança modesta. Tende a ser amigável e positivo para não sentir ou expressar a raiva. Observe se atua como mediador de conflitos e apoia a coesão de grupos como forma de evitar o desconforto da desarmonia. Perceba que você foca a redução das tensões em seu ambiente para não precisar lidar com as discórdias. Para seu desenvolvimento, será bom emitir mais opiniões e suscitar algumas controvérsias.

Sombra do subtipo 9 Sexual (um-a-um)

Observe como se mescla tão completamente com certas pessoas de sua vida que acaba se anulando. Tenha consciência de como carece de limites, sem se dar conta das consequências disso. Pode ter dificuldade em comunicar às pessoas os próprios pensamentos. Observe se costuma se mostrar calado ou se expressa concordância automaticamente, dizendo apenas o que os outros querem ouvir ou discordando deles em segredo. Talvez, sem clareza sobre seu senso de propósito, sinta-se inseguro quanto ao que realmente deseja. Vai precisar entrar em contato com seus desejos particulares e agir de acordo com eles para se desenvolver mais.

> "Se não gosta de alguma coisa, mude-a. Se não pode mudá-la, mude sua atitude." – **MAYA ANGELOU**

O paradoxo do Tipo 9

O paradoxo do Tipo 9 está baseado na polaridade entre a paixão da indolência e a virtude da ação certa. Portanto, ele começará o despertar quando tiver mais consciência de que tende a se manter confortavelmente invisível e não leva seus talentos ao mundo. Percebendo melhor como a indolência atua em sua vida, ele se afastará da tendência a se apagar e começará a expressar seu poder. Para esse tipo, viver sob a ação certa significa despertar para sua importância e aprender a afirmar as prioridades pessoais.

A virtude da ação certa é um estado no qual nos sentimos poderosamente motivados a fazer o que é certo, no momento necessário. É uma sabedoria do coração que permite que esse tipo identifique e engaje-se exatamente no que precisa ser feito. Implica assumir o próprio poder para fazer acontecer o que é importante, sentindo-se digno de receber aquilo de que precisa. Quando entram em contato com a ação certa, os Tipos 9 são capazes de detectar com rapidez e precisão a tarefa prioritária e não vão parar enquanto não a realizarem. A ação certa os leva a não mais adiar as coisas que corroboram sua própria existência no mundo, tornando-os conscientes da tendência a "adormecer" para si mesmos, estimulando-os para despertar e cuidar das suas necessidades.

Se você se identifica com o Tipo 9, eis algumas ações para se conscientizar mais de sua indolência e acessar o estado mais elevado da ação certa:

TIPO 9: O CAMINHO DA INDOLÊNCIA À AÇÃO CERTA

- Comece a agir em benefício próprio, desenvolvendo a competência de concretizar exatamente o que precisa ser feito para dar apoio a si mesmo e a seu processo de despertar.
- Flagre-se no ato de se minimizar sem julgamentos. Pergunte-se por que sempre se faz de insignificante.
- Tenha autocompaixão quando não sabe o que deseja, sobretudo se fica frustrado consigo. Aborreça-se com o padrão habitual e não com você. Dê-se tempo para descobrir melhor suas preferências. Saiba que este é um processo que vai melhorar com o tempo, desde que trabalhe nele.
- Observe como se sensibiliza quando os outros o fazem de insignificante. Depois, observe que também faz isso consigo e as maneiras como o faz. Lembre-se da razão pela qual você é importante e o que o mundo vai perder caso continue a se esquecer de si.
- Admita que sua tendência a querer contemplar a todos é uma projeção de seu desejo de ser ouvido e não excluído. Aprenda a se manifestar — a dizer o que pensa no momento.
- Observe como perde energia quando chega a hora de fazer alguma coisa importante para você. Perceba como se distrai, sente-se desconfortável ou confuso quando precisa agir em benefício próprio. Procure manter-se conectado com as razões por trás do que precisa fazer para si mesmo.

"A melhor política é a ação correta." – **MAHATMA GANDHI**

Usando as flechas do Tipo 9 para se desenvolver

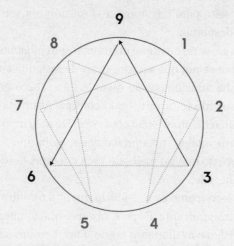

Os dois tipos de personalidade relacionados com o Tipo 9 pelas linhas das flechas internas do diagrama do Eneagrama são os Tipos 3 e 6. O Tipo 9 pode criar grandes fluxos de desenvolvimento para romper com a necessidade de manter harmonia e conforto por meio de um foco mais acentuado no estabelecimento e na realização de metas ousadas, tal como faz o saudável Tipo 3. Será capaz de gerar mais equilíbrio interior integrando a competência de autopromoção do Tipo 3 e recebendo os créditos dos sucessos, e, em seguida, desenvolvendo a competência de discordar e de ir contra os outros inerente ao Tipo 6.

- Primeiro, adote a competência do Tipo 3 para criar uma agenda clara, mantendo-se concentrado na realização de todas as tarefas necessárias para alcançar um resultado específico. Procure ficar mais à vontade como centro das atenções. Assuma seus talentos. Permita-se ser reconhecido pelos outros pelas coisas que faz melhor. Procure manifestar-se para receber o crédito quando realizar algo. Fale de forma clara, concisa e objetiva. Mostre-se de maneira profissional. Cuide mais de sua

imagem, inclusive da boa aparência. Trabalhe para superar a resistência a se mostrar e se promover.
- Depois, integre a competência do Tipo 6 para pensar mais proativamente na realização de coisas que podem ser perigosas ou arriscadas. Expresse-se de modo mais assertivo, dizendo o que pensa e "indo contra" alguma coisa. Comunique-se de forma clara e direta quando discordar dos outros. Supere a tendência a ficar sorrindo, mesmo nas situações em que não planeja fazer o que os outros querem. Treine para "fazer buracos" nos planos de alguém, ou seja, encontrar erros ou problemas, expondo uma opinião diferente ou promovendo uma ideia controvertida ou oposta num grupo. Aprenda a dizer "não" e mostre por que determinada coisa não vai dar certo. Rebele-se contra a autoridade em nome de uma boa causa. Entre mais em contato com quaisquer medos que possa sentir e aja de forma específica apesar deles. Reconheça suas dúvidas, mas assuma seu poder e seja mais confiante.

> "Uma zona de conforto é um lugar lindo, mas nada cresce aqui." – JOHN ASSARAF

Incorporando o lado superior

Na terceira parte da jornada, o Tipo 9 começa a focar mais as próprias necessidades e a se conectar de forma mais regular e profunda com sua experiência interior. Trabalhando conscientemente para "se lembrar de si mesmo", compreende seus pontos cegos e encara sua raiva e dor. Percebe como é poderoso e começa a reunir toda a energia dispersada por focar apenas o apoio aos outros e as demandas externas.

Se você é um Tipo 9, eis algumas ações que será capaz de realizar nesta etapa de sua jornada, coisas que não conseguia fazer antes — e nas quais pode continuar trabalhando:

- Realizar ações mais importantes para transformar projetos, a si mesmo e aos demais, mesmo que isso implique confrontos ou rupturas. Guiar-se por seu coração.
- Valer-se de mais energia (ou de força vital) do que antes, percebendo claramente seu "verdadeiro eu".
- Ser o líder que o mundo espera. Equilibrar ativamente uma postura inclusiva com a competência de discernir e agir segundo a sabedoria da melhor das diferentes perspectivas.
- Inspirar confiança e fé nos outros, personificando decisão e poder mesclados com modéstia, consideração e altruísmo.
- Tolerar o conflito, compreendendo claramente que os melhores vínculos resultam de um trabalho conjunto de desafios e discórdias.
- Valorizar suas opiniões, planos e visão tanto quanto respeita e apoia os valores dos outros. Desenvolver clareza sobre o que pensa e deseja.
- Ser assertivo e forte para ativar e apoiar o melhor nos outros, sem se retirar da equação.
- Lutar contra a tendência a se refugiar na resignação ou na indiferença e ser receptivo ao amor que merece.
- Ser reconhecido pelas contribuições que faz (e que só você poderia fazer), sentindo-se profundamente conectado com o coletivo.

"Despertei somente para descobrir que o resto do mundo ainda estava dormindo." – **LEONARDO DA VINCI**

A virtude do Tipo 9

Ação certa é a virtude que proporciona antídoto à paixão da indolência. Quando entra em contato com ela, o Tipo 9 evita ceder lugar aos outros ou os colocar à frente dele. Percebe que não precisa ser excessivamente modesto ou se esquecer de si para ter

TIPO 9: O CAMINHO DA INDOLÊNCIA À AÇÃO CERTA

valor e criar harmonia. Tem consciência de como contribuir com o mundo, assumindo a própria importância e sabendo que pertence a ele. Inicia projetos que podem mudar o mundo em vez de apenas fazer mais das mesmas coisas operacionais e rotineiras.

Quando passam para a ação certa, os Tipos 9 expressam sua individualidade singular, mesmo ao vivenciarem um senso mais profundo de conexão com tudo que os rodeia. Aprendem a tolerar o desconforto e tornam-se competentes para o estado de despertar e de energia, canalizando-a mais conscientemente em apoio a seus planos. Tomam mais conta de si e se expressam de maneira mais ativa e poderosa no mundo. Viram líderes que combinam atenção e cuidado com os outros com um senso claro de propósito, baseado na verdade interior de quem são, o que se caracteriza pela sensação de autoevocação e poder pessoal. Vivenciam a plenitude do eu verdadeiro. Sabem o que querem e comunicam isso claramente em benefício de todos. Compreendem que, quando focam a manifestação dos próprios desejos, correm o risco da separação, mas percebem que isso apoia a formação de uniões verdadeiras no longo prazo.

Na ação certa, o coração dos Tipos 9 conhece suas prioridades, e eles vivenciam uma disposição incessante de fazer as coisas acontecerem da maneira mais eficiente no aqui e agora. Movem-se sem esforço, mas com muita força, orientados pelas suas prioridades e colocando sua energia — que é a maior de todos os nove tipos — nessas tarefas. Sabem que são tão importantes quanto os demais e acreditam em sua competência de fazer as coisas acontecerem. Às vezes, sentem o impulso de romper com tudo para ajudar as pessoas e os sistemas a se afastarem do velho, trazendo o novo necessário. Sentem-se impelidos a focar o mais relevante e a promover conflitos positivos.

Se você é um Tipo 9, a ação certa lhe permite perceber como antes se mostrava preguiçoso com suas prioridades. Então inicia, em seu coração, um movimento que se vale do profundo senso de conhecimento natural — e cria em você a nova competência de agir continuamente para conseguir o que quer, motivado por sua vitalidade natural. Estas são algumas ações que deverá vivenciar ao caminhar para a ação certa:

- Manter-se plenamente presente em seu coração, sempre conectado com seu corpo e sua mente. Cultivar ativamente o foco para manter-se mais lúcido, vivo e incorporado no aqui e agora.
- Fazer um diligente trabalho interior que se contraponha à poderosa atração do estado habitual de sono. Agir para superar a inércia e despertar para aquilo que é verdade para você.
- Despertar para seus planos por meio da percepção de (e frustração com) todas as maneiras pelas quais se mantém adormecido.
- Observar com atenção como age mecanicamente em vez de fazê-lo segundo seus desejos mais profundos.
- Sentir uma motivação invencível impulsionada pela sabedoria interior de seu coração.
- Sentir conexão profunda com sua energia interior e seu senso de viver – a energia e a existência de alguém que está verdadeiramente vivo.
- Dedicar-se a práticas que maximizem a percepção de sua verdade interior.
- Engajar-se em si e no mundo à sua volta com mais eficiência.

"Atitudes corretas produzem ações corretas."
– WILLIAM J. JOHNSON

Despertando do estado zumbi

A chave para os Tipos 9 acolherem seu verdadeiro eu reside no aprendizado de se fortalecer gradualmente. Isso talvez lhes pareça complicado ou mesmo impossível, pois, quando vivem como zumbis, têm dificuldade para reconhecer seus desejos e sua autoridade interior. Para eles, vasculhar o próprio âmago e ter a sensação de afastamento pode ser bem difícil. Quando receiam que a conexão consigo implique a desconexão com o mundo dos outros, os Tipos 9 talvez evitem conhecer seu eu autêntico para que compreendam como são importantes exatamente como são. Mas, por meio do contato com a própria raiva, o poder e o aprendizado de incorporar toda a energia que quase sempre dispersam na tentativa de criar harmonia, eles são capazes de viver a experiência libertadora da virtude da ação certa.

Ao perceber que tende a uma superadaptação aos outros a ponto de se anular sem que consiga ajudar alguém, o Tipo 9 começa a se concentrar em fazer o que precisa fazer. Aprende que viver pelo conforto traz poucas recompensas tangíveis e descobre que é melhor tolerar certo desconforto do que continuar adormecido. Aceitando sua importância, torna-se capaz de dar e receber amor de tal forma que maximiza a verdadeira união no mundo. E, quando vivencia a *verdadeira* paz e harmonia — do tipo que só vem com a aceitação do desconforto e do conflito —, percebe que o medo da separação era apenas ilusório e que seu eu autêntico está conectado com tudo, da maneira mais profunda possível. Desse modo, conquista acesso a uma experiência superior — um estado pleno de pertencimento. Mas, para alcançá-lo, antes terá de criar algumas disrupções.

Quando enfrentam corajosamente sua sombra — sobretudo o fato de evitarem perigos e o modo como isso os leva a negar seu poder —, os Tipos 9 libertam-se do entorpecedor conforto do sono. Obtendo acesso a seu poder interior, agem para percorrer o caminho que os conduz ao despertar. Descobrem e põem em prática os desejos de seu eu, agora plenamente desperto. Quando se dedicam à conexão com aquilo a que mais resistem — dor, desconforto e desejo profundo por uma experiência de vida mais plena e animada —, exemplificam a todos nós o modo de trilhar o caminho rumo à reanimação e à recordação de si mesmo.

Conclusão

> Cada um de nós tem alguma coisa a oferecer que ninguém mais tem.
> **ELIZABETH O'CONNOR**

O símbolo do eneagrama tem raízes em antigas tradições de sabedoria. Os ensinamentos relacionados a ele revelam as possibilidades de transformação do ser humano. O conhecimento que transmite confirma que o trabalho interior pode nos ajudar a atingir estados superiores de consciência.

Entretanto, o processo de transformação mapeado pelo eneagrama não acaba com a terceira etapa do caminho de desenvolvimento descrito neste livro, e esperamos que você se sinta motivado a continuar sua jornada. Como apoio, oferecemos as seguintes sugestões:

- Peça ajuda. Faça terapia com um profissional de quem goste e no qual confie; isso pode mudar sua vida.
- Procure "amigos no caminho". Compartilhe suas descobertas com uma comunidade de pessoas com a mesma mentalidade e que apoiem seus esforços.
- Pesquise. Confie apenas em informações sólidas para prosseguir da maneira mais eficiente possível.
- Não se julgue. Aprenda com os contratempos, então depois se levante e siga em frente. A autocrítica detém seu ímpeto para prosseguir na jornada de autodesenvolvimento e não atende a nenhum propósito construtivo. Pratique a compaixão por si mesmo e pelos outros.

Ao continuar seu trabalho interior, você vivenciará a paz e a alegria sentidas pelos buscadores sinceros. Haverá desafios pelo caminho, mas serão tão somente oportunidades para desenvolver a resiliência de que precisa para chegar aonde quer.

E não caia na armadilha de fazer simplesmente um "upgrade do ego". Lembre-se de que o autodesenvolvimento objetiva a transcendência. Se sua orientação for espiritual, não ignore os aspectos psicológicos do desenvolvimento. Se for psicológica, não ignore os aspectos espirituais. Psicologia sem espiritualidade é limitada; espiritualidade sem trabalho psicológico é perigosa.

Esperamos que o Eneagrama o ajude a manifestar seu potencial mais elevado. Esperamos que tenha sido impactado pelos insights dele e que tenha gostado de (ou aprendido com) cada etapa de sua jornada. E, finalmente, esperamos que compartilhe suas histórias sobre o despertar com seu eu autêntico, inspirando outras pessoas a descobrir e a seguir o próprio caminho.

Agradecimentos

Muitas pessoas ajudaram na inspiração, no surgimento e na produção deste livro. Somos muito gratos a Greg Brandenburgh, da Hampton Roads Publishing, não apenas por ter nos procurado com a ideia original para esta obra, mas também pela maneira bem-humorada como encaminhou o projeto por todo o processo editorial. Gostaríamos de agradecer a Amanda Braga por sua ajuda na produção e à nossa equipe, Amanda e Tatiana Vilela, por tudo que fizeram para gerenciar a Chestnut Paes Enneagram Academy (e a CP On-line) durante a redação do material. Este livro foi consequência de nossa colaboração em criar a escola de "trabalho interior" (e do conteúdo que lhe dá suporte), a qual tem sido o principal veículo para levarmos nosso trabalho com o eneagrama pelo mundo afora.

Também gostaríamos de agradecer a Nancy Hunterton por seus sábios conselhos — ela tem atuado como uma consultora indispensável, ajudando-nos a melhorar nossas maneiras de trabalho conjunto. E somos gratos a Denise Daniels pela amizade e pelo apoio entusiasmado a este projeto e ao nosso trabalho em geral — e a Dan Siegel, por concordar em escrever o prefácio desta obra. Agradecemos a Dan e Denise, bem como aos colaboradores de seu livro que será lançado em breve, e também a Laura Baker e a Jack Killen, nosso amigo de longa data, pelo incentivo e pelo trabalho permanente para inserir a estrutura do eneagrama na ciência.

Nós dois recebemos os treinamentos iniciais no eneagrama de David Daniels, MD, e Helen Palmer por meio de sua Narrative Tradition School. Helen e David foram mentores e professores importantes para nós, e sentimo-nos muito gratos pela base sólida do treinamento e experiência com o eneagrama que recebemos deles. Embora tenhamos perdido David há dois anos, seu espírito sábio e caloroso continua a nos inspirar e motivar. Queremos agradecer ainda aos trabalhos de G. I. Gurdjieff, Oscar

Ichazo e Claudio Naranjo, nomes de referência nos ensinamentos modernos do eneagrama, uma vez que nosso trabalho se vale deles de várias maneiras. Agradecemos também a Russ Hudson, nosso grande amigo e aliado, por seu apoio inabalável e sua excepcional contribuição para promover o verdadeiro espírito por trás do Eneagrama como ferramenta de desenvolvimento.

Finalmente, agradecemos a Peter Steinberg, nosso agente literário, por fazer parte de nossa equipe e apoiar nossos esforços; estendemos nossa gratidão a nossos amigos, alunos e membros da comunidade ampla do eneagrama e da Chestnut Paes Academy pelo companheirismo no caminho do autodesenvolvimento. Juntos, trabalharemos para a criação de um mundo mais consciente.

TIPOGRAFIA:
Filson Pro [título]
Utopia Std [texto]

PAPEL:
Pólen Natural 70 g/m^2 [miolo]
Cartão Ningbo Fold 250 g/m^2 [capa]

IMPRESSÃO:
Rettec Artes Gráficas e Editora [março de 2023]